Abschied von der alten Welt, Bd.II
Was Großmutter erzählt

Abschied von der alten Welt, Bd. II

Was Großmutter erzählt

von

Ottilie Goeth, geb. Fuchs.

mit Ergänzungen aus den

Erinnerungen
von Louise Fuchs, geb. Romberg
Niedergeschrieben im 84ten Jahr

Verlag Uwe Laugwitz
2007

getreu der Originalausgabe bei
The Passing Show Printing Company, San Antonio, Texas, 1915

Herausgegeben von Kenneth W. Fuchs
und Alexander Hartmann

© Verlag Uwe Laugwitz,
Buchholz in der Nordheide 2007
ISBN 9783-933077-21-0

An meine Kinder und Enkel.

Ich möchte wünschen, dies Büchelchen könnte ein wenig dazu beitragen, daß die folgenden Generationen in unserer Nachkommenschaft die deutsche Sprache nicht vergessen, nicht blos, um die schönen deutschen Bücher zu lesen, auch des Nutzens halber. Weiß ich doch, wie nützlich meinen Söhnen das Deutsche ist, gleichviel ob sie Landmann, Advokat, Kaufmann oder Doktor geworden.

Bei dieser Gelegenheit möchte ich hier auch unserm lieben Freunde, Herrn Heinrich Sibberns,* meinen Dank aussprechen, der das Manuskript geordnet und abgeschrieben hat.

Ottilie Goeth, geb. Fuchs.

Cypress Mill, Texas,
Im August 1915

---

* [Aus den „Erinnerungen von Louise Fuchs, Geb. Romberg, niedergeschrieben im 84ten Jahr", Privatdruck o.J. (1928)]: Noch einen begabten Lehrer, den wir hier hatten, möchte ich erwähnen, der durch seinen Freund Theodor Saul, einen Verwandten der Rombergs, nach Texas kam, Professor Heinrich Sibberns, bei dem auch unser Hans sowie mancher andere junge Mann die Vorbildung erhielt für das Studium an der Universität, und anderen Schulen. Er hat es besonders verstanden, den Wunsch zum Weiterlernen, wie überhaupt das Interesse am Wissenswerten zu wecken.

Er hatte im Hause meiner Schwägerin Ottilie Goeth, und im Heim ihrer Tochter Louise Wenmohs seine Wohnung während seines Wirkens als Lehrer hier. Er ist Schwester Ottilie ein treuer Freund gewesen, wie er ihr auch Beistand geleistet bei dem Aufzeichnen ihrer Erinnerungen für *Was Großmutter erzählt!*

Bitte.

Nimm diese gold'ne Feder,
Mit einer Bitte reiche ich sie dir,
Daß du sie fleißig brauchest
Für deine treuen Kinder, dort wie hier.

Laß alles uns erfahren,
Und sprich zu uns aus deiner Jugendzeit,
Aus deinen Kinderjahren,
Noch nicht zu weit ist die Vergangenheit.

Mußt alles uns erzählen,
Wie du von deinem fernen Heimatland,
In deiner Eltern Hut
Gezogen kamst zu Schiff zum freien Strand.

Und ihr euch viel gequälet,
Geschaffen uns und euch ein trautes Heim
Und auch in Texas' Prosa
Verflochten deutschen Sang und deutschen Reim.

Bericht von schweren Zeiten,
Die du mit Vater oftmals ja geseh'n,
Daß auch die ernsten Seiten
Des Lebens deine Kinder wohl verstehn.

Was lustig ist gewesen,
Wie alles doch zuletzt gegangen gut,
Und drohen uns Gefahren,
Durch euch belehrt, wir schöpfen frischen Mut.

An diese große Bitte
Will diesen heißen Wunsch ich heute binden,
Daß dich in uns'rer Mitte
Noch viele, viele Jahre mögen finden.

Max.

Meine Kindheit in Deutschland.

Je älter ich werde, desto dringender wird der Wunsch in mir wach, meine Kindheitserinnerungen aus der alten Heimat, aus Deutschland, niederzuschreiben. – Gestern, am 27sten Februar 1908, war mein zweiundsiebzigster Geburtstag, drum wird es Zeit, daß ich endlich den Anfang mache. Gewiß wäre dies auch längst geschehen, wenn mir nur etwas mehr Zeit verblieben. Als Hausfrau und Großmutter einer in der Nähe wohnenden großen Enkelschar, ist der Tag immer vollständig mit Arbeiten ausgefüllt, die sich nicht verschieben lassen. Außerdem ist mir alten, ungeschulten Texanerin die Feder nicht halb so geläufig wie der Kochlöffel. Schon seit Jahren mahnt mich Maxens Aufforderung, meine Erinnerungen aus frühester Jugendzeit für die amerikanische Nachkommenschaft aufzuzeichnen. Nun will ich versuchen, seiner Bitte nachzukommen.

1.

Das Bild meiner Kindheit in Mecklenburg bis zu meinem zehnten Jahre ist wohl daher so lebhaft in mir haften geblieben, weil es auf einmal abgebrochen wurde durch unsere Auswanderung nach Texas, was im Jahre 1845 gewiß ein Ereignis war, so wenig sich heute einer etwas dabei denken mag. Den teuren Eltern habe ich es vorzugsweise zu danken, daß unsere Kindheit so schön war, ich heute noch mit Freunden daran zurück denke. Mit der Auswanderung fing der Ernst des Lebens an. In unserer Phantasie hatten wir Kinder uns dies Texas-Land als ein Paradies ausgemalt, etwas anders fanden wir die Wirklichkeit.

Am meisten Sehnsucht hatte ich nach unserm hübschen Garten* mit seinem großen Spielplatz, umgeben von Apfelbäumen, einer kleinen

——————————————————————————→

* [Louise Fuchs]: Da ich stets eine so ausgesprochene Neigung zu ländlicher Beschäftigung hatte, so muß ich auch von unserem schönen Garten erzählen, den wir außerhalb der Stadt hatten, der mir so viel Freude gemacht, und mir noch so lebhaft in Erinnerung steht! Es wuchsen darin Äpfel, Birnen, Pflaumen und allerlei Beeren.

und einer großen Laube mit Bänken und Tischen, den schönen Blumen-beeten, alle mit niedlichem Buchsbaum eingefaßt. Und nun gar das viele Beerenobst. Mit Erdbeeren fing es an, dann im Laufe des Sommers Stachel-beeren, Him- und Johannisbeeren, Kirschen in unserm Pfarrgarten nicht zu vergessen. Im Herbst dann die vielen Äpfel, Pflaumen und Birnen, woran ja Mecklenburg so große Auswahl hat. – Da war denn das erste texani-sche Weihnachten etwas kläglich im Vergleich zum deutschen Christfest, mit seinem duftenden Tannenbaume, den unsere guten Eltern immer mit besonderer Mühe und Sorgfalt für uns sieben Kinder aufputzten. In Cat Spring, Texas, hatte Vater einen großen Cederzweig (es gab drei Cedern in der Nähe) an einen Baumstumpf genagelt. Selbstverfertigte gelbe Wachslichter, kleine Figuren aus braunem Molassenteig, von mei-nen beiden älteren Schwestern gebacken, – das war der ganze Aufputz. Da mag unserm lieben Mutting das Herz doch etwas weh getan haben. Aber sie war eine tapfere Frau, trotz ihrer körperlichen Zartheit.

Die guten Eltern nahmen die Kümmernisse der ersten Zeit in diesem damals noch wildem Lande vielleicht nicht so schwer in der Hoffnung und sicheren Zuversicht, daß nach und nach alles besser und bequemer werden würde, wie es ja auch in Wirklichkeit der Fall war. Ob es nun auch langsam ging mit dem Fortschritt zu Anfang, so war doch Vater frohen Mutes, ich erinnere mich, daß er einst mit jemandem um eine Kuh wettete, daß bis zu einer gewissen Zeit die Eisenbahn Austin erreichen würde, was auch richtig eintraf. – Ehe ich nun aber mit den

---

Ganz durch den Garten ging ein breiter Weg, daneben wuchsen die schön-sten Rosen, früh im Frühling Tulpen, Hyazinthen und viele andere Blumen, am frühesten die Schneeglöckchen. Noch erinnere ich mich an die Freude, als ich die erste Blüte halb im Schnee entdeckte, während am blauen Frühlingshimmel einzelne weiße Wolken zogen, und ein Rabe sein „Rab, Rab!" von oben herunterrief. Und so oft ich dies „Rab, Rab!" wieder höre, muß ich an dies Frühlingsbild denken.

Auf jeder Seite des Eingangs stand ein Pflaumenbaum: die großen blauen Zwetschen, und als wir eines Morgens in den Garten traten, lag der Boden mit den dunkeln, reifen Zwetschen bedeckt; das war ein Jubel! So Etwas habe ich hier nie wieder gesehen.

texanischen Erlebnissen fortfahre, müssen wir erst noch wieder zurück nach Mecklenburg, und da Vaters Biographie anderswo ausführlicher mitgeteilt, will ich hier von Mütterchen berichten.

Also am 14ten Oktober 1809, wurde zu Rostock die kleine Luise Johanna Rümker geboren, an deren Wiege wohl keiner geahnt, wie weit sie in die Fremde und fern vom Vaterhause verschlagen werden sollte. – Ihr Vater hatte sich aus armen Verhältnissen (sein Vater war Landpastor) zum wohlhabenden Kaufmann emporgearbeitet, wozu damals die Verhältnisse sehr günstig wurden, nachdem sich Deutschland von der Knechtschaft Napoleons befreit hatte. Der gute mecklenburgische Weizen wurde zu Rostock auf Schiffe geladen, die nach Spanien gingen, von woher Wein in Fässern zurückkam. Der Kaufherr machte in jedem Jahre selbst eine Reise nach Spanien, woher nebstbei allherbstlich eine Riesentraube, wohl verpackt, an die Familie kam, so groß, daß sie eine umfangreiche Schüssel ausfüllte und nicht geringes Erstaunen hervorrief.

Das ganze Glück meines Großvaters Rümker war seine Frau Helene, geb. Wien. Aber, ach, das Glück war nicht von Dauer. Nachdem sie ihm vier Kinder geschenkt, starb sie an den Masern, die sie mit ihren Kindern zugleich bekommen hatte. Das jüngste Kind, Theodor, war kaum ein Jahr alt. Nach ihrem Tode fand sich ein Bild von ihr unten in einem Koffer. Während einer Reise ihres Mannes nach Spanien hatte sie sich malen lassen, da ihr aber das Portrait nicht gefiel, es weggesteckt. Ähnlich muß aber das gewesen sein, denn als der kleine Theodor das Bild zu sehen bekam, rief er: „Mama." – Mutter erzählte später, man hätte ihren Vater nie wieder lachen gehört, auch nie heiter gesehen, nachdem seine Frau gestorben. Dem Zureden seiner Freunde, sich nochmals zu vermählen, hat er kein Gehör geschenkt, und acht Jahre später, als meine Mutter 12 Jahre alt war, verschied ihr Vater plötzlich am Schlag, ohne für die unmündigen Kinder ein Testament hinterlassen zu haben. Dadurch wurden die Kinder fast gänzlich um ihr großes Vermögen betrogen.

Als wir vor fünfzehn Jahren, also 1892, die alte Heimat besuchten, erzählte mir noch ein Vetter Wien davon. Die Voreltern Wien waren sehr geachtete Landleute, der Urgroßvater hatte mehrere Güter von der bekannten Gräfin Voß[1] gepachtet, der Oberhofmeisterin der Königin Luise von Preußen und Mutter Kaiser Wilhelms I.

Mangel an Zeit hat mich fast ein Jahr daran gehindert, an diesen Erinnerungen weiter zu schreiben. Heute, am 10ten Januar 1909 nehme ich die liebe Arbeit wieder auf und will mich dran halten trotz häuslichen Plackereien.

2.

Obschon ich meinen Großvater Rümker nicht gekannt, da er ja allzu früh verschieden, so ist er mir durch Mutters Erzählungen doch ganz vertraut, daß ich noch einiges von ihm berichten möchte. – Wie schon gesagt, stammte er aus einer alten Pastoren-Familie. Die Patronin der Pfarre, wo mein Großvater geboren wurde, hatte den kleinen Jungen auf den Stuhl gestellt; er sollte zeigen, ob auch er zum Kanzelredner geboren. Wie das Examen abgelaufen, ist nicht berichtet, Tatsache ist, daß der Heranwachsende in den Kaufmannstand trat, wozu ihm durch Verwandte eine gute Gelegenheit geboten. Es muß in der Nähe von der Familie Wien gewesen sein, verliebte er sich doch bald in die schöne Helene Wien, bei der er zarte Gegenneigung fand. Doch da er ja ganz unbemittelt war, und ein Kaufmann Geld nötig hat, wagte er nicht, um sie anzuhalten. Der ältere Wien sah indessen das Verhältnis ganz gern, da er die Tüchtigkeit des jungen Mannes frühzeitig erkannte, ihn auch sonst gern hatte. So ließ er denn dem jungen Theodor Rümker durch einen Freund zu verstehen geben, er habe nichts dagegen, wenn er um seine Tochter Helena anhalten würde. So wurden die beiden ein glückliches Paar.

Als Morgen- und Hochzeitsgabe erhielt die junge Braut ihr ganzes Erbteil mit. Da konnte der tatkräftige, aufgeweckte Ehemann in Rostock ein Haus kaufen und seine Handelskenntnisse in Anwendung bringen. – Wie es damals so Mode war, schenkte er seiner Frau Schillers Werke, sehr fein und solide eingebunden. Dasselbe existiert heute noch nach hundert Jahren in Bruder Hermanns Familie, wie auch das Kaufhaus, in Rostock noch bestand, wo wir es 1892 sahen. Es ist das erste Haus am Strande linker Hand, wenn man die Lagerstraße hinunter geht.

An Seite seiner über alles geliebten Gattin, der er ja Glück und Wohlstand verdankte, nahm das neue Geschäft bald einen ungeahnten Aufschwung, bald war er ein wohlhabender, vielleicht reicher Mann. Mein Mutting pflegte zu sagen: „wenn ihr Kinder den Großvater behalten hättet, dann ging es euch gut in der Welt." — Im stillen Wohltun war ihm Freude gewesen, so recht nach christlicher Vorschrift. — Als dann die griechischen Freiheitskriege in den zwanziger Jahren ihren Anfang nahmen, da war auch Großvater Rümker in seinem Enthusiasmus nicht zurückgeblieben, der ganz Deutschland beseelte. Zwar konnte er nicht wie Lord Byron selbst an den Schlachten teilnehmen, oder wie Wilhelm Müller begeisterte Griechenlieder dichten, aber was er tun konnte, das tat er. Zwei junge Deutsche, die nach Griechenland gingen, rüstete er vollständig aus, und als sie als Sieger zu seiner großen Freude heimkehrten, da mußten seine Kinder ihnen Lorbeerkränze überreichen. — Wir sehen, Schillers Idealismus, gestärkt durch Lessings Humanismus und Goethes große freie Weltanschauung, sie treiben auch in nüchternen Kaufmannshäusern ungeahnte Blüten. Einen solchen Vater, eine solche Mutter so früh zu verlieren war für die Kinder ein gar herber Verlust. Aber ihr Geist, das zarte, feine Empfinden für alles Große, die Energie, sich durch schwierige Lebenslagen zu winden, die war doch auf die jüngere Generation übergegangen, so nur kann ich es verstehen, daß mein zartes Mütterchen in allen Gefahren und auch Schrecknissen ihres vielseitig bewegten Lebens nie die freudige Gewißheit verloren, daß ein Glück überall zu finden, das Vertrauen uns nie betrügt, wir mit Lessings Nathan ausrufen können: „Gott, ich will, willst du nur, daß ich will." — Ich glaube, dieses schöne Erbteil von Großvater Rümker wiegt die tausende auf, die den Kindern verloren gegangen.

3.

Als es mit der Großmutter Rümker zu Ende ging, war eine ältere Freundin, ein Fräulein Holzschuh, bei ihr, die dann auch als Erzieherin der Kinder im Hause blieb. Drei Mädchen waren's, Sophie, Luise, Ulrike, und der Sohn Theodor. Mit Liebe und Ehrfurcht erzählte Mutter oft von Mamsell Holzschuh. Dazumal war der Titel Fräulein nur für die Adeligen im Gebrauch, Demoiselle, oder einfach, Mamsell, wurden die bürgerlichen Mädchen angeredet. – Zu dem alten Fräulein hatte Großvater Rümker öfters geäußert, daß ohne ihn das Geschäft gar nicht fortgeführt werden könnte. So war es gegen ihren Protest, daß die Kontorherren noch vier Jahre das Geschäft weiter führten, wobei, wie schon erwähnt, die armen Kinder um den größten Teil ihres Vermögens kamen.

Als Theodor herangewachsen war, lernte er die Landwirtschaft bei seinen Onkeln, Fritz und Otto Wien, beide Besitzer von großen Gütern, wie sie in Mecklenburg gang und gebe sind. Noch sehr gut kann ich mich des freundlichen Onkels Theodor erinnern, er besuchte uns, ehe wir auswanderten, und hatte ein Gut in Westpreußen. Seine Frau, Tante Albertine, haben wir noch kennengelernt, als wir, mein Mann und Sohn Max, Deutschland bereisten und worauf ich später zurückkomme. – Sie hatten nur zwei Kinder, einen Sohn und eine Tochter, aber, ach, der Sohn starb als Schüler am Nervenfieber, fern vom elterlichen Hause. Wohl entsinne ich mich, mit welchem Schmerze der Onkel uns davon schrieb. – Die Tochter, die Erbin des großen Gutes, heiratete einen Offizier. Sie hatten keinen Sohn, statt dessen vier Töchter. Die zwei Ältesten lebten bei der Großmutter in Berlin im Jahre 1892. Die Mädchen meinten, ich sähe ihrer Mutter so ähnlich. – Die älteste Schwester Mutters vermählte sich jung mit einem Pastor Tarnow.

Als Mutter und ihre jüngere Schwester Ulrike erwachsen waren, gingen sie zu einem Onkel Rümker nach Güstrow, wo sich ein allerliebstes Liebesdrama für die beiden Mädchen, die zärtlich an einander hingen, abspielte. – Ein entfernter Verwandter von ihnen, ein junger Advokat, in Hamburg als reicher Kaufmannssohn erzogen, Wilhelm Schulz mit Namen, war der Freund des Sohnes von Superintendent Fuchs zu Güstrow, beide schöne talentvolle junge Männer. Letzterer besonders hochmusikalisch, in den Augen der jungen Welt ein Sänger ersten Ranges. Seine Mitstudenten auf der Universität hatten oft die Äußerungen gemacht: „Du Tor, warum gehst du nicht mit deiner Stimme auf die Bühne?" Dann erwiderte er: die Musik sei ihm viel zu heilig, um sie als Broterwerb zu benutzen. – Also mit diesen beiden hochidealen und interessanten Herren, die allerdings fürs praktische Leben gar nicht geschaffen, verlobten sich die Schwestern, Luise, mein

Mütterchen, mit dem jungen Theologen Adolf Fuchs, und Ulrike mit dem Advokaten Wilhelm Schulz. – Durchs ganze Leben hat das innigste Freundschaftsverhältnis zwischen beiden Familien bestanden, auch noch, als unsere Familie nach Amerika ausgewandert war.

Das junge Amerika hatte schon damals so großen Eindruck auf die beiden ideal angelegten jungen Männer gemacht, daß sie den Plan hatten, mit ihren jungen Frauen hierher zu kommen. Zu der Zeit kam ein Vetter von meinem Vater aus Amerika zurück, dem es hier gar nicht gefallen. In New Orleans hatte dieser Heinrich Francke, später als Wasserdoktor „Rausse"[2] bekannt, das Gelbe Fieber durchgemacht. Hierdurch abgeschreckt, unterblieb die Auswanderung einstweilens. Bei meinem Vater blieb Amerika, die Vereinigten Staaten, wo Freiheit, besonders Religionsfreiheit herrschte, immer das Ziel seiner Wünsche. Cooper's *Der Letzte der Mohikaner* hatte mächtigen Eindruck auf ihn gemacht, den damals erst Dreiundzwanzigjährigen, so daß er und sein junger Jagdgenosse, Dr. Kortüm[3], sich Hawkeye und Uncas nannten. Für meinen Vater blieb Dr. Kortüm stets Uncas, wie er Hawkeye in allen Briefen, die gewechselt wurden, bis der allbeliebte Doktor als Obermedizinalrat in Doberan starb, wo er auch seine letzte Ruhestätte gefunden. Auch an seinem Grabe sind wir noch gestanden, hatte doch Vater uns so viel von ihm erzählt, waren seine Briefe stets hochwillkommen, als wir längst in Texas wohnten. – Meinem Vater ist es leider nicht vergönnt gewesen, je wieder nach der alten Heimat zurückzureisen, aber ein treues Andenken hat er dem Jugendfreunde doch bewahrt. Oft genug mag er seiner gedacht haben mit jener stillen Wehmut, welche über der Jugend ausgebreitet liegt, denkt das Alter zurück. Wird doch alles idealisiert im Leben, warum nicht die Zeit der erwartenden Glückesfülle.

Dr. August Kortüm

4.

Nun will ich von meinem Großvater väterlicher Seite berichten, von dem ich leider weniger zu erzählen weiß. Männer sind in der Art weniger mitteilsam als Frauen, außerdem war auch Vaters Mutter schon in seinem vierten Jahre gestorben, daß ihm das rechte Familienleben verloren ging. Er hatte vier ältere Schwestern, die von einem Fräulein, Mamsell Drummer, erzogen wurden in Güstrow, wie meine Mutter mit ihren Geschwistern zu Rostock. – Großvater Fuchs[4] hatte viel Unglück in der Ehe gehabt, schon zwei Frauen verloren, als auch meines Vaters Mutter starb, jede einen Sohn und eine Tochter hinterlassend. – Der älteste Sohn, Onkel Konrad Fuchs[5], war seiner Zeit Prediger in Kittendorf. Der Sohn der zweiten Frau, Fritz Fuchs, war der Vater meines hiesigen Vetters, Fritz Fuchs. Als sehr junger Mensch hatte der ältere Fritz gegen Napoleon mit Lützows Freischar gekämpft, und gewiß mit Theodor Körner gestritten und gesungen. Nachdem meine Eltern nach Texas ausgewandert waren, kam er ebenfalls hierher mit Frau und vier Söhnen. In Houston angelangt, hatten sie das Unglück, den ältesten Sohn, Otto, auf tragische Weise zu verlieren. Der Dreiundzwanzigjährige hatte einen jungen Schiffskameraden überredet, mit ihm auf die Jagd zu gehen, wobei er von diesem aus Versehen unglücklicher Weise erschossen wurde. – Auch der zweite Sohn, Wilhelm, verlor sein Leben auf der Flucht nach Mexiko im Bürgerkriege der sechziger Jahre. Lange vorher aber war schon die gute Tante Jule gestorben, nachdem sie kaum ein halbes Jahr im Lande gewesen. Sie war so herzensgut, ich habe ihr ein liebevolles Andenken bewahrt, ihren Enkelinnen, die sie nie gekannt, von ihr erzählt. Tante Jule hatte sich so leicht in das texanische Leben gefunden, desto schmerzlicher war es, als ein rascher Tod sie dahinnahm. – Dieselbe Tante Jule erzählte meiner lieben Mutter einmal, sie sei mit der Mutter meines Vaters im Garten spazieren gegangen, der kleine vierjährige Adolf mit braunem Lockenkopf vor ihnen hergesprungen, da habe sie auf Französisch zu ihr gesagt: „Er ist mein Leben." Von dieser Mutter hatte mein Vater wohl sein großes musikalisches Talent geerbt, von dem wir schon gehört.

„O schütz in dir den Geist des Lebens,
Der Jugend Morgenrot,
Das schönste Glück lacht dir vergebens,
Ist's in dir kalt und tot."

So sang mein Vater oft, die Mutter hatte ihr Söhnchen erkannt.

5.

Großvater Fuchs war ein großer Gelehrter, sehr ernst in seinem Leben, wohl mehr durch das viele Unglück in seinen Ehen. Der Beruf als Superintendent und Kirchenoberster brachte es eben auch mit sich, aber der hübsche aufgeweckte Knabe war doch sein ganzer Stolz, und wer könnte es ihm verübeln. – In unserm Elternhause in Mecklenburg, in Vaters Studierstube, stand ein Glasschrank mit allen möglichen verschiedenen Pfeifen, die von seinem Vater stammten und die sein Diener in feinster Ordnung hatte halten müssen. Einige davon wurden nach Texas mitgenommen, ein Meerschaumkopf wurde hier für 35 Dollars verkauft, als das Geld einmal recht knapp war, was leider nicht gar selten der Fall war. – Wenn der Großvater Fuchs abgeholt wurde, einen neuen Prediger ins Amt einzuführen, mußte das allemal in einer Kutsche mit vier Pferden bespannt geschehen, so war es damals Mode. Wenn nun Vater als Junge die Fahrt mitmachte, war ihm das sehr feierlich, und er dachte sich als höchstes Lebensziel, auch Prediger zu werden. – So geschah es denn auch. Als er dann als junger Theologe zum ersten Mal in Güstrow predigte, – es war zur Winterzeit – war sein Vater in der Kirche, die natürlich nicht geheizt war. Dabei zog sich Herr

Adolf Friedrich Fuchs

15

Superintendent Fuchs eine bösartige Erkältung zu, die in Lungenentzündung ausartete und ihm den Tod brachte. Der Sohn hatte sich zu der Zeit gerade verlobt, er wollte es dem geliebten Vater noch mitteilen, aber der verstand ihn nicht mehr. Die Erinnerung an diese Stunde ist für meinen Vater stets schmerzvoll geblieben. Dazu kam auch noch, daß die Predigt des jungen Kandidaten als zu unbiblisch stigmatisiert wurde. – Es war eben die Zeit der starren protestantischen Orthodoxie, welche jeden denkenden Kopf der Kirche entfremdete, möglich, daß Vater damals verbittert wurde gegen das ganze kirchliche Treiben, denn wir hörten schon, daß Amerika einen magischen Klang in seinem Ohr wachrief.

Am 10ten Juli 1829 fand die Hochzeit der Eltern statt, nachdem der junge Theologe eine Anstellung als Conrector in der Stadt Waren erhalten. Mutter hatte vom väterlichen Erbteil noch hinreichend, um sich sehr hübsch einzurichten. Dort lebten sie im jungen Glück ihres Herzensbundes sechs Jahre. Freunde blieben nicht aus, an gesellschaftlichen Unterhaltungen, wobei die Musik die Hauptrolle spielte, mangelte es nicht. Elternfreude blieb nicht aus, mit Dr. Kortüm wurden Jagdpartien gemacht, – die unzertrennlichen Hawkeye und Uncas – so darf ich wohl annehmen, daß der Aufenthalt in Waren ein glücklicher war, wenn auch durch den Tod eines kleinen Söhnchens, Adolf, getrübt. Doch blieben ihnen ja noch zwei kleine Mädchen, Lulu und Ulrike, und mein ältester Bruder, Konrad.

Als Vater aber nach Kölzow als Prediger berufen wurde, mußte er der Jagd entsagen. Dies tat er in schwungvollen Versen. Als er sie dem geliebten Freunde vorsang, sagte derselbe: „Du paßt wahrhaftig besser in die Urwälder von Nord-Amerika als auf die Kanzel einer Dorfkirche!" Nun, Hawkeye Fuchs ist ja in die Urwälder gekommen, hätte ihn aber dort sein getreuer Uncas gesehen, wer kann wissen, ob er nicht sein Urteil doch etwas modifiziert. Eine außerordentlich fein gebildete Dame, von der ich später erzählen will, dachte jedenfalls anders als Dr. Kortüm. Ist es doch stets eine gefährliche Sache, durch Lektüre sich in seinem Leben bestimmen zu lassen, aber hier lagen tiefere Gründe vor, die stichhaltig genug waren, mit der Vergangenheit gründlich aufzuräumen und sich einer neuen Zukunft zu vertrauen. Ein problematisches Experiment blieb es immerhin.

6.

Im Jahre 1835 wurde Vater zu Ostern feierlich als Prediger in Kölzow eingesetzt, wo er seinen Beruf sehr ernst nahm. – Zu der Kirchengemeinde gehörten vier oder fünf große Landgüter, auf denen ein interessantes, großartiges Leben geführt wurde. Es waren schloßartige Wohnhäuser mit prachtvollen Gärten, die mir noch heute wie ein Paradies erscheinen. Mit den meisten Gütern war auch ein großer Park verbunden mit hohen, prachtvollen Bäumen und wohlgepflegten Wegen. Geschulte Gärtner hielten alles in musterhafter Ordnung, selbst taten die Herrschaften natürlich nichts, für jedwede Arbeit gab es eine dienende Person. – Zu jedem Gute gehörte auch ein Dorf, wo die vielen Feldarbeiter mit ihren Familien untergebracht. Fast eine kleine Stadt von riesigen Ställen für Pferde, Vieh und Schafe, denn die Winter in Mecklenburg sind lang und kalt. Da muß also vorgesorgt werden.

Der Patron der Kölzow'schen Pfarre war der Justizrat Otto von Prolius, der an Vater großes Wohlgefallen gefunden und es gar nicht einmal zu der Bewerbung von drei üblichen Kandidaten hatte kommen lassen. Er war und blieb ein gern gesehener Gast im Pfarrhause, und als am nächsten 27sten Februar 1836 ein neues Töchterchen ihr Erscheinen machte, vertraten der Herr Justizrat Patenstelle und wurde die kleine Ottilie nach ihm genannt, dieselbe Ottilie, die alles dieses niederschreibt. So lange wir in Deutschland blieben, gab es zu jedem Weihnachten ein Patengeschenk, wo alle Pastorenkinder mit einbegriffen waren. So wurde ich ohne es zu wissen, ohne es zu wollen, eine kleine Weihnachtsfee zu Hause und hoffe es zu bleiben, so lange ich als Mutter und Großmutter unter den lieben Meinen weilen darf.

Wir deutschen Kinder hatten förmlich ängstlichen Respekt vor dieser vornehmen Persönlichkeit, derartiges kennt die junge Welt in Texas nicht. Eine Szene dieser Art ist aus meinen Kinderjahren so lebhaft in Erinnerung geblieben, daß ich mich nicht entbrechen kann, sie hier wieder zu geben. – Es war einiger Damenbesuch in der sogenannten Vorstube, als ich zufällig aus dem Fenster guckte und voller Schrecken rief: „Da kommt der Justizrat!" Und damit unters Klavier gekrochen. Hier saß ich nun in der hintersten Ecke in tausend Ängsten, sinnend, wie ich nur unbemerkt aus dem Zimmer schlüpfen konnte, aber das war unmöglich, da die Stube nur eine Tür hatte. Als der Gefürchtete dann eingetreten war, bemerkte er bald, daß sich aller Augen lächelnd nach dem Klavier wandten. So mußte er mich kleine Person doch schließlich bemerken, worauf ich hervortreten und Rede zu stehen hatte. So gütig er war, ich war doch seelenfroh, als die Audienz zu Ende, und ich hinauseilen konnte. – Als wir in meinem zehnten Jahre auswanderten, hielt er mir eine gefühlvolle Anrede, worin er betonte, daß er mich im Leben wohl nie wieder sehen würde, ich ihn aber nicht vergessen sollte. Dabei gab er mir ein ansehnliches Röllchen Geldstücke als letztes Patengeschenk. – Leider habe ich meinen verehrten Paten nicht wieder gesehen, aber sein Sohn, Otto von Prolius, war der Besitzer von Kölzow, als wir die Heimat im Jahre 1892 besuchten.

Mein liebes Mutting hatte gedacht, daß sie auf dem Lande mit beschränkteren Mitteln recht gut könnten auskommen. Dem war aber nicht so. Vater war eine viel zu anziehende Persönlichkeit, als daß die Gutsbesitzer ihn in einem beschaulichen Stilleben lange allein gelassen. Schon sein Gesang lockte viele ins Pfarrhaus, und er gab gerne von dem goldenen Schatze seiner Lieder, wenn sie freundlich aufgenommen wurden. Wo er war, sammelten sich die Musikliebhaber, ein Männer-Quartett war leicht beisammen, das er ausgezeichnet zu leiten verstand und auf dem Klavier begleitete. Wie denn überhaupt seine theoretischen Musikkenntnisse weit über das Gewöhnliche hinausgingen. Dies wurde auch in Texas nicht anders, das in früherer Zeit ja mehr Schöngeister besaß als heute, worauf ich noch zurückkomme. – So konnte es denn nicht fehlen, daß auch im Kölzower Pfarrhause es recht gesellig zugehen mußte, wozu die Einnahmen nicht immer ausreichten, zumal auch die Kinderschar noch wuchs.

7.

Wir Kleinen waren allerdings nicht in die finanzielle Lage eingeweiht, sorglos verlebten wir eine fröhliche Kinderzeit, und dazu gab uns die nächste Umgebung des Vaterhauses die schönste Gelegenheit, uns frisch und heiter zu entfalten. Für alle sorgte Mütterchen mit nie versiegender

Liebe und Güte, und der treue Vater gab uns Unterricht so gut es gehen wollte und seine Zeit ihm erlaubte. In dem großen Garten konnten wir uns austoben und spielen, bis wir ermüdet das Wohnzimmer suchten, Winter und Sommer. War der Winter auch kalt, so brachte er doch seine Freuden und rote Backen. An den Hof, vorm Hause, grenzte ein Teich. Sobald der fest zugefroren, benutzten wir alle freie Zeit, uns auf dem Eise zu amüsieren, wenn auch Nasen und Finger dabei rot froren. Bruder Konrad war schon als Junge ein feiner Schlittschuhläufer, wir Mädchen mußten uns begnügen mit dem sogenannten „glitschen". Dazu wurde, wenn Schnee lag, eine gerade Bahn auf dem Eise rein gefegt: am Lande nahm man einen stürmischen Anlauf und sauste dann mit festen Füßen auf der glattgefegten Bahn entlang. – Aber wie groß war doch die Freude, wenn der liebe Frühling, manchmal spät genug, ins Mecklenburger Land heranrückte, der Kuckuck seinen Ruf aus Busch und Wald ertönen ließ. Dann stimmten auch wir unter Vaters Leitung unzählige Frühlingslieder an: Lasset uns singen, tanzen und springen, Frühling, Frühling wird es nun bald. Besonders Bruder Konrad hatte eine schöne Knabenstimme, und ist ihm der Gesang treu geblieben, durch sein nicht allzu glückliches Leben.

Aus dem Garten spazierten wir oft in den Wald, was man in Texas eigentlich gar nicht kennt, dort bietet es den höchsten Genuß. Wenn am Sommertage die Schule aus war, dann noch ein Spaziergang auf ausgedehnten Wegen durch den Wald. O, die hohen Eichen und Ulmen, die majestätisch auf zum Himmelsdome ragten, die Wiesen mit weichem Lager der Moose, das Gebüsch, aus denen ein tausendtöniger Gesang der Vögel hallte. Der deutsche Wald ist ja einzig, die vielen Waldlieder zeugen davon. Geht man so dahin, allein oder in Gesellschaft, so wird das Herz zu frommer Andacht gestimmt, oder man muß mitjubeln und mitsingen: „Im Walde geh' ich wohlgemut", oder „Wer hat dich, du schöner Wald, aufgebaut so hoch da droben." Manchmal ging's im Marschtempo, wobei Vater singend kommandierte:

Links, rechts, links, rechts,
Die ganze Kompanie!
Schultert das Gewehr!

Augen links, Brust heraus.
Ei, wie sind wir flink und nett
Blinket das Gewehr.
Und mit welcher Freudigkeit
Marschieren wir daher.
Links, rechts, links, rechts!

Das machte uns Kindern großen Spaß, dabei mögen die Augen heller geleuchtet haben, die jungen Glieder sich emsiger geregt. Und dann stürzten wir uns auf Heidelbeeren, Himbeeren und Waldbeeren.

8.

Im Herbste wurden Haselnüsse gesucht, dann nahm jedes Kind ein Säckchen mit, den Fund einzuheimsen. Vater schnitt für jeden einen Hakenstock, womit man die Haselbüsche niederbog, um die Nüsse pflücken zu können. Das war nun erst eine Freude, daß Nüsse gelegentlich noch zu Weihnachten verwertet, versteht sich wohl von selbst. Dann gab es wieder neue Lieder. Bruder Konrad und die beiden ältesten Schwestern, Lulu und Ulla, sangen bereits ganz fertig mehrstimmige Gesänge, die Bewunderung erregten. Ein Freund äußerte einst zu Vater: „Pastor, wie mokst du dat, dat din Kinnigs so schön singt?" – Auch die Mecklenburger gelehrten Herren, – wenn sie gemütlich sein wollen, sprechen sie Plattdeutsch. Und welche Poesie in dieser halb barbarischen Sprache liegt, das erfuhren wir nicht gar lange darauf durch die köstlichen Werke Reuters, die auch bald nach ihrem Druck in Texas erschienen und kaum anderswo mit größerem Jubel empfangen sein können als in unserer Familie, waren doch meine Vettern, Heinrich und Otto Fuchs, Spielkameraden des großen Humoristen gewesen. – Fritz Reuter blieb das Gesprächsthema für lange Jahre; Onkel Bräsig, Havermann, Lining und Mining, alle, alle, sie wurden uns vertraut wie Freunde, ja wie Geschwister!

9.

In einem Wäldchen, neben einer großen Wiese, wuchsen die lieblich duftenden kleinen Lilien (Lilly of the Valley). Die zu suchen war meine größte Freude, auch die lieben Veilchen am Baches Rand spürte ich mit Vorliebe auf. Sie standen aber meistens auf der Wiese, welche zu betreten nicht erlaubt war, daß mir Herr Inspektor Lindemann öfter mit dem Finger drohte, aber gescholten hat er nicht über den kleinen Veilchenräuber, der freundliche Herr Inspektor, mich auch nicht „bei Hofe" verklagt, oder es meinen Eltern gemeldet. Hierbei will ich nicht unerwähnt lassen, daß das Verhältnis meiner Eltern zu den adeligen Gutsbesitzern ein ungetrübtes war. Ihnen ist es nicht gegangen wie einer Pastorin der gräflich H'schen Pfarre. Da der Fall typisch, will ich ihn hersetzen, setzt er doch die arrogante Ritterschaft, die sich ja heute noch weigert, eine Konstitution zu befürworten („Mecklenburg, du bist der Reichste, dein Land hat keine Konstitution", spottete ein Witzling in letzterer Zeit), in das grellste Licht. – Also die Gräfin H. fühlte ein unangenehmes Rieseln in den feinen Nasenflügeln auf einem Spazierritt. Elegant pariert sie ihr schnaubendes Roß vor dem Pfarrhause, *ihrem* Pfarrhause, und läßt durch den Diener ein Schnupftuch verlangen. Die Frau Pastorin, all in a flutter über die große Ehre, sucht ihr feines gesticktes Hochzeitstüchlein hervor, ganz glücklich, es für den Abfluß gräflichen Mukus anbieten zu dürfen. Als aber das Tüchlein nicht zurückgeschickt, hat sie die Kühnheit, daran monieren zu lassen. Worauf die Gräfin: „Lassen sie der Pastorin ein Bündel Flachs geben." Zum Glück war der Pastor kein Othello, so ging's ohne Duell ab. – Einst war die kleine Tochter der Pastorin bei der Gräfin. Mit wohlgepflegten Fingerspitzen bereitet die Gräfin ihr seidenes Gewand aus. Die kleine war verwirrt und schaut ängstlich um sich auf die Zofe. „Na, wird's bald?" Kam es aus kaltem Munde. „Kind", flüstert die Zofe, „du mußt der Frau Gräfin den Rock küssen!" – Das wäre was für euch, ihr texanischen Enkelkinder, was?

Doch zurück zur Wiese, dem grünen Rasen, wo die feine Leinwand gebleicht wurde. Kommt die Leinwand aus dem Webstuhl, so ist sie aschgrau, wird aber in der Sonne ganz weiß, wenn sie mehrmals täglich mit der Gießkanne naß gegossen wird. Die Flachsfelder sind wundervoll anzusehen, wenn sie in blauer Blüte steh'n; geht der Wind darüber hin, wogt es wie blaue Wellen. – Dazumal wurde in jedem Hause, reich oder arm, Flachs gesponnen. Wenn ein Töchterchen geboren wurde, so fing man bald nachher mit der Leinwand Aussteuer an. In den reichen Häusern gab es ganze Stöße davon, die in Koffern, im Schrein wohlverwahrt, des Tages harrten, an welchem die junge Braut ihr Heim gründete. – Der Nachwelt mag dies unverständlich sein, da heute ja alles zu kaufen, aber noch im Bürgerkriege zwischen Nord und Süd in den Vereinigten Staaten bekam man einen Geschmack der guten alten Zeit, wo die Hausfrau, wie Schiller in der „Glocke" singt, auch „die schimmernde Wolle, den schneeigten Lein" sammelt. Und leset ihr Jungen einmal *Silas Marner*[6], so wißt ihr wenigstens, wo die Leinwand herkommt, und daß sie nicht auf Bäumen wächst. – Baumwolle war damals noch wenig im Gebrauch, die Dorffrauen hatten höchstens für Feiertage gekaufte Kleidung, Chamissos „Die alte Waschfrau"[7] gibt den rührenden Kommentar dazu. Ob die Zeit je wieder kommen wird, in welcher auch wieder zu Hause gewebt und gesponnen werden wird? Während des Bürgerkrieges hab' auch ich es noch gelernt, für eine Zeitverschwendung hab' ich's nie gehalten. Tauchen doch öfter die früheren Sitten und Gebräuche aus der Vorzeit wieder auf und heimeln einen an wie duftende Märchen, da spricht man denn mit Recht von der „guten alten Zeit".

10.

An Spielgenossen fehlte es uns natürlich auch nicht. Sie alle anzuführen, würde zu weit gehen. Unsere liebsten Freunde waren in Dettmannsdorf, einem Gute das zu Kölzow gehörte. Dahin wanderten wir oft, für uns Kinder das größte Vergnügen. Teilweise führte der Weg durch einen prächtigen Buchenwald, dann kam eine grüne Wiese, von Wassergräben eingefaßt, über welche hübsche Brücken für Fußgänger führten, dann weiter durch eine Pforte in den großen Garten, wo der Weg durch kunstvoll geschorene Hecken dem Herrenhause zuging. Hier hatten wir völlige Gastfreiheit, und wir genossen sie in vollen Zügen. – Um so viel größer war meine Freude, als ich in spätem Alter mit meiner Freundin und Altersgenossin Alvine in freundschaftliche Korrespondenz treten konnte, nachdem wir zur gegenseitigen Verwunderung erfahren, daß wir beide noch am Leben. Mit ihr tauchte wieder eine rührende Erscheinung aus den Tagen der glücklichen Kindheit, aus der lieben Vergangenheit, die immer mehr wieder zur Gegenwart wird, eben durch sie wird die Erinnerung lebhafter, drängen die geliebten Gestalten sich wieder zu, und sehe ich mit deutlicherer Lebendigkeit heute das, was war, als was ist. Nicht als ob die Gegenwart keinen Reiz hier hätte, aber das Alter flüchtet sich gerne zu den Tagen, als noch die schöne Welt schöne Träume zu erfüllen versprach. Was ausgeblieben, eben das macht uns die Jugend um so viel teurer.*

So trete ich auch heute noch einmal als Kind durch den breiten Torweg in den Pfarrhof. Zu beiden Seiten liegen Stallungen, woran rechts der Garten stößt. Links ist ein hübscher Teich, teilweise mit Weiden umgeben. Zum Hause führt eine breite Steintreppe hinauf, an jeder Seite derselben befindet sich ein Rosengärtchen. Die Fenster sind mit Weinlaub umrankt, dahinter steht mein Mütterchen und blickt mich an mit ihren lieben sanften Augen. Denn es ist Sonntagsmorgen, schon klingt die Glocke, die Vater hat gießen lassen. Im offenen Wagen ist sie

---

* [Louise Fuchs:] Fast vor unserem Haus war eine Allee von großen Bäumen, dahinter stand die Kirche. Unser Wohnhaus war ein Eckhaus, rechts davon lief die Straße mit dem Geschäftsteil, links die Straße hinauf wohnte der Amtshauptmann; dorthin wurde ich öfter verlangt oder gewünscht, als Spielkameradin des einzigen Kindes Lillie, die in meinem Alter war. Da hatte ich schöne Zeiten. Sie hatte so unendlich viele schöne Spielsachen! Ich wurde auch bei Ausflügen oft mitgenommen; sogar eines Abends kam ein Diener und holte mich, einen Besuch mitzumachen bei der kleinen Lillie Großmutter. Das war wohl der Wunsch meiner Gespielin gewesen, sonst wäre ich wohl nicht mitgekommen, denn allmählich fühlte ich doch heraus, daß ich — nach den damaligen Begriffen — wohl eigentlich keine standesgemäße Gespielin war — so klein ich auch noch war. Trotzdem haben wir noch später etwas miteinander korrespondiert (mußte ja aber erst hier in Texas Lesen und Schreiben lernen, und das ging auch nicht so schnell: denn hauptsächlich unterrichtete unsere Mutter uns im Winter, denn im Sommer gab's ja Arbeit in Gärten und Feld).

angekommen, glänzend und neu, ein Eichenkranz liegt darauf. Darin gegossen ist die Inschrift: „Ehre sei Gott in der Höhe." Und auf die inständigste Bitte der Kirchenbehörden ist auch des Vaters Namen dort zu lesen. Ehrfurchtsvoll war sie hinaufgezogen an starken Strängen, hoch auf den Glockenstuhl, von wo aus sie die Pfarrkinder sollte zum Gebete rufen. Und horch, es tönt, leise erst in sanfteren Vibrationen und nun voller und voll in der ernsten frommen Weise, die der Meister geheimnisvoll in sie verwoben. – Andächtig lauscht die Kirchenschar: die Männer haben die Hüte abgenommen, stumm, ergriffen steht jeder, denn um die Kirche ist ja auch der Kirchhof, wo die Lieben schlummern zum ewigen Schlaf. Die Ewigkeit ist auf allen Zügen ausgeprägt, auf diesen ernsten Gesichtern, es ist fast zu ernst und suchend blickt die Menge den, welcher zwischen Tod und Leben zu vermitteln sucht. Und siehe, er naht, der geliebte Seelsorger, im Prediger-Ornat, gefolgt vom Küster, das Wort Gottes unter dem Arm, die Liebe und Hoffnungen christlicher Tröstungen im warmen Herzen. Und die Glocke tönt lauter, als er näher tritt, und die Augen aller blicken auf ihn, der mir im Augenblick wie ein Heiliger erscheint, und den niemand anzureden wagt. – Stumm sitze ich in der Kirche, stumm und andächtig höre ich, was der Vater spricht und schwer hält es, an jenem Sonntage wieder ins gewöhnliche Gleichmaß des Tages zu treten, so verklärt ist mir alles erschienen. – Uns Kindern war der Tod nicht schreckhaft, der Glaube an ein ewiges Leben im reinen Zustande himmlischen Erkennens bannte jede trübe Vorstellung am Grabe. Oft waren wir zugegen bei einem Begräbnisse, aber die Tröstungen eines seligen Lebens, welche der Vater sprach, galten ja den Kindern als unumstößliche Gewißheit. Wohl sahen und wußten wir, daß es auf der Erde Not und Leiden genug gab, daß manche Tränen flossen und fließen mußten:

> „Aber in den heitern Regionen,
> Wo die reinen Formen wohnen,
> Rauscht des Jammers trüber Sturm nicht mehr."

Mußte auch Schillers hoher Geistesschwung den Betrübten am Grabe in christlicher Übersetzung erklärt werden, die heitere Ruhe des Todes ist vom Vater auch auf die Kinder übergegangen. Oft ist der Tod jäh und unvermutet über meine Familie hereingebrochen, wovon ich nur zu oft zu berichten habe, aber stets hat sich mein Geist wieder sammeln können in der tröstlichen Gewißheit desselben Dichters:

„Lieblich wie der Iris Farbenfeuer
Auf der Donnerwolke duft'gem Tau,
Schimmert durch der Wehmut düstern Schleier
Hier der Ruhe heitres Blau."
(Schiller: Das Ideal und das Leben.)

Wie schon erwähnt leitete der Vater unsern Unterricht, da die Dorfschule seinen Ansprüchen nicht genügte. Der Amtsdienst des Vaters unterbrach diesen natürlich öfters. Von den Begräbnissen sprach ich eben, aber auch Heiteres geschah, und das waren die Kindtaufen. – Die armen Leute nämlich brachten ihre Kinder zum Pastor zur Taufe. Auf großen Leiterwagen, auf Strohsäcken sitzend, kam die ganze Taufgesellschaft angefahren, was ein ganz amüsantes Bild für uns Kinder bot. Zwar waren es nicht die malerischen Trachten des Schwarzwaldes oder der Schweiz, welche den Blick fesselten, vielmehr erfreuten wir uns an den großen Wagen selbst und ihren mächtigen Strohsäcken, wogegen die Wollsäcke in Westminster klein genug erscheinen mußten. Während der Taufakt vor sich ging, kletterten wir Kinder hinauf und hielten übermütige Spiele. Dabei passierte es einmal, daß mein vierjähriger Bruder Willing, wie Wilhelm damals genannt wurde, hoch über den Rand herunterfiel und sich ein Bein brach. Mutter war gerade mit der vier Wochen alten Ino oben im Hause, so hatte die Ärmste noch die neue Sorge um das Brüderchen, dessen Heilung gut vier Wochen in Anspruch nahmen. Unten im Hause ging indessen der geregelte Gang des Hauswesens fort durch zwei treue Dienerinnen, Hanne, die Köchin, und Lotte, das Stubenmädchen. Beide blieben bei uns, so lange ich mich entsinnen kann. Im letzten Jahre unseres Aufenthaltes in Deutschland besorgten sie die Wirtschaft allein. Unser Mutting litt an Gicht, im Kopf und im Knie, und mußte in eine Wasserheilanstalt, da die Ärzte keinen Rat mehr wußten. Vater brachte sie deshalb zum Wasserdoktor Rausse, wo sie während einer Kur von fünf Monaten auch Heilung fand.

11.

Wie lange vorher die Eltern ihre Amerika-Reise besprochen und erwogen hatten, weiß ich natürlich nicht, vor uns Kindern erwähnten sie nichts davon. Allerdings hatten wir alle Englisch gelernt, daß aber dies eine Vorbereitung zu der Auswanderung sein könnte, ahnten wir gewiß nicht, auch die ältesten Geschwister nicht. Aber nun waren Lulu und Ulla 18 und 14 Jahre alt, wahrend Konrad auch schon wacker herangewachsen. Diese also konnten schon zu Hilfe sein, denn daß es Dienerinnen nicht gab in dem neuen Lande, davon hatten die Eltern gewiß gehört. In den vierziger Jahren war der Braunfelser Adelsverein[8] gegründet, der in Texas ausgedehnte Ländereien angekauft hatte, dem schloß sich Vater an, so ist es gekommen, daß Texas unser Heim geworden.

So gingen denn die Vorbereitungen für die Auswanderung an, vieles nach Vorschrift des Vereins, besonders die Kisten waren recht unbequeme Dinger. Ich weiß noch genau, wie Vater uns mitteilte, daß wir nach Amerika wollten, auf ein Schiff übers Meer! Erst durften wir noch zu niemandem davon sprechen, bis endlich ein entscheidender Brief ankam, dann wurde uns erlaubt, es allen zu sagen, die es hören wollten. Da liefen wir dummen Gören, klein wie wir noch waren, vor das große Tor auf den sogenannten „Brink" und schrieen so laut als wir nur konnten: „Wir gehen nach Amerika!" Wie viel Schweres für die guten Eltern damit verbunden war, das bedachten wir nicht. – Aber Vaters Ausspruch war: Lieber im Schweiß seines Angesichtes sein Brot verdienen, als um Gotteswillen erhalten zu werden. Es war so ganz gegen sein feines Empfinden, als Broterwerb predigen zu müssen. Hätte er es vermocht, seine musikalischen und schriftstellerischen Begabungen praktisch zu verwerten, so könnte es an materiellen Mitteln nicht gefehlt haben, die große Familie aufzuziehen, selbst in bequemen Lebensstellungen. Vielleicht aber sah er weiter mit jenem hellsehenden Blick, den fast eine göttliche Vorsehung stärkt. „Nur der verdient sich Freiheit wie das Leben, der täglich sie erobern muß." Wie Abraham fühlte er den göttlichen Ruf, in ein junges Land auszuwandern, in welchem die Nachkommen nicht durch gesellschaftliche Vorurteile gehindert wurden. – Man stelle sich die starrende Bürokratie der dreißiger und vierziger Jahre, als Metternich allmächtig war, nur lebhaft vor die Augen, empfinde die Gewitterschwüle am politischen Himmel, welche dem Jahre 48 vorausging und denke einmal an die tyrannische Unterdrückung der Schriften des „Jungen Deutschlands", nimmt man noch das erdrückende Kirchenregiment dazu, so bedarf es keiner allzu scharfsichtigen Psychologie, um zu verstehen, daß Pastor Fuchs seine Kinder freiheitlicheren Zielen zuführen wollte, als sie in kümmerlich deutschen Verhältnissen an Leib und Seele ersticken zu lassen. Sollten die Mädchen es vielleicht zu Gouvernanten bringen, die frischen Knaben sich hungernd durch die Universität schleppen und auch um Gotteswillen ihr kärgliches Brot verdienen und so von Geschlecht zu Geschlecht der alte Jammer, die alte Not sich erneuern? Oder war es nicht besser, eine neue Heimat zu gründen, in Mitte des Urwaldes, mit der Axt in der Hand und dem fröhlichen Mut im Herzen? Die Wahl mochte schwer geworden sein, als aber einmal der Entschluß gefaßt, da wurde besonnen ans Werk gegangen, heute darf ich sagen, sie haben das Rechte erwählt, die guten Eltern, ich denke, seine ganze texanische Nachkommenschaft wird mir beistimmen, wenn auch der eine oder andere es hätte anders haben mögen.*

12.

Die Vorbereitungen zur Reise nahmen Mutters ganze Kraft in Anspruch. Eine Schneiderin war wochenlang im Hause, alles wurde, so gut sie es wußten, für texanische Verhältnisse eingerichtet. Die ganze Garderobe

---

* [Louise Fuchs:] Erst im Jahre 1847 ging's fort: Die Verhältnisse wurden unseren Eltern zu eng, und da die Kinderzahl sich mehrte, machten sie sich Sorge, wie sie später in dem so volkreichem Lande für Alle ein Fortkommen finden würden. – Auch war ihnen der Gedanke, in einer Republik zu leben, sehr verführerisch. Damals waren die Verhältnisse hier auch ganz andere: Jeder der arbeiten wollte, konnte hier sein Fortkommen finden, auch mit einer großen Kinderschar, denn die halfen mit zum gedeihlichen Vorwärtskommen, jedoch die Ansprüche waren so gering, so einfach und doch waren Alle dabei meist zufrieden, gesund und froh.

hing in einer Kammer und wurde von vielen Dorfbewohnern in Augenschein genommen. Was alles darüber gesagt weiß ich jetzt nicht mehr, darf aber wohl annehmen, daß vieles gelobt, einiges mit Kopfschütteln ist betrachtet worden, an urweisem Rat für urwäldliche Verhältnisse wird es nicht gemangelt haben. Mutters schöne Aussteuer, die vielen bequemen Möbel wurden verauktioniert und brachten eine ganz nette Summe ein. Damit aber Mutting nichts damit zu tun hätte, schickte der Vater sie und die Kinder voraus zu einem lieben guten Onkel, Fritz Wien, auf das Landgut Woserin, wo wir denn einige Wochen vor unserer Weiterreise nach Bremen verweilten.

Beim Abschiede von der Gemeinde zeigte es sich nun aber, wie beliebt Pastors gewesen. Schon bei der Abschiedspredigt des Vaters war man von allen Seiten zusammengeströmt, vom Lande und aus den benachbarten Städten. Die Kirche war gedrängt voll, voller Andacht lauschte jeder, was der beliebte Prediger zum Abschiede zu sagen. – Anfangs hatten die einfachen Dorfbewohner ihrem jungen Pfarrer nicht recht folgen können, im Laufe der zehn Jahre hatte sich das aber merklich geändert. „Wi verstan usen Herrn Paster nu all beter", hatte es bald geheißen. – Diese Predigt ist damals, 1845 gedruckt worden, und hatten mein lieber Mann und ich im Jahre 1892 die Freude, noch ein Exemplar vorzufinden. Unser lieber Sohn, Conrad Goeth in San Antonio, ließ davon einen Neudruck besorgen in vielen Exemplaren. Ob die lieben Mecklenburger das damals alles verstanden, läßt sich schwer feststellen, auch ist mir nicht bekannt geworden, was Vaters intimste Freunde dazu gesagt, aber schon, daß sie die Predigt drucken ließen, zeigt, daß sie Vater mit schmerzlichen Gefühlen scheiden sahen und doch wenigstens sein letztes öffentliches Wort als Erinnerung behalten wollten.

Unsere Abfahrt mit der Mutter am sehr frühen Morgen ist fast das lebhafteste, was ich aus meiner Kindheit erinnere. Es war wirklich rührend. Alle Tagelöhner aus dem Dorfe waren rechtzeitig aufgestanden, um der guten Frau Pastorin Lebewohl zu sagen. Sie mochten dabei der vielen Krankensuppen gedenken, die Mutter ins Dorf geschickt. – Geben und anderen Freude Bereiten war ihr ja Lebensbedürfnis. Auch mir zehnjährigen war's eine Freude und eine Wichtigkeit, wenn ich den

Kranken, besonders Wöchnerinnen, Suppen zutragen durfte. Wie mag der Mutter zu Mute gewesen sein, als sie mit sieben Kindern im Wagen saß und so in die unsichere Zukunft hineinfuhr. Ein kleiner Trost war es ihr gewesen, so erzählte sie später, daß keins der Ihrigen auf dem Kirchhofe geblieben. – Auch eine kleine Heiterkeit ereignete sich, als Bruder Hermann, der Jüngste, noch nicht ganz vier Jahre alt, auf einmal ausrief: „Wir haben meine goldenen Schillinge vergessen." Er hatte nämlich von seinem Paten, gerade wie ich, ein Röllchen Geldmünzen zum Andenken bekommen. Ein Schilling war nebstbei eine kleine Silbermünze, die einzige, die der kleine Junge kannte. – Beim Onkel Wien in Woserin verlebten wir noch einige schöne Wochen, dann setzten wir die Reise mit Vater, der inzwischen angekommen war, nach Bremen fort.

13.

In Bremen verzögerte sich die Abreise nach Bremerhaven, wo unser Schiff vor Anker lag, noch um acht Tage. Für uns Kinder war es ein Gewinn, waren wir doch nie in einer größeren Stadt gewesen. Gewiß sahen wir „Roland, den Riesen, am Marktplatz", das interessante Rathaus und was die alte Hansa-Stadt mit ihren Kirchen, ihrem Wall und sonstigen Sehenswürdigkeiten zu bieten hatte. Noch hatte sich unser Vetter, Heinrich Fuchs,[9] Kandidat der Theologie, den Auswanderern angeschlossen. Mit ihm schickte der gütige Vater uns zweimal in die Oper, und hörten wir *Oberon* und *Freischütz* von Carl Maria von Weber. Diese Aufführungen blieben uns unvergeßlich. – In Bremerhaven hatten wir ebenfalls noch einige Tage zu warten, welche wir benutzten, lange Spaziergänge ins Land hinein zu machen. Dann bestiegen wir das Schiff *Gerhard Hermann*. Deutlich erinnere ich mich des ängstlichen Gefühls, als wir an Bord dieses grauenhaften Kastens gingen, der uns in die weite Welt bringen sollte. Hier mag gleich erwähnt werden, daß dieser *Gerhard Hermann* auf der nächsten Reise nach Galveston zugrunde ging. Glücklicher Weise wurden die Passagiere gerettet. – So lag denn nun die Heimat hinter uns, eine glückliche Kindheit, der bald eine ernstere Jugend folgen sollte. Doch waren wir wohlgemut, an Liedern fehlte es auch nicht, jeder suchte den andern aufzuheitern, wobei gewiß manche heimliche Träne in die Flut rollte.* Der sinkenden Sonne eilten wir nach, der magische Westen winkte, was mochte die Zukunft bringen!

---

* [Louise Fuchs:] Wie schwer es uns geworden ist, unsere uns Allen so sehr liebe Großmutter Romberg zu verlassen, muß ich noch erwähnen. Es blieb nur eine ihr verwandte Seele in Deutschland, bei der sie ihr Leben zubringen wollte. Sie hing natürlich sehr an ihrem einzigen Sohn und dessen Familie, aber sie fühlte sich zu schwach mitzugehen und die schwere Zeit des Anfangs im neuen Lande mit durchzumachen, und sie fürchtete auch zur Last zu sein; auch unsere Eltern wagten es nicht, sie in so Ungewisse Verhältnisse hinein zu nehmen. Also mußte der bittere Abschied genommen werden, in Hagenow, wo ihre einzige Verwandte lebte. Dann kam das Abschiednehmen von Mutters Verwandten. Ein ferner Vetter ging mit uns zur Bahn, von wo wir nach Schwerin zu den Verwandten wollten (Vater war noch in Geschäften zurückgeblieben). Auf dem Bahnhof sagte Mutter zu uns Kindern: „Hier sitzt ihr alle still, bis ich wiederkomme!"

Sie kaufte nun den Reisepaß; uns dauerte das zu lange, und wir gingen der Mutter entgegen. – Da gab's Zeichen zum Einsteigen! – Als wir nun davon rollten, merkten wir daß die zweitjüngste, Ida, auf ihrem Platz – als Gehorsamste – geblieben war. Welch' ein „Schrecken und ein allgemeines Heulen" und Wehklagen begann da. Es war aber nichts zu machen, erst am nächsten Morgen konnte unsere Mutter, (uns bei den Ihrigen in Schwerin lassend) die kleine Schwester holen. – Der Vetter, der uns zur Bahn begleitete, hatte sie gefunden und mit sich genommen. Das war noch ein Glück bei der Geschichte. Und Mutter hatte sie, getröstet, ein Butterbrot verzehrend, bei dem Verwandten gefunden.

Erste Jahre in Texas.

1.

Zu der Zeit, als meine Eltern und viele andere nach Texas auswanderten, war es noch ein gefahrvolles Unternehmen, und es gehörte eben so viel Mut dazu als ihn die ersten Europäer besaßen, welche nach Amerika gingen. Die alten Segelschiffe, auf denen man von Bremerhaven herüber kam, waren grauenhafte Kasten im Vergleich zu den jetzigen eleganten, bequemen Dampfern. Zehn bis zwölf Wochen war man auf See, mit schauderhafter Kost und schlechtestem Trinkwasser. Ich weiß gar nicht wie es die Eltern ertragen. Aber der Drang nach Freiheit und die Begeisterung für das junge Amerika ließ sie alles Ungemach klaglos überwinden. Man darf nicht vergessen, daß Deutschland damals noch in seiner Zersplitterung ein Hohn der Welt war, in Schmach und Banden lag. Jetzt ist es anders. Jetzt, da es wieder ein einiges, großes Reich geworden, das zu den ersten Nationen zählt, jetzt besinnen sich die Leute schon, ehe sie das alte Vaterland verlassen,

Unsere Reise, im Herbst, war die denkbar ungünstigste. Fast auf der ganzen Fahrt waren wir seekrank. Dazu erbärmliche Kost und kaum trinkbares Wasser. In der Nordsee mit ihren kurzen, grünen Wogen war es sehr stürmisch. Das Wetter wurde so schlimm, daß unser Schiff, der *Gerhard Hermann*, ein Zweimaster, in der englischen Hafenstadt Dartmouth in der Nacht einlaufen mußte. Als wir dann am Morgen an Deck kamen, überraschte uns ein wunderbarer Anblick. Eine hoch ansteigende wunderhübsche Küste, alles im bunten Herbstschmuck. Die Äpfel noch an den Bäumen, überall grüne Hecken, jedes Gemäuer mit Efeu überzögen, oben am Berge eine Jagd mit Hunden und allem Zugehör. Zu unserer Freude blieb das Schiff dort tagelang liegen, um Wasser einzunehmen. Wir gingen an Land und dachten, so schön wird's in Texas auch sein. Wir Kinder konnten schon etwas Englisch, bei mir war's zwar schwach, schwätzte aber doch so gut es gehen wollte mit den Wirtsleuten. Vater sprach schon fließend die Sprache Albions und war rasch zu Hause im munteren Gespräch mit den Landleuten auf unseren Partien, die wir ins Land machten.

Immer konnten wir indessen nicht in dem hübschen kleinen Hafen, Dartmouth, bleiben, die Anker wurden gelichtet, dann ging's in den Ozean hinein, Wochen und wochenlang, als könnte die Fahrt kein Ende nehmen. Seekrank lagen wir stets an Deck umher, unser Mut war sehr gesunken, Kolumbus kann nicht sehnlicher nach Land ausgespäht haben als wir hohläugigen, abgemagerten Bleichgesichter.* Endlich erreichten wir die Insel Puerto Rico, wo wir wegen Windstille eine Woche still lagen. Uns Kindern sehr willkommen, da hatte man doch keine Seekrankheit, und die Eingeborenen brachten uns allerlei fremdländische Früchte und Eßwaren, die uns nur gar zu gut mundeten und die erschlafften Lebenskräfte etwas hoben. Es war nahe an Weihnachten.

---

* [Louise Fuchs:] Noch weiß ich, welch' Gefühl mich beschlich, als wir nach all dem Abschiednehmen endlich auf dem Schiffe waren, und unser kleines Segelschiff sich in Bewegung setzte, sich von Hamburg entfernte, und wir hinaus in die für unser Auge unbegrenzte Wasserwüste segelten. Einmal hatten wir einen starken Sturm und noch ist das Bild vor meinen Augen, wie bei jedem Wellenschlag, auf jeder Welle ein großmächtiger Fisch sichtbar ward, als ob das Meer davon wimmelte.

Viel mußten wir entbehren auf der Reise. Das Schiffsbrot bestand in großen braunen „Crackers", fast ungenießbar hart. Meine Mutter machte die Erfindung, die Cracker zu zerklopfen und mit einem Zusatz von trockenem Obst und Zucker, welches sie mitgenommen, eine recht leidliche Suppe zu bereiten; und bald machten viele Mitreisende dieses ihr nach, und eine allgemeine Klopferei entstand. – Wasser zum Trinken gab es auch sehr spärlich ausgeteilt, und so litten wir manchmal an recht trockenen Kehlen. Endlich landeten wir in New Orleans; von dort ging's per Dampfer nach Galveston. Viel länger als die Eltern erwartet dauerte die Seereise (elf Wochen). Nun mußten wir die letzte Nacht noch Sturm erleben. Unsere Mutter mußte in der Kajüte zubringen. Wir Kinder krochen in irgendeine Ecke, wo wir Platz fanden, zusammen, von Gerümpel umgeben, welches umher polterte, und versuchten zu schlafen. Dann kam ein alter Neger und zeigte uns einen besseren Platz; denn da sei es zu gefährlich: es könne uns Etwas auf den Kopf fallen.

Am Morgen nach halb durchwachter Nacht kam die Tante, welche mit uns die Reise machte, und verkündigte uns, daß die Nacht uns noch ein Schwesterchen gebracht. Na war denn großes Erstaunen und Jubel, und alle Müdigkeit verschwunden.

Vater verfertigte für die beiden Kleinsten ein hübsches Wägelchen aus trockenen Palmblättern, die auch aufs Schiff gebracht wurden und den Brüderchen nicht wenig Kurzweil bereiteten. – Von dort dauerte es wohl nicht mehr gar lange, bis wir Galveston erreichten. Die Stadt von damals, 1846, war natürlich nicht die große schöne Hafenstadt von heute, sie bestand aus nur wenigen Straßen, statt der modernen Himmelstürmer gab es einige Bretterhäuser. Das hatten wir uns anders gedacht.

Als wir gelandet, waren die Berichte der Vereinsimmigranten so entmutigend, daß Vater den Verein verließ und auf eigene Hand weiter reiste. Die Vereinsmitglieder wurden auf kleinen Schiffen nach Indianola gebracht und von dort per Ochsenwagen über endlose Prärien nach jenen angekauften Ländereien, wo jetzt die Städte New Braunfels und Fredericksburg liegen. Auf dem langen Wege dahin sind viele der Einwanderer zugrunde gegangen an bösem Fieber. Daß meine zarte Mutter eine derartige Reise überstanden, erscheint mir heute unglaub-lich. Ein guter Stern, scheint es, waltete also auch hier über Vaters Entschluß.*

Gleich nach unserer Ankunft bestiegen wir also einen kleinen Dampfer, der damals zwischen Galveston und Houston auf dem Buffalo Bayou fuhr. Das war eine interessante Abwechslung nach der gräßlichen Seefahrt, besonders für uns Kinder. Da speisten wir an langer schöner Tafel in lebhaftester Unterhaltung, da ja Vater der englischen Sprache vollkommen mächtig war, überhaupt durch sein anziehendes Wesen sich alle Welt im Fluge gewann. Die Speisen waren vorzüglich und man mag sich denken wie wir zugegriffen nach der repulsiven Kost auf dem *Gerhard Hermann*. Neue Hoffnung blühte wieder auf, eine lustige Kinder-schar umgab wieder die lieben Eltern, die genug um uns gelitten haben

---

* [Louise Fuchs:] Bei Tagesanbruch landeten wir in Galveston, und der große, starke, muskulöse Vetter Adolf B. trug unsere Mutter ans Land, von wo sie mit der kleinen Schwester in ein Hotel gebracht ward. Wie wir nach Houston gekommen, weiß ich nicht mehr, doch erinnere ich mich, daß wir vier Wochen dort in einem Hotel zubrachten, dessen Zimmer mit Zeug abgeteilt waren. Per Ochsenwagen ging dann die Reise ins Land. In Houston hatte es fast immerfort geregnet, bis ein Nordwind es endlich klar machte.

mochten während der Fahrt auf dem Atlantischen Ozean. Dazu ist oder war der Buffalo Bayou an vielen Stellen so schmal, daß man vom Dampfer aus die grünen Büsche des Ufers mit der Hand greifen konnte. Auch die grünen Magnolia-Bäume gefielen uns sehr.

Auf dem Dampfer befand sich unter andern auch ein amerikanischer Phrenologe, der meinen Kopf einer wissenschaftlichen Prüfung unterzog. Wie das Examen ausgefallen, hab' ich nie erfahren, nur weiß ich noch, daß er mir ein ganzes Pfund Candy schenkte, welches ich mit Stolz und Freude unter den Kindern verteilte. Damals war Candy noch etwas Rares in Texas, und darf ich das Geschenk des Doktors wohl als ein günstiges Prognostikon betrachten, daß der deutsche Mädchenkopf auch für Texas sich schicken würde. Nun, Kinder finden sich ja bald zurecht, und das Land soll noch gefunden werden, welchem sie gar keine Reize abzugewinnen vermögen. – In der Tat habe ich mich in Texas bald eingelebt, es ist mein zweites Vaterland geworden, nirgendwo anders möchte ich jetzt ruhen als hier bei den Lieben, die mir vorangegangen. Wohl steht Deutschland und meine engere Heimat in lebhafter, denkbarer Erinnerung in meiner Seele, aber ich war jung, als ich den Eltern folgte, das kindliche Gemüt hatte doch noch nicht die starken Wurzeln geschlagen, die es unzertrennlich dort gehalten. Kinder lassen sich noch leichter verpflanzen und gedeihen auch auf fremdem Boden, im späteren Alter ist es schwerer, sich in neue Verhältnisse einzuleben, da mag es oft mit Heine heißen: sie sind verdorben, gestorben.[10]

2.

In Houston weilten wir etwa acht Tage, dann ging es mit Sack und Pack auf einen Ochsenwagen, der mit fünf Joch Ochsen bespannt. Unser Ziel war Industry, wo wir Herrn Ernst zu finden hofften, den man den „Vater der Einwanderer" nannte, eben weil er in höchst uneigennütziger Weise jedem mit Rat und Tat beistand, der sich an ihn wandte.

Die Reise selbst ist vielleicht in der Erinnerung vergnügter als sie in Wirklichkeit war, wie denn schon Goethe gesagt:

„Was im Leben uns verdrießt,
Man im Bilde gern genießt."[11]

Unser Ochsenfuhrwerk konnte natürlich nur langsam vorwärts kommen durch die endlosen Prärien, die fast eben so eintönig wie die ruhigen Wellen des Ozeans. Aber man konnte doch wenigstens aussteigen, es gab keine Seekrankheit. Der Wagen fuhr so gemächlich, daß wir nebenher laufen konnten. Proviant hatten wir genug, aber wie Mutter es fertig gebracht, auf dem offenen Kampfeuer in sogenannten Brottöpfen Maisbrot zu kochen, ist mir bis heute ein Rätsel geblieben. Wild gab es zur Genüge, oft gingen die Männer auf die Jagd; mit Schießzeug wohl versehen, brachten sie reiche Beute heim. Dabei mochte Hawkeye Fuchs wohl seines Freundes Dr. Uncas Kortüm gedenken, der im besten Falle ein paar Wildgänse in der Jagdtasche haben konnte, aber sicherlich nicht Hirsche und was da sonst auf den unermeßlichen Prärien wimmelte. Die Cooper'schen Romane waren zur Wirklichkeit geworden für den einen, ob aber nicht doch in manchen Augenblicken die alten Freunde einer den andern beneidet hat? Möglich wäre das, aber nie ist dem Vater eine Klage entfahren, nie hat er sich zurückgesehnt nach den Fleischtöpfen Mecklenburgs, wo er sein Brot zu verdienen hatte um Gotteswillen.

Die Prärien machten auf uns einen erhabenen Eindruck, nirgends eine Grenze, soweit das Auge reichte. Wohl kannten auch wir große Wiesen, aber die waren doch eingefaßt durch Gräben, aber hier schien die Herrschaft unermeßlich, alles war frei, der Boden harrte förmlich der Hand, die ihn kultivieren sollte. Ob wir unterwegs Indianer getroffen, entsinne ich mich nicht, wohl aber, daß wir von amerikanischen Familien, welche an der Hauptstraße, wenn man die Road so bezeichnen durfte wohnten, auf das freundlichste aufgenommen. Texanische Gastfreundschaft hat ja auch heute noch einen guten Klang, wie viel mehr zu einer Zeit, in welcher jeder Einwanderer noch fast festlich empfangen wurde. Was jeder zu geben hatte bot er dem Fremden und mit jenem Zauber, der unwiderstehlich. Rassenvorurteile existierten noch nicht. Solange der Ankömmling einen soliden Eindruck machte, wurde ihm die Ahnenprobe erlassen. – Nach Industry kamen wir indessen nicht, sondern Zufall oder eine gütige Vorsehung ließ uns in Cat Spring, im heutigen Austin County[12], bleiben. Hier trafen wir die zahlreiche Familie des Herrn von Röder, Schwiegersöhne des Herrn Kleberg, und die Familie Engelking, welche 13 Jahre dort gewohnt. Von allen diesen wurden wir mit der größten Herzlichkeit aufgenommen, und diese eben vermochten es, Vater zu bewegen, in Cat Spring sein erstes texanisches Heim zu gründen. – Freilich war es ein bescheidenes Heim, wir Kinder besonders hatten Sehnsucht nach unserm großen Pfarrgarten mit seinem prachtvollen Obst, seinen lauschigen Lauben.

3.

Es war im Frühling 1846, als wir nach Cat Spring gekommen, und da hieß es denn nun auch gleich, Hand ans Werk zu legen. Ein bescheidener Pflug, von einem Joch Ochsen gezogen, war zur Hand, wie denn die Farm schon vorher besiedelt. Wie mochte dem Gelehrten hinterm Pfluge zu Mute sein, wie ungeschickt und schwerfällig ihm alles von der Hand ging, die wohl den Violinbogen und die leichtere Gartenschere zu handhaben gewußt. Aber diese Ochsen, dieser Pflug! Was nützte alle Geometrie, sechs Sprachen und Logarithmen, es ging nicht. Und hielt da nicht zu Pferde am Felde Mephistopheles in höllischer Person und spottete wie einst in der Hexenküche:

„Ernähre dich mit ungemischter Speise,
Leb' mit dem Vieh als Vieh, und acht es nicht für Raub,
Den Acker den du erntest, selbst zu düngen."

Glücklicher Weise war's aber kein Mephisto, sondern einer jener liebenswürdigen amerikanischen Ansiedler, die nur jene Zeit gekannt, und der jetzt vom Pferde stieg und dem Vater in freundlichster Weise zeigte, wie eine widerspenstige Pflugschar zu bändigen. – Ein gar saures Frühjahr mag's gewesen sein, aber wir alle griffen frisch mit an, wo es geschehen konnte, so wurde Verzagtheit verbannt, wenn sie uns anwandeln wollte.

Unglücklicher Weise war Vater von der langen Reise sehr nervös geworden, welcher Zustand ihm seine landwirtschaftlichen Geschäfte noch mehr erschwerte. Der Freundeskreis, der ja bald näher rückte, tat ihm doch wohl, bald stellte sich auch die Musik ein, und tat das wunderbare Texas-Klima den Rest, ihn wiederherzustellen. Unsere Farm hatte vorher einem Herrn von Röder gehört, der darauf verstorben, so waren schon einige Vorarbeiten fertig, als wir anfingen. Der freundliche Herr Ernst schickte uns Feigenbäume, welche sich gut anließen und später reiche Früchte gaben. Daß Mutter und die älteren Schwestern in dem Kreise bald heimisch wurden, brauche ich kaum zu sagen, schon bald sollten zartere Banden die Familien noch inniger verbinden. Freilich, die alte Bequemlichkeit fehlte, die Behaglichkeit der eben verflossenen Zeit konnte nicht in einem Augenblicke zurück gezaubert werden, aber jeder fühlte sich doch heimisch bei uns, eben weil es ja nirgendwo besser zu haben war. – Unter den hohen Lebenseichen saßen die Männer, plauderten und sangen, die Frauen frugen nicht nach Polsterstühlen, mit einfachem Mahl war man zufrieden, wurde doch jedes Gericht mit attischem Salz gewürzt, mit heiterer, freier Rede, lebendigem Gedankenaustausch über Kunst und Literatur. War's denn auch nicht das erhoffte Paradies, welches uns vorgeschwebt, so war es doch ein Land der Freiheit, wo jeder Herr seines eigenen Tuns. Und das war schon viel.

Obschon Austin County noch wenig besiedelt, wurde doch der 4te Juli anno 1846 gefeiert, nämlich dort, wo jetzt Bellville steht. Die Feier mit großem Barbecue war wohl veranstaltet, um den hübsch gelegenen Platz als Stadt und County Sitz zu rekommandieren. Herr Jack Bell, ein großer Mann mit schwarzem Lockenkopf, war an der Spitze des Unternehmens. Unsere Farm lag Meilen entfernt von dem Festplatz, obschon wir von unserer ziemlich hoch gelegenen Wohnung die Häuser Bellvilles recht gut sehen konnten. – Also dorthin ging die Fahrt am 4ten Juli, leider auf Umwegen durch den undurchdringlichen schwarzen „Millcreek Bottom", dann durch die grasreiche Prärie. Das breitblättrige Gras reichte den Pferden bis an die Brust, daß ein Weg gehauen werden mußte, sollten die Tiere hindurch. Von da noch durch einiges freies Hügelland, und wir waren zur Stelle.

Der Festplatz wimmelte von schwarzen und weißen Menschen. Ganz eigen war der Eindruck, den die reichen Negerhalter mit ihren schwarzen Dienern auf uns Deutsche machten. Ich war ja noch ein Kind, desto befremdlicher mußte das Gesehene mir erscheinen. Ein General Portis hielt die Festrede. Seine Gemahlin, eine große Dame in großgeblümtem Musselin-Kleide, wie es fast alle Damen trugen, fächerte sich mit einem mächtigen ausgebreiteten natürlichen Puterschweif. – Zahme Puter gab's übrigens damals noch nicht, aber viele wilde liefen umher. Bisweilen wurden Eier aus der Wildnis nach Hause gebracht, dieselben ließ man dann von einem Huhn ausbrüten, dann hatte man zahme Puter. – Bei dem Feste in Bellville sahen wir auch zum ersten Mal, wie das viele Fleisch über langen Gruben gebraten wurde, dann auf langen Tischen verteilt, konnte jeder nach Belieben zulangen. Später haben wir noch öfter dergleichen Festlichkeiten mitgemacht, aber das Eigentümliche solcher Art ist uns dann nicht mehr so aufgefallen. Wir Kinder mögen schöne Augen gemacht haben, als wir da Alt und Jung mit einem mächtigen Stück Fleisch bewaffnet sahen, das durch die Futterluke verschwand, ohne von einem Messer zerschnitten zu sein. Wie wir Kleinen damit fertig geworden, lasse ich lieber erraten, als daß ich es beschreibe. Es muß ein netter Anblick gewesen sein.

Das vertraute Zusammenleben mit den neuen texanischen Freunden dauerte indessen nur zwei Jahre, dann verkauften alle ihre Farmen an neue Einwanderer und zogen nach der Calett[13], wo sie vom Staate große Ländereien erhalten hatten. Die Männer der Familie Röder und Kleberg hatten nämlich in der entscheidenden Schlacht von San Jacinto mitgekämpft, und war der Lohn der Tapferkeit nicht ausgeblieben. Auch wir wären ihnen gefolgt, wenn nicht ein sehr trauriges Ereignis uns davon abgehalten. Meine älteste Schwester Lulu, so lieb und schön man sich nur ein junges Mädchen vorstellen kann, hatte mit 17 Jahren sich mit Wilhelm von Röder vermählt, dem jüngsten Sohne der Familie, aber schon nach zwei Monaten starb sie an einem hitzigen Fieber, wovon so viele Einwanderer hinweggerafft wurden. Da unterblieb es, daß auch wir nach der Calett zogen. So war das erste Grab in Texas, eine geliebte Tote, um welche wir zu weinen. Gar früh wurden wir so an ein Land gefesselt, daß uns, um mit Wilhelm von Humboldt zu reden, in zwei Welten heimisch gemacht. Die lieben Eltern und der junge Gatte ertrugen den schweren Schlag mit seltener Geistesruhe, so gaben sie uns Geschwistern das erhabene Beispiel der Ergebung in einen höheren Willen.

[4.]

Im ganzen blieben wir acht Jahre in Cat Spring. Teilweise war es ein
kümmerliches Dasein, besonders zu Anfang.* Der Vater mochte selbst

—————————————————————————————————————→

* [Louise Fuchs:] Unser Vater hatte an der Bernarde[14] Land gekauft, auch ein
Zimmer für uns bei einem alten Texaner namens Amthor, für erste Unterkunft
erhalten. Dort verweilten wir, bis unser Vater mit des starken Vetters Hilfe ein
Loghaus gebaut. Es bestand aus zwei Räumen, verbunden mit Halle. Die
Schindeln zum Dach mußten sie erst selber spalten, und ich weiß nicht, wie
lange es nahm, bis wir endlich einziehen konnten, denn an den einen Raum
mußte erst ein Kamin gebaut werden, auf damalige Art mit Holz und Lehm.
Darin haben wir manches „Log" verbrannt, wenn der Nordwind heulend daher
brauste, anders wie in jetzigen Tagen. Unser Schlaf war fest, doch weiß ich, daß
wir manchmal die Zweige eines großen Postoakbaumes ans Dach kratzen hörten.
Wie kamen wir wohl auf den Bodenraum zu unserem Bett? Vater hatte eine
Bank mit hoher Lehne gezimmert (allerlei Handwerkszeug hatte er sich mit
herübergebracht), also von dieser Bank aus brachten wir es fertig, zum Bodenraum hinauf zu klettern und wieder herunter.

Was die sandige Bernarde für ein herrlicher Spielplatz war für uns Kinder,
kann ich nicht unerwähnt lassen. Es war so schön in dem Sande! Da wurden
Berge aufgehäuft, und Durchgrabungen mit den bloßen Händen; Kanäle wurden
unten durchgearbeitet, und das Wasser, welches unseren Grabungen folgte, nach
Belieben geleitet. Der Wall wurde mit Blumen besteckt, die sich in dem feuchten
Sand frisch hielten, — wenn nur das Rindvieh nicht kam und es alles zerstörte!
Das war der herrlichste Spielplatz für Kinder, den man sich nur denken kann; in
dem weißen reinen Sand blieben die Kleider rein und die Freude war endlos, —
bis wir oft am nächsten Tag beim Wasserholen für die Küche der lieben Mutter
alles zertreten fanden, was gar oft der Fall war. Aber wir bauten immer wieder
auf, den Japanern gleich, die ja nach den ärgsten vulkanischen Ausbrüchen
wieder unentmutigt ans Aufbauen gehen. — Wir hatten all das Wasser für den
Hausgebrauch zu tragen, bis später ein Faß mit Schlitten angeschafft ward,
welches der alte „Hans" ziehen mußte, und auf dessen breiten Rücken auch wir
Kinder, mehrere an der Zahl, Platz fanden, bei Ausritten, denn Buggies und
Autos gab es nicht. Kaum ein alter Farmwagen mit hölzernen Achsen war
vorhanden. So große Pferde wie unser Hans, sehe ich jetzt gar nicht mehr. Drei
bis vier von uns Kindern fanden oft Platz auf seinem Rücken. Doch kam es öfter

einsehen, daß wir uns unmöglich mit der Farmerei allein ernähren konnten, so entschloß er sich, von seinen großen Musikkenntnissen Gebrauch zu machen durch Unterricht. Anfangs bei den reichen Plantagen-Besitzern am Brazos, später zu Independence, wo damals das

---

vor, daß er große Lust bekam, sich im feuchten Sande zu wälzen. Dann aber, wenn er dazu Anstalt machte, krabbelten wir von allen Seiten von seinem Rücken zur Erde. Unser Hans war, was man damals ein „amerikanisches Pferd" nannte – mächtig groß, gut zum Ackern und Fahren. Auch gab es damals kleine mexikanische Pferde zum Reiten, denen war aber nie recht zu trauen

Unser Feld war mit Zickzackzaun, von Postoakriegeln eingezäunt. Viele große trockene Bäume standen noch in unserem Felde, um deren Stamm oder Stumpen im April schöne Brombeeren reiften. Dann kam meines ältesten Bruders Geburtstag. Zum 14. April, zur Feier des Tages gab's die ersten Beeren; mit Zucker und Sahne in späteren Jahren.

Wunderbar war es, was in dem sandigen Felde alles „freiwillig" neben dem Korn (Mais) wuchs: Butterbohnen, welche sich um die Kornstauden schlängelten, Okra, Squasch, Kürbis; nie brauchten wir davon zu pflanzen, sie kamen immer von selbst auf. In den Zaunhecken fanden wir Tomaten, kleine runde, in Trauben wachsende.

Wild gab es damals ungemein viel: Hirsche sah man vom Haus aus jenseits der Bernarde grasen; sah Puter im Felde mit ihren Herden von Jungen, welche dem Korn gut zusprachen. Aber lange nahm es meinem Bruder Johannes (dem Ältesten), bis er es lernte, dieselben zu schießen, und noch länger, bis es ihm gelang einen Hirsch zu erlegen, so sehr er sich auch mühte. Wie oft hörte man im Frühjahr das Kollern der Puter in der Ferne und Nähe; auch das eigentümliche Getute der Präriehühner, die man ebenfalls oft vom Hause aus sehen konnte.

Es wurde in den ersten Jahren nie daran gedacht, Brennholz zu fahren, das mußten wir Kinder sammeln. Zuweilen gingen wir am Zaun entlang und rissen die dicke Rinde von den Postoakriegeln, die Mutter auch gerne brannte, – dabei gab es oft Skorpion-Stiche.

Die ersten Jahre lebten wir im Winter von Rindfleisch, süßen Kartoffeln, Milch gab es auch sehr oft nicht. Doch Kornbrot und Melasse nicht zu vergessen. Das ward so verabreicht: Die älteste Schwester ging mit der Melassenkanne herum und gab Jedem einen Guß auf den Teller zum Kornbrot, und damit mußten wir auskommen. Das klare Bernadewasser schmeckte uns Kindern gut dazu.

erste Damen-Institut war. Sein Gehalt war sehr gut, und wären Mutter und wir Kinder wohl auch dahingezogen, schon der Schule wegen, wenn nicht gerade zu der Zeit Vater in den Besitz von Ländereien in Burnet County gekommen, am Colorado Flusse, einige Meilen oberhalb von dem heutigen Marble Falls. Wie wir zu diesen Ländereien gekommen will ich hier auch erzählen.

Als schon unsere Auswanderung beschlossen war, kam ein junger Mann, namens Hollin, ein Rostocker, aus Texas zurück, um sich aus seiner Heimat eine junge Frau zu holen. Zu der Zeit, also 1844, wurden in Mecklenburg texanische Landpapiere zu sehr billigen Preisen ausgeboten. Dieser Herr Hollin aber erklärte nun, das Land in Texas habe gar keinen Wert, man brauche nur so viel für einen Wohnplatz und Feld, das Vieh hätte überall freie Weide. Der Besitzer einiger dieser Landpapiere war der Bürgermeister Lüders in Marlow, ein Duzfreund meines Vaters. Dieser hatte einen Bruder in Texas gehabt, der in den texanischen Freiheitskriegen gefallen. Wer die texanische Geschichte kennt, wird sich erinnern, daß Präsident Houston jeden Soldaten mit einer Liege Land abzahlen mußte, da im Staatsschatz kein Geld vorhanden. So war denn auch der gefallene Lüders bedacht worden, dessen Liege Land seinem Bruder, dem Bürgermeister, übertragen. Dieser bot sie anfangs dem Herrn Hollin an, der sie aber ablehnte. Als Lüders nun erfuhr, daß sein Freund, Pastor Fuchs, nach Texas zu reisen beabsichtigte, sagte er zu ihm: „Fuchs, willst du die Papiere haben? Ich habe doch in meinem Leben keinen Gebrauch dafür. Sieh zu, daß du das Land vermessen kriegst." Vater nahm an, worauf in Rostock das Zertifikat auf seinen Namen übertragen. – Es dauerte aber acht Jahre, ehe das Land in Vaters Besitz kam, mit Hilfe des Landmessers De Cordova und bot Schwierigkeiten genug. Wäre ihm die englische Sprache nicht geläufig gewesen, so hätten wir das Land gewiß nicht erhalten. Ein Drittel erhielt übrigens der Landvermesser, der Rest wurde an vier verschiedenen Stellen des Staates vermessen. Eine Sektion von tausend Ackern lag oben an der Clear Fork des Brazos Flusses, wo jetzt die Stadt Lüders liegt. Zwei Stück Land von je sechs hundert Ackern verkaufte Vater sehr billig. Geschäftssinn hatte er ja nicht den geringsten, sonst hätten wir gewiß eine größere Summe dafür erhalten. Auf dem am Colorado-Flusse, oberhalb Marble Falls, gelegenen Teile wohnten die lieben Eltern bis an ihr Ende, wo sie auch die letzte Ruhestätte gefunden. Die Farm ging dann auf meinen Bruder, Hermann Fuchs, über und ist jetzt (1909) im Besitze seines Sohnes Albano Fuchs. Hier verlebte auch ich fünf glückliche Jahre vor meiner Verheiratung, von meinem achtzehnten bis dreiundzwanzigsten.

5.

Die guten Brüder, Konrad und Wilhelm, welche schon in Cat Spring die Farm besorgt, ließen es sich sauer werden, das neue Heim einzurichten, wobei sie auch von Benno und Hermann unterstützt. Zum Glück faßten meine Brüder das Leben mehr von der praktischen Seite auf als der gelehrte Vater, daß nach und nach ein gewisser Wohlstand ins Haus kam. Auch Mutter war trotz ihrer idealen Lebensauffassung doch auch wieder praktisch, auf alle Fälle verstand sie es meisterlich, das bescheidene Heim mit Anmut zu erfüllen. Vater war ja überdies leicht zufrieden gestellt, so war denn ein schönes Familienleben am Colorado mit seinen waldbewachsenen romantischen Ufern bald aufgeblüht. Freilich waren wir jetzt mehr auf uns angewiesen als in Cat Spring, das gemütliche Quartett war ihm nicht gefolgt, aber nach einigen Jahren erhielten wir ein Klavier ins Haus*, und da setzte denn der Musikunterricht mit uns

---

\>

* [Louise Fuchs:] Ein großes Erlebnis war es, als das erste Klavier in unsere Gegend kam. Es gehörte der jüngsten Tante mütterlicherseits: Caroline Bauch, die mit ihrer Mutter und einer Schwester später Deutschland verlassen. (Die Schwester Elise starb auf dem Schiff an Cholera und ward dem Weltmeer übergeben.) Sie selbst wurde auf der Seereise mit dem Ingenieur G. [Getulius] Kellersberger bekannt und verlobte sich mit ihm, heiratete bei uns und reiste mit ihm nach Mexiko und Kalifornien. – Das Klavier wollte sie nicht mitnehmen, weil ihr Mann als Vermesser keine ständige Wohnung nehmen konnte. Für die Stadt San Francisco machte er viele Vermessungen, sowie in New York, Mexiko und später in Texas.

Für das Klavier fand sie bald Käufer. Unsere Nachbarn Amthor und Pastor Adolf Fuchs: beide wollten es gern haben, so mußte das Los entscheiden, und unser Nachbar Amthor gewann es. So blieb es in unserer Nähe und öfter wurde dann ein musikalischer Nachmittag und Abend dort veranstaltet, denn Amthor

jüngeren Kindern wieder an. Schwester Ulla hatte sich noch in Cat Spring mit Herrn Matern vermählt, auch noch in frühem Alter. Da ich nicht so jung heiratete, konnte ich das Klavierspiel noch ein wenig fortsetzen, was mir unter Vaters belebender Anweisung viel Freude gemacht, bis denn meine eigenen Kinder mein Können bald überflügelten – dann gab ich's auf.

Im ersten Jahre am Colorado Fluß haben wir keinen einzigen Deutschen gesehen, nur Amerikaner.* Sie waren äußerst liebenswürdig und zuvorkommend zu uns, überall wurden wir eingeladen, wo es ein

$\longrightarrow$

war ein großer Musikliebhaber und lud oft den Pastor Fuchs ein, seine schönen Lieder dort zu singen. Wir Nachbarn waren dann stets anwesend. Auch ein Männerchor hat dort und bei uns öfter gesungen, und das hat wunderbar durch die großen Eichenbäume in Mondscheinnächten geklungen. Franke, ein Vetter vom Pastor Fuchs, ließ die Kinder oft singen. Dieser Franke ist später mein Schwager geworden. – Doch laßt mich Euch noch mehr von Pastor Fuchs und dessen Familie erzählen, denn die Familien Fuchs und Romberg sind ja bis heute noch eng miteinander verbunden. Fünf Meilen wohnten sie damals von uns entfernt bei Cat Spring. Ottilie war im Alter meiner ältesten Schwester Bernhardine, Ino war in meinem Alter. Wenn sie zu uns kamen, spielten wir mit dem wundervollen Kinderkochgeschirr und mit den vielen schönen Puppen, die ich von meiner Großmutter Romberg von drüben bekommen hatte. Das Geschirr war so groß, daß sich wirklich damit kochen ließ. Jedoch kaum hatten wir damit ein schönes Mahl bereitet, dann hieß es oft schon viel zu früh: es sei Zeit zum Aufbruch und alles mußte eilig eingepackt werden. Nahe Nachbarn mit Töchtern in meinem Alter hatten wir nicht, so wurde mir der Abschied von Ino Fuchs und Marie Amthor immer etwas schwer nach einem schönen Spiele. Doch andere Freuden gewannen wir von nahen Nachbarn, die sich oft am Abend bei uns im Sommer unter einer großen Pappel vor dem Hause versammelten, sie ruhten dann auf einer großen Bank mit Lehne, die Vater fabriziert hatte. Es gab dann Lieder aus frohen Kehlen, und oft auch disputierten die Männer – wie habe ich beides gern gehört. Mir klingen noch die alten Weisen im Kopf: „Im Krug zum grünen Kranze" und „Es kann ja nicht immer so bleiben, hier unter dem wechselnden Mond, Es blüht eine Zeit und verwelket, was mit uns die Erde bewohnt!"

* [Louise Fuchs:] Dort [an der Navidad, bei Black Jack Springs] wohnten damals nur Amerikaner, bis auch Schwager Franke dahin zog, und unsere Farmen lagen nebeneinander.

Fest gab. — So nahmen wir auch an der 4. Juli-Feier teil, welche im Jahre 1855 in Marble Falls ganz großartig gefeiert wurde. Das Städtchen Burnet war Festgeberin, wie denn viele intelligente Leute dort wohnten, mit welchen wir im besten Einvernehmen standen. Interessieren mag es noch, daß der jetzt (1909) noch lebende blinde General Johnson zur Elite der jüngeren Gesellschaft gehörte. — Auf einem Floße fuhren wir mit unseren Nachbarn den Fluß hinunter. Das war nun höchst interessant, und wurde unser Ferryboat mit großem Jubel von den übrigen Gästen empfangen. Oberhalb der Gefälle im Flusse bildet dieser einen zwei Meilen langen See, an dessen ober'n Ende die Furt war, fast die einzige des Flusses, außer bei sehr niedrigem Wasserstande, dann konnte man an vielen Stellen übersetzen. Das Fest verlief äußerst animiert, jeder war von Frohsinn erfüllt, keiner sah die drohenden Wolken, die sich am politischen Horizonte gelagert, noch war alles unionstreu. Glänzende Reden wurden gehalten. Jung und Alt tummelte sich am Gestade des schönen Flusses oder bewunderte die Fälle, welche sich über mächtige Steine stürzen. Es wurde gesungen und getanzt und die romantische Gegend in mancher launigen Romanze besungen. Das war noch das alte Texas, damals noch eben erst in den Bund der Union aufgenommen. Sicherheit vor mexikanischen Einfällen, wachsende Kultur und Industrie, das gab Gewißheit für die Zukunft unter dem Schutze des Sternenbanners.

Die Amerikaner waren gute gefällige Leute, standen aber auf einer sehr niedrigen Bildungsstufe, was entschuldigt, daß wir Kinder dort nicht zur Schule gingen und so wenig mit der englischen Sprache vertraut wurden. Anfangs haben wir sie zwar auch besucht. Die Frauen saßen vor dem Kamin, rauchten eine Kolbenpfeife und spuckten ins Feuer; das war uns wenig verlockend, näher mit ihnen bekannt zu werden. Zu ihrem Singen bin ich auch am Sonntag auf ihre Einladung gewesen: ein Genuß war es nicht! — Und dennoch war es vielleicht verkehrt, sich kühl von ihnen zurückzuziehen. Die Brüder sind auch später zur Schule gegangen, ich aber studierte lieber bei meiner Mutter Deutsch, und gab mir auch recht Mühe und sagte zu ihr: „Will versuchen, wenigstens einen deutschen Brief schreiben zu lernen."

6.

Auch meine Brüder waren nun schon im Jünglingsalter, die jungen Kräfte regten sich freudiger, sie machten das Beste aus der Natur, welche sie in verschwenderischer Schönheit umgab. Die Quellen versiegten nicht, Mangel an Nahrungskost, an Gras für Vieh und Schafe kannte man gar nicht. Im Gegenteil mußte man fast eine üppige Zudringlichkeit von Blumen, die wie ein Teppich von den Hügeln herabrollte, wehren, das Gemüse nicht zu ersticken. Der Garten bot fast zu jeder Jahreszeit etwas für die Küche, die Trockenheit unserer Tage wäre uns früher ein Ammenschreck erschienen. Die Brüder hatten sich Kähne gebaut, die beim Fischen benutzt wurden, wimmelte es doch von Forellen, sogenannten Cat-fish, und Dutzenden aller Arten von den Bewohnern der Tiefe. Am Sonntage hatten wir unsere Kahnfahrten nun gar zu lieb, auf dem See, der ja meist ruhig war, aber im Frühjahr auch von den brausenden Wassern, die vom Obern Colorado heruntersausten, in ein schäumendes Gießmeer sich verwandelte. Mächtige Lebenseichen an den Ufern waren entwurzelt und trieben nun in rasender Flucht den roten Fluß hinunter, ein erhabener Anblick von der Macht der Gewässer. Staunend standen wir am Ufer und sahen hier ein Schauspiel verwirklicht, von dem wir in der alten Heimat nichts geahnt. Hatten wir doch im flachen Mecklenburger Lande gewohnt, kannten weder Hügel noch Höhen, so erschienen uns diese Hügel mit dem nahen Shovel Mount und Pack Saddle schon als Berge, und heißen noch so bis auf den heutigen Tag. Wie interessant war uns dies alles.* Die Pecan-Bäume, die klaren Creeks, die

→

* [Louise Fuchs:] Eine freudige Begebenheit war es, als meine Freundin Ino, mit ihrer Schwester Ottilie und ihrem Vater, Adolf Fuchs, aus den Bergen kam, uns zu besuchen. – Sie blieb auch noch als ihr Vater und Ottilie weiter reisten nach ihrer alten Heimat bei Cat Spring; und wir verlebten frohe Tage, bis Vater und Schwester sie zur Heimreise wieder abholten,

Später ging ich dann mit meinem Vater und Onkel Hermann Bauch zu Pferd mit in die Berge, um Ino Fuchs zu besuchen; sie war dort recht einsam und schrieb mir immer so sehnsüchtige Briefe, sie zu besuchen. So kam es, daß ich die Reise mitmachte, als Vater und Onkel sich diese Gegend ansehen wollten,

vielen schönen Quellen, der texanische Zauber fing an, sich uns zu enthüllen.

Außer dem Fischfang war auch die Jagd am Colorado unvergleichlich. Hirsche und Puter gab es in großer Menge. Im Winter war der Fluß von wilden Gänsen und Enten belebt, so konnten wir im Winter sogar unter weiche Federkissen kriechen. Genug, wir hatten alles, zu viel, aber es bedurfte der Eisenbahnen, mit der Außenwelt in Verbindung zu treten im Warenaustausch. Aber daran mangelte es eben. So war denn oft genug das Geld rar und mußte Vater auf die Wanderschaft.

Hier möchte ich denn nun ein Jagdabenteuer meines Bruders Hermann einschalten, das er in seiner so einfachen, bescheidenen Weise selbst niedergeschrieben und der künftigen Generation nicht unbekannt bleiben soll, damit sie sehen, daß der Dichter nicht nur die Feder

---

mit dem Gedanken, wenn sie einen ihnen zusagenden Platz fänden, herauf zu ziehen, — wozu es aber nie kam.

Damals war die Gegend so wenig besiedelt, daß es schwer war, den Weg zu finden. Bis Austin ging's gut, aber dann kreuzten wir hin und her; nirgends fanden wir Ansiedler, um nach dem Weg zu fragen, und war die Tour ermüdend. Endlich am vierten Tag kamen wir auf die Höhe des alten Burnam Platzes, da sahen wir — in der Dämmerung — das Wasser im Colorado Fluß bis hinunter zu den Fällen, sahen den Vollmond die Gegend beleuchten. Und unten am Berg bellten die Hunde, bei Turners, den Nachbarn der Familie Fuchs, deren Wohnung im Tal, nahe am Fluß lag. — Es war ein herrliches Bild und ein wohliges Gefühl, daß wir endlich zur Stelle kommen würden, nach den ermüdenden Irrfahrten, von lieben Menschen, dort begrüßt zu werden.

Alle Tage wurden nun von hier Ausflüge gemacht, bald auf dem Schloßberg, bald an einer frischen sprudelnden Quelle gelagert, und das Mitgenommene verzehrt. Da die Tage heiß waren, so wurden die mondhellen Nächte auch benutzt, und spät heimkommend ward noch Mutting Fuchs's Schrank durchsucht, um den, nach dem langen Umherstreifen sich einstellenden Hunger zu stillen. Früh waren wir wieder auf, um eine Kahnfahrt nach den Fällen zu machen, — wo heute das Städtchen Marble Falls ist.

Ich mußte mit „Willie" fahren; er hatte einen langen, schmalen Kahn, aus einem Baumstamm gehauen, — darin konnten nur zwei Personen sitzen. — An jedem Ende Einer und zwischen uns lag das Gepäck: Decken und Proviant. Die Andern alle saßen in dem großen Familienkahn. Am Ziel angelangt, ward so

sondern auch das Gewehr zu führen gewußt, was ihm mancher kaum zugetraut.

„Als ich 14 Jahre alt war", erzählt Onkel Hermann, „hatte ich mir etwas Blei zusammengesucht, — meistenteils Kugeln, die in Bäume geschossen waren — kaum genügend, um vier Kugeln zu gießen für einen verrosteten alten Rifle, den der Schmied Fehnly von Round Mount meinem Bruder Konrad zur Reparatur und zum Einschießen gebracht. Dies war das einzige Gewehr zu Hause, denn die übrigen hatten meine ältesten Brüder Konrad und Wilhelm mitgenommen ins Camp, zwei Meilen vom Hause, wo sie und Vater ein kleines Feld einzäunten, welches man aus einer Quelle bewässern konnte.

Am Morgen hatte ich schon Erlaubnis erhalten, nach einer Sand-bank, eine halbe Meile oberhalb des Hauses zu gehen, um Wildgänse zu schießen, die dort oft in großen Scharen übernachteten, nachdem sie sich an Eicheln so satt gefressen, daß am Abend selbst der Hals bis zum Schnabel voller Eicheln war.

Endlich kam der schöne Abend; seine Kühlung war mir labend, denn die Sonne versank schon hinter einer Wolkenbank. Kaum war ich halbwegs nach jener erwähnten Sandbank gegangen, als zwei mächtig große Panther quer vor mir über eine kleine Prärie gingen. Schnell holte ich die Hunde und brachte sie auf die Spur, indem ich nachrannte. Bald hatten die Hunde einen der Panther auf einen Baum gejagt; er stand auf

---

lange die Sonne noch nicht zu heiß war, geklettert und gesprungen, um alles zu besichtigen. Es machte sich von selbst, daß wir, Willie und ich, viel zusammen waren. Auch hatte es sich gefügt, daß Willie der Erste war, der uns begrüßte, als wir endlich bei Fuchs'ens angelangt, nach unserem langen Ritt in die Berge. Das habe ich nie vergessen. — Bei unseren Ausflügen am Colorado nahm es nie lange, mehr Fische zu fangen, als wir essen konnten, — jene zu braten, übernahmen die Männer, wir Mädchen sahen ihnen zu und halfen beim Essen.

Hier will ich Euch Kindern gleich erzählen, daß später, als Wilhelm — Willie genannt — der zweite Sohn von Pastor Fuchs — mein Mann war, er hier bei Marble Falls, während des Bürgerkrieges für die Sezessionisten wochenlang Pulver machte.

Auf unserer Rückreise begleiteten uns Conrad, Ino und Willie bis zur Tropfstein-Höhle (Hammit Cave), um deren Besichtigung mit uns zu genießen.

dem ersten dicken Ast, nur fünf bis sechs Fuß von der Erde. Der andere Panther stand sechs Fuß davon und schien auf seinen Gefährten zu warten. Auf ganz nahe Entfernung wollte ich den Panther vor den Kopf schießen, da versagte das Gewehr, nur das kleine G. D. Cap gab einen kleinen Knall. Zum Glück hatte ich noch einen waterproof *cap*, doch ehe ich es auf den *nub*[15] stecken konnte, sprang der Panther vom Baume und wollte zu seinem Gefährten. Die Hunde verfolgten ihn wütend. Der Panther hielt seinen Schwanz aufrecht, wie es Katzen tun, wenn sie von Hunden verfolgt werden, und rannte bald am schrägen Aste eines hohen Cottonwoods in die Höhe und legte sich auf einen dicken Ast, ca. 30 Fuß von der Erde. Die anderen Bäume und die hohen Eispflanzen standen so dicht, daß ich eine Stelle fand, wo man den Panther deutlich sehen konnte. Dieses Mal ging das Gewehr los, und das mächtige Tier wäre beinahe heruntergefallen. Die Blutstropfen fielen fast wie ein Regen auf die breiten Blätter der Eispflanzen.

Schnell hatte ich wieder das Gewehr geladen. Der zweite Schuß hatte dieselbe Wirkung wie der erste, der Panther wankte, aber fiel nicht. Wieder lud ich so schnell ich konnte, mit dem dritten Schuß ging es auch nicht besser. Der Panther hatte nämlich seinen Hals und Kopf zwischen seine beiden dicken Oberarme der Vorderbeine gelegt, daß die Schüsse zu schwach waren, um durchzudringen,

Nun lud ich die letzte Kugel, die ich hatte, in den alten Rifle, tat aber zweimal so viel Pulver dahinter, und zu meiner Freude, fiel das mächtige Tier herab. Es kam mit solcher Wucht zur Erde, als sei es wohl zwei hundert Pfund schwer. Die Hunde stürzten sich gleich darauf los, wurden aber eben so schnell zurückgeschlagen, daß sie bluteten und schrieen. Sie bellten den Panther noch zwei Stunden an, bis er tot war. Am nächsten Morgen sah ich, daß alle Kugeln in den linken Oberarm gegangen, nur die letzte war durchgedrungen."*

---→

* [Louise Fuchs:] Alle Bäume um unser Heim waren von Eichkätzchen besiedelt, die ganz furchtlos auf den Zweigen saßen, mich ansahen und zu mir in ihrer Sprache redeten. Das gab mir Zeitvertreib. Ich kann mich nicht erinnern, daß je eins derselben geschossen worden wäre — aber Hirschfleisch gab es beständig. Es ward auch geräuchert und mit Pecannuß schmeckte es fein zu Brot. Honig

Vater hat dem Jagdvergnügen in Texas nicht viel nachgegeben, sein geistlicher Stand hatte ihn schon in der alten Heimat daran verhindert, aber unglaubliche Jagdgeschichten wußte er zur Erheiterung der Gesell-

hatten wir immer reichlich. Zucker aber nicht, da mußte Alles mit Honig gegessen, gekocht, und gebacken werden, wenn man Kuchen haben wollte. – Obst ward auch damit eingekocht. Man mußte sich da ganz nach den Verhältnissen einschränken. – Später kam eine Krankheit unter die Hirsche, und sie starben schrecklich aus,

Kaffee konnte man auch nicht bekommen, da wurden alle nur erdenklichen Surrogate verwendet und probiert, z. B. Weinbeerkerne, auch schwarze Persimonenkerne; das Liebste aller waren uns geröstete Bataten. Wenn die nicht reichlich vorhanden waren, rösteten wir die Schalen von denselben.

Einen Teebaum gab es hier auch früher, dessen Blätter vorzüglich waren, doch er war nicht häufig zu finden. Schweine hatten wir erst reichlich, aber dann kam auch Dürre und es gab keine Eicheln, auch hatten wir kein Korn gebaut. Geld hatten wir erst recht nicht, jenes zu kaufen oder kommen zu lassen. Denn für Alles, was wir zum Markt brachten, gab es nur einen Berg Papiergeld, welches Niemand haben wollte.

Zwei Tage vor dem Christfest ward Theodor geboren und als er einige Wochen alt war, brachte Wilhelm Schwester Line wieder zu ihren Eltern, die einige Monate bei mir gewesen.

Als Wilhelm dann zurückkam, brachte er mir von Mutter schönes Schmalz mit. Hurrah! war das eine Freude, und da hieß es teilen: Alle nahen Verwandten bekamen Etwas. Das Vieh, welches Conrad und Wilhelm herauf genommen, hier zu besorgen, ging tot, auch ich verlor all mein erworbenes Vieh; was noch übrig blieb, wurde Ende des Krieges mitgenommen von Leuten, die es forttrieben nach Kansas zum eigenen Verkauf. Jahrelang wurden dann alle ungemarkten Jährlinge geschlachtet. Sehr viele Klapperschlangen gab es um unser Haus herum, die spürten die Hunde auf, und machten dann großen Skandal, bis ich kam, mir ein Herz faßte, drauflos klopfte, dann packten sie auch mit an, und machten ein Ende.

Ich hatte dann noch die Genugtuung, daß Großvater Fuchs mich lobte, daß ich so tapfer gewesen; ja aber was sollte ich anders wohl tun? Ich konnte sie doch nicht leben lassen! Einmal, wir hatten ein kleines Rauchhaus von Stein, war ich darin, und als ich mich umsah, gewahrte ich eine zwar nur kleine Klapperschlange gerade über die Schwelle zur Tür hinauskriechen, da ließ ich ihr gerade den Vortritt.

schaft oft zum besten zu geben, zumal bei Hochzeiten, bei denen ab und zu eine Bärenkeule auftauchte. Bären gab es in Texas noch häufig, aber das Fleisch schmeckte doch nur wenigen, so würzte er's mit Jäger-Humor, der einer animierten Tafelrunde besser mundete. — Wenn einer aus Häckerling Gold zu spinnen wußte, so war diese Sache dem Pastor Fuchs ganz besonders zuteil geworden, das machte ihn eben so anziehlich und willkommen im trauten Freundeskreise. Diese Anziehungskraft Vaters vermochte denn auch mehrere Deutsche, sich in unserer Gegend anzu-siedeln. Zuerst kam Schwester Ulla mit Mann und Kind uns nach, und bauten sich in der Nähe an. Unser Schwager, Herr Matern, ein junger Forstmann aus Bayern, hatte großes Geschick für jede mechanische Arbeit, noch existieren hübsche solide Schränke, die derselbe angefertigt, Bretter und Baumaterial liefert eine in der Nähe gelegene Mormonen-mühle. Dieses Institut mochte manchen ein Ärgernis sein, selbst vom Pastor Fuchs hieß es einmal kopfschüttelnd, er sei unter die Mormonen gegangen. Freilich war's ein Witz, aber nicht gerade ein gesunder. Für die Religion der Mormonen, für ihre degradierenden Sitten und Gebräuche, die skandalöse Abhängigkeit, in welcher sie die geplagten Frauen hielten und so das Wohl der Familie untergraben, für diese Leute hatte Vater kein Verständnis, so liberal gesinnt er auch sein mochte. Predigte er auch nicht öffentlich gegen sie, so mochte die Nachbarschaft ihm den sonst lieben Aufenthalt doch etwas verleiden.

7.

Als die Gegend noch ganz unbesiedelt war, hatte sich am Hamilton Creek eine Mormonengemeinde niedergelassen. Hier lebten sie zwar fleißig und sparsam, aber auch von aller Welt gesellschaftlich gemieden. Eine mächtige Wassermühle hatten sie angelegt, wo eben Bretter und Möbel, alles Mögliche angefertigt wurde, die auch ganz guten Absatz fanden. — Es war ein hochromantisches Tal, in welchem sie sich ange-baut hatten. Der Hamilton Creek bildet dort einen mächtigen Wasser-fall, welcher das riesige Rad für die Mühle trieb, unterhalb ist ein tiefer klarer See. Es gab damals keinen andern Weg nach der Stadt Burnet als über diese Mormonenmühle, sonst hätte ich dieselbe wohl nie zu sehen bekommen. Burnet war unser Marktplatz, wo wir unsere bescheidenen Bedürfnisse kauften – etwa 18 Meilen entfernt, und nahm es eine Tagesreise dorthin und zurück. – Als die Einwanderung zunahm, die Emigranten das Land beanspruchten, welches die Mormonen gar nicht bezahlt oder auch nur gekauft hatten, da haben sie ihre Mühle und ihr ganzes Dorf verbrannt und sind weiter gezogen. Wohin, sagten sie Keinem, aber vermutlich nach Utah. Ein merkwürdiges Stück Leben war's doch, alles verbrennen und aufzugeben, was der Hände Fleiß geschaffen und um eine Religion, die kein denkender Mensch je als solche anerkannt. Das ist Fanatismus.

Verweht war die Spur des sonderbaren Volkes, aber andere kamen und gingen. Wir junge Welt waren natürlich auf jeden neuen Ankömmling gespannt. Als Vater wieder einmal meldete, daß eine neue Familie heranrücken würde, waren wir Mädchen besonders erfreut. Als wir aber die Mitglieder begrüßt, sagten wir ganz enttäuscht: „Ach, nur Männer!" Etwas zudringlich wurden sie auch, uns Mädchen nicht ganz lieb, daß wir es zeigen mußten. Mutter kam aber doch meinethalben bald in die Lage, einem jungen Herrn ein Briefchen zu schreiben, der ihr selbst leid getan. – Dagegen kam ein anderer junger Mann mit vielen Bekannten und Nichtbekannten, um die Gegend zu besehen. Herr Carl Goeth. So haben wir beide uns vier Jahre vor der Hochzeit zuerst gesehen. – An ein solches Ereignis dachte ich neunzehnjährige anfangs allerdings nicht. Der frühe Tod meiner geliebten Schwester Lulu hatte auf das Kind einen zu starken Eindruck gemacht als daß ich zu einer frühzeitigen Ehe mich hätte entschließen mögen. Dazu kam auch noch, daß ich fleißig in Schillers Werken las, in der Ausgabe, welche Großvater Rümker seiner Braut, der auch früh dahingeschiedenen Helene Wien, geschenkt. So mochte mir denn ein Posa, Carlos, ein Max Piccolomini meiner Phantasie vorschweben, geringeren Rittern war ich kaum geneigt, ein Ohr zu schenken. So war denn auch Herr Goeth ein Gast wie alle andern. Bei ihm freilich stand es etwas anders, wenn der lebhafte junge Mann auch weit entfernt war, mit der Tür ins Haus zu fallen.

Der frühere Steuermann des berüchtigten *Gerhard Hermann*, Herr Flato, hatte seinen Schwager, Herrn Robert Wolters, am nahe gelegenen Cypreß Creek besucht – ich nenne es nahe, denn so zwanzig, dreißig

Meilen im Umkreis war noch Nachbarschaft – und der junge Goeth hatte sich ihm angeschlossen. Dieser Herr Flato war mit einem Fräulein Wellhausen vermählt und ist die Stadt Flatonia nach ihm genannt, wo er lange Jahre gewohnt. Daß beim Besuche viele Erinnerungen der Seereise ausgetauscht, versteht sich ja von selbst. Herr Goeth hatte Stellung in einem Sattler-Geschäft in Neu Braunfels, wohin wir anfangs zu ziehen gedacht. Freilich schien er für einen Sattler nach deutschen Begriffen doch ein wenig weit vorgeschritten in der Kultur und bald stellte es sich heraus, daß er zu Wetzlar das Gymnasium besucht und später Buchdruckerei gelernt. Damit war nun in Texas nichts anzufangen, so hatte sein Schwager, auch ein Herr Wolters, ihn in die Mysterien der Sattlerei eingeweiht, was zu der Zeit ein gewinnbringendes Geschäft war. Goethe – Wetzlar – Goeth – das klang nach der klassischen Zeit, in der ich jetzt ziemlich heimisch war. So wurde unwissend doch schon das Band geschlungen, das uns fürs Leben binden sollte. Aber so weit sind wir noch nicht. Der junge Mann reiste ab und mich hielten gar mancherlei Pflichten ab, um sonderlich lange an ihn zu denken.

8.

Nun aber muß ich euch Kindern doch wohl von unserm Haushalte erzählen vor dem Bürgerkriege und auch noch später, damit ihr seht, wie viel mehr Zeit euch zu Gebote steht, die Jugend zum Lernen anzuwenden, als uns Alten. Mit Margarete im Faust kann auch ich sagen:

> „Da geht's, mein Herr, nicht immer mutig zu,
> Doch schmeckt dafür das Essen, schmeckt die Ruh'."

Nebenbei könnt ihr auch lernen, welchen Fortschritt die Welt gemacht und besonders hier in Texas seit siebzig Jahren und mehr, ihr also wohl auch Goethe Recht geben werdet, der sagt: „Die menschlichen Dinge haben alle 50 Jahre eine andere Gestalt."

Wie mühsam und zeitraubend war doch jene Zeit, wenn man sie mit der heutigen vergleicht. Jetzt ist es ja großartig bequem, wo man fast alle Kleidung für Groß und Klein kaufen kann. Wie viele Röcke habe ich nicht für die Brüder anfertigen müssen, wie auch noch für meinen Mann und Kinder. Eine Schneiderin hatte nicht mehr Arbeit. – Und nun gar in der Küche. Wollte man Brot backen, mußte das Maiskorn erst mit der Hand auf einer Stahlmühle mit zwei Händeln gemahlen werden. Dann war es auch noch so grob, daß es mehr Grütze als Mehl abgab. Das Kochen und Backen am offenen Kaminfeuer war sehr beschwerlich und gehörte ein genaues Aufpassen dazu, wenn das Gebäck nicht verbrennen sollte. Die ersten Kochöfen selbst waren sehr unvollkommen, so praktisch sie jetzt sind, aber es war doch schon etwas Erleichterung. Die Kost war einfach aber gesund. Tafelgeschirr war wenig zu Hause, so war nicht viel aufzuwaschen. – Unsere Eltern hatten aus Bremen eine ganze Aussteuer von Zinngeschirr mitgenommen, was entsetzlich viel Arbeit machte, es einigermaßen blank zu halten. Ein Amerikaner, der bei uns zu Mittag gegessen, erzählte jedem, bei Pastor Fox äße man von silbernen Tellern, wir waren indessen froh, als wir nach Jahren statt der s i l b e r - n e n Teller aus Porzellan erhielten. Die alten Zinnteller und Schüsseln waren schwer wie Blei und wenn man sie nicht immer mit Seife und Lauge putzte, wurden sie ganz schwarz. Auch einen eisernen Ofen hatten wir aus Deutschland mitgebracht, der zwar zum Kochen, aber nicht zum Backen taugte, welches bei Kohlenfeuer im Kamin geschehen mußte. Der alte Ofen tat aber später als Wärmofen noch gute Dienste. Fleisch hatten wir von allen Sorten, Hirsch, Puter, Schaf und Rindfleisch, dazu Fische in Hülle und Fülle, an Milch und Butter litten wir auch keinen sonderlichen Mangel, so war unsere Tafel immer ganz artig besetzt und Gäste stets willkommen. Etwas schlimmer stand es mit dem Mehl, welches von Houston per Ochsenwagen herangeschafft werden mußte, und das dauerte 14 Tage.

Wollten wir abends nicht im Dunkeln sitzen, so mußten wir die Lichter selber machen, Petroleum und Lampen gab es nicht. So wurde denn Wachs und Talg gemischt und in Lichtformen gegossen. Leider war das Licht so schwach, daß man sich die Augen verdarb mit feineren Handarbeiten und beim Lesen.* Im hohen Alter konnte Vater Geschrie-

———————————→

* [Louise Fuchs:] Wenn meine Schwester Bernhardine und Ottilie Fuchs (später Ottilie Goeth) zusammen waren, da saßen sie und hatten es mit Büchern zu tun. Das veranlaßte meine Schwester wohl meistens, denn wir hatten sehr

benes nicht mehr lesen, wohl in Folge der dürftigen Lichter jener Zeit. Erst nach dem Bürgerkriege kamen Lampen und auch gar Nähmaschinen, das waren große Ereignisse! – Gar zu Seifenfabrikanten mußten wir werden, ohne den Luxus eines Fabrikanten leider genießen zu können. Laugenkugeln, die man nur ins Wasser zu werfen braucht, um Lauge zu erhalten, waren ganz unbekannt. Man konnte sie nur auf schwerfälligere Art erhalten. Da wurde erstlich ein großer Aschhopper aus Brettern hergestellt, darein die Asche gesammelt und dann so nach und nach eben so viel kochendes Wasser darauf geschüttet bis die Lauge unten abtropfte. War sie stark genug, daß ein Ei darauf schwimmen konnte, mochte man das Fett dazu tun und lang oder kurz kochen, wie es grade glückt. Manchmal dauerte es tagelang, bis man die richtige

→

viele Bücher mitgebracht und sie las schrecklich gerne, wenn irgend sie nur konnte.

Kaum war sie satt, so war sie an Sommer-Nachmittagen schon wieder in ihrer „Leserei" vertieft, dann konnte ich neben ihr steh'n und sagen soviel ich wollte: „Bernhardine, komm, wollen abwaschen!" Sie hörte und regte sich nicht; ich könnt' es wiederholen und sie schütteln, alles half nichts. So gab ich es manchmal auf und besorgte die Abwascherei alleine; sie war dann einfach nur für ihr Buch da! Ich war ja auch viel kräftiger als sie, viel gesünder und habe auch mein Leben lang etwas zu schaffen gehabt: im Haus, im Feld und im Garten. Dieser war mir immer interessant und habe ihn stets mit Eifer besorgt, so lange ich zu Hause war. Auch Blumen mußte ich darin haben – im Hof ging's ja der Hühner wegen nicht.

Die liebe Großmutter von drüben schickte mir stets allerlei Blumensämerei: wundervolle Levkoien, Nelken, Reseda, nebst Hyazinthen-Zwiebeln, das waren meine stehenden Lieblinge.

An Sommersonntag-Nachmittagen, wenn abgewaschen war, ging ich häufig mit meinen jüngeren Schwestern, Ida, Line, Rike (letztere das Schiffskind), hinaus an einen schönen blumigen Platz, da ließ ich mich nieder, hieß die Schwestern, mir Blumen bringen, und dann wand ich Jeder einen Kranz, ihr Köpfchen damit zu schmücken, und so kamen dann alle am Abend bekränzt nach Hause. Oft aber auch mußte ich die freie Zeit dazu nehmen, ihnen ihre Puppen neu zu bekleiden. Das war wohl das Vorspiel für das spätere Leben! Hiernach, ihr lieben Kinder, braucht ihr aber nicht zu denken, daß ich immer so zahm und fleißig beschäftigt war. Nein, ich tollte mit meinen Brüdern um die

Mischung traf. Zu häuslichen Zwecken erwies sich unser Fabrikat übrigens sehr gut, unser Loghaus war stets reinlich und adrett. – Für die Männer war das Fenzmachen[16] die mühseligste Arbeit. Nur Holzriegel wurden im Zickzack aufgestellt, Drähte tauchten erst viel später auf. Steineinfriedigungen waren ebenfalls gebräuchlich, die indessen noch mehr Zeit brauchten. Dagegen brauchten sie sich an zerbrochenen Fensterscheiben wenig zu ärgern aus der triftigsten Triftigkeit, weil die Loghäuser wenige davon hatten und die wurden gehütet wie das Licht der Augen.

Wagen waren selten, alles ritt zu Pferde. Die großen Ochsenwagen dienten als Frachtfuhrwerke und für Passagiere, eine Art Post, wobei der Postillon, leider wenig romantisch, auf die Ochsen hieb und dabei das Horn vergaß. Auch Frauen und Kinder sah man immer zu Pferde. Oft

---

Wette, und tat es ihnen dann gleich im Klettern auf den Bäumen. Kaum ein Baum war mir zu hoch. Oh! das schien mir himmlisch, hoch auf den Bäumen, meist mit wildem Wein berankt, herumzuklettern. Der Wein war so dicht, da ging's oft an den Reben entlang von einem Baum zum anderen.

Aber auch oft nach schwerer Arbeit im Felde beim Baumwollhacken (wo wir uns mit Crabgras herumquälten) lagen wir still, die Sommernachmittagsruhe genießend, mit einem Buch und lasen. Ich hatte sehr großen Gefallen an schönen Gedichten und liebte es, Gedichte auswendig zu lernen, und sie dann bei der Arbeit im Felde herzusagen – damit sie fest im Gedächtnis blieben. Das war mir dann ein Genuß, bei der trockenen Arbeit mich an ihrer Schönheit zu erfreuen. Wir hatten ja solche Auswahl schöner Bücher von drüben hier auf unserer langen Bücherborte, daraus wir lasen und lernten. Meine Mutter war eine treffiche Vorleserin. Da wurden die Winterabende kurz, ja viel zu kurz, so manches Mal. Meine Mutter strickte beim Vorlesen und das schien sie nicht im Mindesten zu stören, nein, im Gegenteil, Lesen und Stricken gehörte für sie zusammen. Und doch trugen wir Kinder nur Schuh und Strümpfe, wenn wir auf Besuch gingen – und dann war es eine Qual!

Ich sehe noch so deutlich unsere Mutter lesend und die Stricknadeln so geschäftig klimpernd dazu. Doch hin und wieder fielen ihr die Hände in den Schoß und ihre Stimme ward nach einem undeutlichen Murmeln still, ihr Kopf neigte sich und sie schlief ein – doch nur ein Weilchen. Dann hob sich ihr Kopf wieder und sie sagte: „So, nun kann ich wieder!" Und ihre doppelte Beschäftigung begann von Neuem.

sah's einem Germanenzug der Vorwelt ähnlich. Eine Frau hatte sich zwei große sackartige Taschen gemacht, die sie über den Rücken des Pferdes legte und an jeder Seite ein Kind, das dritte hielt sie beim Reiten im Schoß. – Bei einer festlichen Gelegenheit in Cat Spring wurde mein Mütterchen, das nicht gut zu Fuß, auf einem Schlitten gefahren, der mit grünen Büschen geziert. Ein großer Schimmel zog und rutschte der Schlitten ganz glatt durch das hohe Gras wie in der alten Heimat übers Eis. Glockengeläute gab's aber nicht dabei, wohl aber Scherzreden und heiteres Gelächter trotz aller Mühseligkeiten, die das Leben bot. Man war meistens guter Dinge, ein starker Glaube an eine bessere Zukunft beherrschte jeden, so wurden Beschwerden leicht ertragen.

9.

So, nun hab' ich euch vorbereitet, einen längeren Ausflug mit zu unternehmen, aber 45 Meilen weit, aber dafür sollt ihr auch, im Jahre 1859, mit nach Fredericksburg, denn wer das nicht gesehen, hat Texas nie gekannt. Nebstbei gibt's ein Sängerfest, das erste deutsche Sängerfest in Texas, dem ich beiwohnte. Wenn ihr euch erinnert, wie viel Musik in unserm Hause getrieben, da mögt ihr euch denken, wie die Herzen höher schlugen, als die Reise zur Ausführung kam. Gesang war ja des Vaters göttliches Erbteil. Auf dem Klaviere lagen *Don Juan* und *Die Zauberflöte* von Mozart, *Die Schöpfung* von Haydn und so manche andere Gabe der deutschen Meister. Vater hatte manchen geholfen, ein gutes Klavier zu kaufen, aber dafür von den Firmen eine Vergütung anzunehmen, empörte seinen Sinn. War er doch ganz in den Kreisen aufgewachsen, in welchem der Gelderwerb nicht einmal erwähnt wurde, das Geld war so mit Saladin in Lessings *Nathan* „der Kleinigkeiten Kleinste", woher es kam, darum kümmerte sich die feine Gesellschaft nicht, die Frage darnach wäre als banal gleich zurückgewiesen. Die Verlagsfirma Breitkopf und Härtel in Leipzig zeigte ihre Erkenntlichkeit aber darin, dem Vater die Klavierpartituren der noch teuren Meisterwerke zum Geschenk anzubieten, eine Aufmerksamkeit, über welche er sich sehr gefreut, um so mehr, als seine Mittel ihm nicht gestatteten, sich in den Besitz derselben zu setzen. So lernten auch wir die Opern kennen, die wir ja nur den *Freischütz* und *Oberon* damals bei der Auswanderung in Bremen gehört, die wir Kinder nie vergessen. Jetzt aber gab es in Fredericksburg wieder Chöre und ganze Musikmassen wohl gar mit Orchesterbegleitung. Lieb wie wir unser Klavier hatten, das versprach doch mehr, so war denn die Aufregung keine geringe, als wir abfuhren.

Mein Vater, zwei jüngere Brüder, Schwester Ino und ich machten uns auf die Reise. Mütterchen war mit Konrad zu Hause geblieben, da der Weg zu beschwerlich, der Bruder sie aber nicht allein zu Hause lassen wollte. – Am Palo Alto, bei der freundlichen Familie Dangers, blieben wir über Nacht. In Fredericksburg waren wir bei der liebenswürdigen Familie Basse zu Gast; der alte Herr war auch Prediger gewesen in Deutschland wie mein Vater. Hier trafen wir auch die Gebrüder Eduard und Walter Tips, welch ersterer wohl schon damals in die schöne Olga Basse verliebt war. Da das Fest drei Tage dauerte, wurde man mit den von allen Seiten hergekommenen Gästen recht bekannt, die ich sonst im Leben wohl nie zu sehen bekommen hätte. Manche davon sind heute nicht mehr unter den Lebenden, aber sie stehen mir alle lebhaft vor den Augen. August Simmering, der Verlobte des Fräulein Schütze, war Fest-Dirigent, wenn ich nicht irre. Er war so zuvorkommend und freundlich zu uns Fremden, daß ich es nie vergessen werde. Der leider viel zu früh dahingeschiedene Julius Schütze war damals eine auffallend schöne Erscheinung. So gab es noch verschiedene Herren und Damen, deren Namen mir entfallen. Herrn Schimmelpfennig habe ich noch wiedergesehen, wie auch Herrn Seele aus Braunfels und erinnerten wir uns gern der romantischen Tage in Fredericksburg. Ein Herr Ernst Pressler, der auch kein hohes Alter erreicht hat, war eine sehr interessante Persönlichkeit. Woher das kam? Mein Bruder Wilhelm sagte zu mir: „Soll ich dir einmal Carl Goeth zeigen?" Der war ja gar nicht dort, aber Herr Pressler sah ihm ähnlich. Aber was hatte ich damit zu tun? Nur Geduld, ihr sollt bald erfahren, warum mir auch das Alter ego von Carl Goeth schon interessant genug war. – Herr von Gehren, ein jugendlicher Sänger aus Neu Braunfels sang allerliebst: „Mußt nicht schüchtern sein, lieber Joseph mein." – Auf dem hübschen Theater wurde ein Stück gegeben, das sehr applaudiert wurde, Name desselben und die Mitspieler vermag ich leider nicht mehr anzugeben. – Der Ball am dritten Abend war für ein tanzliebendes Mädchen noch das schönste. — Dies war eins der letzten Sängerfeste, denn schon grollte es näher vom kommenden Sturme des Bürgerkrieges, an Gesang war vorläufig nicht mehr zu denken, die Sängerfeste schliefen ein, bis eine schönere Zeit sie zu vollerem Leben erweckte.

Zu Hause fanden wir zufriedene, glückliche Gesichter, da ja auch Bruder Konrad alles aufs beste zu besorgen verstand. — Diesem lieben Bruder muß ich aber auch jetzt einige Worte widmen wegen seiner seltenen Treue und Gewissenhaftigkeit, mit welcher er von früh an auf dem Felde und zu Hause schaltete und waltete. — Konrad war zwei Jahre älter als ich, also 12 Jahre alt, als wir in Cat Spring die neue Heimat gegründet. Gleich als wir ankamen, hat er wie ein kleiner Mann geschafft und gearbeitet. Viel schneller als sein Vater wußte er sich in das Praktische zu finden. Für jede Handarbeit war er geschickt. Einem Schuhmacher guckte er das Schuhmachen ab, fertigte seinen jüngeren Geschwistern Schuhe an von starkem deutschem Bettzeug mit ledernen Sohlen. Seine Mutter liebte er über alles, immer sprang er rasch hinzu, wenn sie etwas tun wollte, was nach seiner Meinung über ihre Kräfte ging. Auch war er ein geschickter Jäger, schoß viele Hirsche und verkaufte das Fleisch in einer Ansiedlung, wo es keine Jäger gab. Seine größte Freude war es dann, wenn er seinem Mutting das Geld bringen konnte, um dafür das Nötigste zu kaufen. — Eine viertel Meile von unserm Hause entfernt war ein Teich, mitten in der Prärie. Daneben hatte er eine kleine Hütte aufgebaut, wo er auf den Ausstand ging und wilde Gänse und Enten schoß, welche auf dem Teiche ihr Nachtquartier suchten. Manchmal erreichte seine sichere Flinte so viele, daß wir Geschwister hinlaufen mußten, die große Jagdbeute nach Hause zu schleppen. Die Federn wurden verkauft, was wieder ein nettes Sümmchen einbrachte. — Von allen Kindern hatte er die schönste Stimme, wäre sie ausgebildet, hätte er einen berühmten Sänger abgegeben. Aber arbeiten, arbeiten im Schweiße seines Angesichts. Und doch hat der hübsche junge Mann nie geklagt, nur freudig seine Pflicht getan. Und das soll ihm unvergessen sein. Man hätte ihm das beste Los der Erde wünschen können für sein aufopferndes, nur für andere sorgendes Wesen, aber es sollte nicht sein, denn gerade da traf ihn der Pfeil des Schicksals, wo man es am wenigsten erwartete, hatte er doch kein Glück in der Ehe. Zwar seine Kinder hingen mit zärtlicher Liebe am Vater, die Mutter indessen zog es vor, wenn auch wohl nach schwerem Entschlusse, auf eine Trennung zu dringen, in welche er großmütig einwilligte. So war sein Erdenleben einsam und ernst bis ein unglücklicher Sturz aus einem hohen Pecan-Baume ihm das jähe Ende brachte. Ehre seinem lieben Andenken.

10.

Wilhelm, der jüngere Bruder, war nun auch herangewachsen und half so gut er konnte; so weit weibliche Hilfe reichte, hab' auch ich mein Teil getan, weil ich nicht so jung wie es damals Gang und Gäbe war, heiratete. Meine zwei älteren Schwestern hatten sich zum Schrecken der Mutter so gar früh verlobt, da hatte ich mir fest vorgenommen, nicht das Gleiche zu tun. Nur, wenn ich sähe, daß es den Eltern lieb und recht sei, wollte ich mich verloben. Die Gelegenheit zum Heiraten war zu jener Zeit groß. Texas schwärmte von gebildeten, jungen und anziehenden Männern, die stets auf der Brautschau waren. Junge Mädchen gab es indessen wenige, nur solche, die mit den Eltern eingewandert waren, nicht eine, die in Texas aufgewachsen. Als ich dann erst im 24ten Jahre verlobt war, sagte mein Mutting beruhigt: „dieses mal sage ich n i c h t: Kind, hast du dich auch recht bedacht."

An meinem 23sten Geburtstage, es war ein Sonntag, dachte ich mit einem leisen Anflug von Wehmut, — meine Posa- und Carlos-Phantasien mochten etwas herabgetönt sein — ob wohl keiner, der mir gefallen könnte, an mich denkt? — Zu derselben Zeit hatte in weiter Ferne mein „Künftiger" an mich geschrieben und einen aufrichtigeren Liebesbrief, als ein Carlos je zustande gebracht, aber Carl hieß der Schreiber doch, diese Genugtuung ward mir demnach. Der Brief gelangte allerdings erst viel später in meine Hände, so mangelhaft waren die Postverbindungen noch.

Wie ich schon erwähnt, hatte ich den jungen Herrn Carl Goeth vier Jahre früher einmal bei uns zu Gaste gesehen. Er schrieb, daß ich gleich Eindruck auf ihn gemacht, der ihn während einer Wanderschaft von drei Jahren, die ihn selbst zu Verwandten in Ohio geführt, nicht verlassen. —

Zufällig hatten wir uns 1858 zu Weihnachten in Neu Ulm wieder getroffen, wo er schon seit einem Jahre mit seinem Schwager, Herrn Ferdinand Wolters, ein regsames Sattler-Geschäft betrieb. Neu Ulm liegt in Austin County, ist wohl jetzt eine hübsche Stadt,

Es war also Weihnachten, 1858, als meine liebe Mutter darauf bestand, Vater sollte mit mir und meiner vier Jahre jüngeren Schwester Ino – sie hieß in Wirklichkeit Adolphine – eine Besuchsreise ins Unterland nach Cat Spring machen, zu unsern alten Freunden und Bekannten. Mit einem kleinen Eselsfuhrwerk war das ein langsames Unternehmen. Vier Tage nahm es, ehe wir die freundliche Familie des Dichters und Pflanzers Herrn Romberg,[17] in Black Jack Springs, Fayette County, erreichten. Bereits von Cat Spring her waren unsere Familien eng befreundet, wohnten sie doch nur drei Meilen von uns, an der Bernarde. Später zogen sie nach Fayette County mit einer großen Familie von Söhnen und Töchtern. Zwei Fräulein Romberg, Luise und Lina, wurden die glücklichen Bräute meiner Brüder Wilhelm und Hermann, als deren Witwen sie heute noch leben.[18] Glücklichere Ehen hat es nie gegeben, daß Musen und Grazien an den Wiegen einiger ihrer Kinder gestanden, ist mir eine besondere Freude gewesen. Doch da greife ich weit voraus, denn die junge Welt steht eben noch in Mitte der Gegenwart, blühend und schön. – Gastfreundlich wurden wir bewirtet, war doch Großvater Romberg eine durch und durch poetische Natur, seine teure Gattin die Vertraute seiner Seele bis an den späten Lebensabend. Die Gedichte Rombergs liegen jetzt gedruckt vor in schönem würdigen Einband.*

---→

* [Louise Fuchs:] Mein Vater, Johannes Romberg, war der einzige Sohn und einziges Kind eines Predigers, und wie es damals üblich war, so sollte er auch Prediger werden; jedoch schwacher Augen wegen, die er sich durch Erkältung bei Masern zugezogen, konnte er nicht studieren. Er hatte sehr viel Neigung, ein Handwerk zu lernen, doch das war in damaligen Zeiten unter Rang und Würden, daß er als Predigersohn ein Handwerk ergriff, so ward er zum Kaufmann bestimmt. Es zeigte sich aber, daß er weder Lust noch Neigung dazu hatte. Noch sehr jung, kam er zu einem Kaufmann Bauch in die Lehre, dessen zweitälteste Tochter Friederike später unsere Mutter ward. – Er war sehr schüchtern und zaghaft, meine Mutter, selbst noch ein Kind, fühlte Mitleid mit seiner

Die Wege waren so unergründlich, daß wir zu Wagen nicht gut weiter konnten; während also Ino bei den lieben Rombergs blieb, setzten

---

Verlassenheit — und ich weiß nicht wie es kam: sie wurden gute Kameraden. In Freistunden las sie ihm viel vor, und häufig sprachen sie das Gelesene miteinander durch. Er war ein Denker und Grübler. — Sie war zur Lehrerin bestimmt: ist auch eine außerordentlich kluge Frau geworden, die es mit irgendeinem wohlgebildeten Deutschen aufnahm zu disputieren. Dessen weiß ich mich noch klar zu erinnern: denn es lebten in unserem amerikanischen „Settlement" manch gebildete hochgeschulte Nachbarn, von drüben: Prediger, Offiziere, Ärzte, Rechtsanwälte und so weiter.

Mit vierzehn Jahren verlobte sich Friederike mit Johannes Romberg. Dann ward sie Lehrerin und verließ das Elternhaus, erst als sie 24 Jahre alt war (1833), heirateten die Beiden. Sie lebten in Boizenburg an der Elbe, wo mein Vater ein eigenes Geschäft anfing (1833).

Hier kamen vier Töchter und 2 Söhne zur Welt — ich im Jahre 1840. Mit Lust ist mein Vater nie bei seinem Geschäft gewesen, und wo er eine Gelegenheit fand, Schreiner- und Maurerarbeit im oder am Hause zu machen, da tat er es. — Ungerne war er Handelsmann, Gedichte schrieb er viel lieber. — Auch im Garten beschäftigte er sich gern. Später hier in Amerika mußte die Mutter alles Geschäftliche besorgen.

Johannes und Friederike Romberg

Vater und ich die Reise von da noch 40 Meilen zu Pferde fort. Als Mädchen konnte ich den ganzen Tag im Sattel sitzen, ohne zu ermüden. Wir passierten La Grange, Fayetteville und kamen nach Neu Ulm, wohin wir eine Bestellung von Herrn Robert Wolters an seinen Bruder Ferdinand hatten, der mit meines „künftigen" Schwester Elise verheiratet. So machte es der glückliche Zufall, daß ich Carl Goeth dort wieder traf, wenn anders Zufall es zu nennen.

In Neu Ulm blieben wir über Nacht. Am Abend hatte Herr Goeth einen guten Geigenspieler herangeholt, mit dem er auf der Gitarre allerlei hübsche Stücke vortrug. Ich dachte, es sei die schönste Zeit und Musik, die ich seit langem genossen.– Am nächsten Tage reisten wir weiter nach der Bernarde, wo wir die Familie des Herrn Amthor besuchten. Dieser hatte sich eine zweite Frau aus Schlesien geholt, eine geistreiche, ausgezeichnete Klavierspielerin. Da gab's denn ein vollständiges Konzert. Frau Amthor spielte göttlich, Vater sang Beethovens „Adelaide" und Arien aus Haydns *Schöpfung*. Jeder fühlte sich durch den andern gehoben, so kamen denn ein paar musikalische Stunden, die unvergeßlich ins Buch der Erinnerung eingetragen mit unauslöschlichen Lettern. „Nein, dieser Mann in der Wildnis, der gehört in eine Großstadt", rief Frau Amthor. Vielleicht wohl, möchte ich jetzt einschalten, aber wie viele in der Großstadt kümmern sich um Meistermusik! Und das schmerzt, gerade das Edelste von gebildeten Leuten vernachlässigt zu sehen. In der Wildnis ist es anders; in der großen Natur ist das Herz empfänglicher für die erhabenen Geistesschöpfungen, man hört nicht nur, man fühlt den Wert solcher Meisterschöpfungen, in der großen Stadt rauscht alles vorüber, einerlei ob eine Symphonie von Beethoven oder das Geklingel der Tramway. – Im Walde aber herrscht Andacht und da zittern die verborgenen Saiten der tief getroffenen Seelen noch lange nach. – Daher ist mir der Abend noch so schön, wer weiß, hätte mich das Schicksal in eine Stadt verschlagen, ob ich heute, nach fünfzig Jahren, daran noch denken würde. – Tief gerührt schieden wir von den Freunden.

11.

Cat Spring, unsere erste texanische Heimat, war bald erreicht, wo ich meine Altersgenossinnen alle als glückliche Mütter wiederfand. Das waren Tage der Erinnerung. Wie mag Vater zu Mute gewesen sein, als er die Farm wiedersah, auf welcher er vormals den verzweifelten Pflug nicht zu regieren gewußt. – Mir aber kam ein Polterabend zu Sinn aus unserer ersten Zeit, an welchem auch ich mitwirkte und zwar – nun lacht, ihr Kinder – als Nonne! Das ging so zu.

Zu Weihnachten 1848 vermählte sich Herr Robert Wolters mit einem Fräulein Wellhausen. Dazu war alles geladen was an Deutschen in der Nähe wohnte. Nun aber schoß es durch die Köpfe, mal etwas Vernünftiges (!) zu arrangieren, mit einem Worte dem Satze zu huldigen: Je toller der Polterabend, je besser bekommt's der Ehe. – Der Abend war einer jener wundervollen Mondschein-Zauber, wie sie ja Texas kennt. Der Hof war schön gereinigt und diente als Parterre und Logen zugleich. Der Mond tat seine Dienste als Kronleuchter für die Zuschauer, auf der Bühne (!) flackerten einige Lichter höchst-eigenen Fabrikats. – Die Schauspieler waren – je nun, eben alle, die gekommen, und das war kaum genug, um den Intentionen der Dichter gerecht zu werden. Vor allen gebrach's an Damen, so mußte ich mitmimen im zwölften Jahre und wie gesagt als Nonne, von denen es sechs sein sollten. Und woher in Cat Spring und 20 Meilen Umkreis sechs erwachsene Mädchen finden und nicht stehlen! – Die Gesellschaft, die ja nur aus gebildeten Leuten bestand, war äußerst animiert. Die Braut war erst sechzehn Jahre alt, ein rührendes Mädchen. „Sie ist gar nicht zur Frau erzogen", tuschelte der Hochzeitsvater dem einen oder andern ins Ohr, „aber solche Partie!" – Sie trug nach damaliger Sitte ein blaues Musselin-Kleid mit einem blauen Kranz auf dem feinem Kinderkopf. Ich muß nun auch gestehen, daß unser liebes Brautpärchen durch die bald folgenden Theateraufführungen etwas in den Hintergrund gedrängt wurde. So weit ich mich des Stückes erinnere, war der Gang desselben etwa folgender: Die Äbtissin, Frau Hollin aus Rostock, führt ihre sechs Nonnen in schwarzen Kleidern herein, worunter auch ich, und singen sie ein Lied schön nach der Melodie von Mehuls *Joseph*[19]: „Ich war ein Jüngling an Jahren", worauf sie

einen gereimten Vortrag hält über die Ehe, wo alles in Wehe! endet, –
Nun aber erscheint die liebliche Hymen – Frau Flato – und sagt gerade
das Gegenteil. Ein lebhaftes hin und wider, bis die Nonnen, O Schreck,
der Äbtissin untreu werden und mit Hymen davon eilen, worauf diese in
Ohnmacht fällt. „Kinner, hew ick't ne good makt?" ruft plötzlich im
schönsten Rostocker Plattdeutschen* die Äbtissin, noch ehe sie sich von
der Ohnmacht erholt haben konnte, was die Heiterkeit nur noch ver-
mehrte. – Nun trat Herr Flato – den wir schon als Steuermann auf dem
Gerhard Hermann gekannt, und der uns bereits am Colorado mit Carl
Goeth wiederbegegnet – als Weihnachtsmann auf. Lachend erklärt er:

„De Nonnen hew'n sick all tom Weltlichen bekehrt,
Nu hew ick jem geern 'nen Brütgam bescheert."

Nun brachte jeder seinen Humor zum Besten. Herr Amthor überreichte
den Pantoffel, Vater, im Jagdgewand, erzählte eine fabelhafte Bärenge-
schichte und überreichte eine feiste Bärenkeule. So ging es weiter – unter
Scherz, Witz, Humor. Die Fremde war vergessen. Im Hofe aber wurde
noch lange im Mondscheine getanzt. Der Abend war kühl aber milde im
Gegensatz zu den winterbeschneiten Fluren, die es jetzt in der alten
Heimat geben mußte.

So ging denn die Zeit in Cat Spring rasch dahin und brachen Vater
und ich hochbefriedigt auf, um noch Herrn Ernst Kleberg in Millheim zu
besuchen, wo auch meine liebe Freundin Valeska Langhammer wohnte,
eine Tochter des Herrn Louis Kleberg. Auch hier verlebten wir recht
angenehme Tage bis wir auf der Rückreise noch wieder nach Neu Ulm
kamen und bei Herrn Ferdinand Wolters übernachteten. – Am nächsten
Tage begleitete uns Herr Carl Goeth bis La Grange, wo sich vorläufig

---

* [Louise Fuchs:] Wir Kinder haben meist das Mecklenburger Platt-Deutsch
miteinander gesprochen, nur mit Mühe und Willenskraft gewöhnten wir uns, als
wir größer wurden, daran, Hochdeutsch miteinander zu sprechen, wie wir es mit
den Eltern immer getan, obgleich besonders mein Vater, selber gerne mit
Mecklenburgern manchmal Platt sprach, z. B. mit seinem Freunde Adolf Fuchs.
Den Unterhaltungen in Platt haben wir Kinder immer mit besonderer Freude
gelauscht.

unsere Wege wieder trennten. Das war im Januar 1859. Ende Februar, wie schon gesagt, an meinem Geburtstage, hatte sich mein zukünftiger „Carling" ein Herz gefaßt, mir den erwähnten Liebesbrief zu schreiben, was ich gar nicht erwartet hatte, so gut mir der junge Mann auch sonst gefallen hatte. – Zu Anfang des Juni kam er denn den weiten Weg zu Pferde, um mich als Braut zu besuchen. – Unser Hochzeitstag wurde auf den 19. September festgesetzt, meines Vaters Geburtstag.* – Nun ich dieses schreibe, ist es mittlerweile am 19ten September 1909 geworden. Zwischen damals und heute fünfzig Jahre! In der Tat, die Welt hat ein anderes Gesicht gekriegt.

---

* [Louise Fuchs:] Dasselbe Jahr (185?) machte Bruder Johannes mit Carl Perlitz noch eine Reise zu Pferde „in die Berge" zu Fuchs'ens, um die Hochzeit von Tilie Fuchs und Carl Goeth mitzufeiern. Tilie war schon Braut, als ich mit Vater und Onkel dort war. Ihr Bräutigam hatte sie gerade besucht, – wir begegneten ihm ungefähr 10 Meilen von Fuchs'ens, als er auf seiner Heimreise war. Wir wußten von Tilies Verlobung, und so „erkannten" wir ihn als ihren Bräutigam, obwohl wir ihn zuvor noch nie gesehen, denn er trug eine rote Rose an seinem Weißen Strohhut. Außerdem war es eine Seltenheit, wenn man Jemand begegnete in der fast unbesiedelten Gegend.

Carl Goeth und Ottilie zur Zeit des Bürgerkriegs

Als Frau und Mutter.

Nachdem unsere Hochzeit stattgefunden, reisten mein Mann und ich direkt nach Neu Ulm,* Austin County, wo mein Carl schon alles für den eigenen Haushalt vorbereitet. Ein nettes Häuschen mit hübschem Garten, das meine besondere Sorgfalt in Anspruch nahm. Unsere Möbel sind von deutschen Tischlern angefertigt und existieren heute noch, so solide waren sie gearbeitet. Überhaupt war der Haushalt schon etwas leichter zu führen, – Vater hatte in Mecklenburg gehört, daß es in Texas keine Feuersteine gäbe, – von Streichhölzern wußte man noch nichts – so hatte er ein Bündel voll mit auf die Reise genommen. Gar so schlimm war's nun freilich nicht gewesen, ich glaube daher nicht, daß ich meinem Gemahl auch Feuersteine zur Morgengabe gebracht. – Der Abschied

---

* [Louise Fuchs:] Doch zurück zum 8. Oktober 1861, als mein Wilhelm und ich Hochzeit hatten. Das war so zu Anfang des Krieges, doch meine Brüder waren noch zuhause. Tilie und Carl Goeth kamen aus New Ulm zu unserer Hochzeit. Meine liebe Jugendgespielin Ino war mit ihrem Vater gekommen, Conrad Fuchs und Anna Perlitz hatten wenige Wochen vorher geheiratet und wohnten schon in den Bergen. – Ich erinnere mich noch einiger Gedanken, die Vater Fuchs in seiner Traurede ausdrückte: so sprach er davon, daß es gerade in schwerer Zeit nötig sei, die Familie zu schützen und bezog sich hierin auf Gedanken in *Hermann und Dorothea*, von Goethe. (Dieses Buch sowie die übrigen Werke Goethes erhielten wir als Hochzeitsgeschenk von Schwager Franke.) Ich war glücklich, alle meine Geschwister an dem Tage anwesend zu haben, sowie noch einige Verwandte, auch Mutters Mutter, die ja bei uns wohnte – eine sehr tüchtige, praktisch begabte Frau.

Um Euch Kindern einen Einblick in damalige Zustände zu geben, will ich noch bemerken, daß Wilhelm sich in einem Rock, der äußerlich zwar noch einigermaßen präsentabel war, aber doch das Unterfutter zerschlitzt, wollte trauen lassen. Da mußte er aber doch auf mein Geheiß zum nächsten „Store", um sich einen neuen Rock zu kaufen. Er kam mit einem großen Ochsenwagen, mit vier Joch Ochsen davor und einer Ladung Weizen darin. Den letzten brachte er zum Verkauf nach La Grange. Dafür kauften wir einen Ofen und einige nötige Sachen zur Wirtschaft, auch für einen halben Dollar Kaffee und der hat uns für alle die langen Kriegsjahre dienen müssen.

vom Elternhause kostete viele Tränen. Nie zuvor hatte ich meine Eltern auf längere Zeit verlassen, höchstens auf ein paar Tage, so war ich allmählich der Meinung geworden, mein liebes Mutting könne mich gar nicht entbehren. Aber es war ja noch eine junge Schwester da, die sich denn auch erst vier Jahre hernach mit Herrn Adolf Varnhagen, einem Neffen von Varnhagen von Ense, verheiratete. Das war noch ein Trost.

Als mein junger Gatte und ich ziemlich spät abends in Neu Ulm anlangten, wurde uns von den Freunden meines Carls doch noch ein allerliebstes Ständchen gebracht, wenige Tage später uns zu Ehren auch noch ein Ball arrangiert von der Neu Ulmer Schützenkompagnie, zu deren Mitglied Carling zählte. Der Captain war Robert Berner, sein Stiefvater. Überhaupt versuchten alle, mir das Leben angenehm zu machen, in der Tat konnte ich als junge Frau zum ersten Male wieder seit meiner Kindheit ein sorgenloses Leben führen, nachdem ich mit den Eltern, besonders der Mutter, zu oft nur bare Existenz-Sorgen hatte teilen müssen. Nun war es anders, und die grenzenlose Liebe meines Mannes ließ rasch die Tränen trocknen, welche ich um das Vaterhaus vergossen.*

→

* [Louise Fuchs:] In Wilhelms Wagen, mit vier oder fünf Joch Ochsen bespannt, wurden meine Habseligkeiten gepackt und dann ging's vorwärts!

Kaum waren wir acht oder zehn Meilen von Hause fort, da kam ein Norder mit Regen, und dauerte die ganze Nacht. Ich habe mich gewundert, daß Wilhelm es am nächsten Morgen fertig brachte, Feuer zu machen, um einen Kaffee zu kochen. Als wir uns gestärkt, ging's weiter. Der langsame Regen dauerte den Tag noch an. Am folgenden Tage ward es klar und es wehte ein frischer Nordwind, der stärker wurde, sodaß wir am 11. Oktober einen gelinden Frost hatten, denn als wir oben ankamen, sahen wir, daß die Batatenranken schwarz davon waren. Ein kleines, schönes, aber sehr wildes Plätzchen, fast umringt von Gestein, sollte unsere Heimat sein; es war wie eine Oase in der Wüste. Wo unser Haus stehen sollte, mußte ein undurchdringliches Dickicht ausgerodet werden, da kam eine alte mächtige Lebenseiche zum Vorschein, der dicke Stamm lag etwas gekrümmt, ehe er sich aufwärts hob, in denselben waren von Indianern Stufen gehauen, um leicht den Baum zu erklettern. Der Platz war augenscheinlich ein Indianer-Kamp gewesen; etwas nach vorn standen mehrere große Pappeln, darunter waren noch die Pfähle sichtbar, wo die Indianer ihren Schlafplatz einst hatten. Die herrlichen Bäume waren teilweise abgeborkt, um die dicke Rinde, auf die Pfähle gelegt, als Lager dienen zu lassen. – Auch fanden wir dort Trinkgefäße aus Hörnern usw.

– So vergingen zwei Jahre, da brach im Jahre 1861 der Bürgerkrieg aus. Hier in Texas sahen wir zwar wenig von den Schrecknissen, die woanders wüteten, aber die jungen Männer wurden zur Armee gezogen, auch mein Carl wurde mit einberufen, während sein Schwager, Ferdinand Wolters, freigekommen. Das waren aufregende Tage, die mich um so mehr ängstigten, als wir schon ein kleines Söhnchen, Carling, begraben. Dazu war die kleine Toni gekommen. – Jetzt war wieder ein kleiner Adolf erschienen, sechs Wochen alt, als sein Vater einberufen. Nur eine Möglichkeit gab es, ihn bei uns zu behalten, und die war, wenn es gelingen würde, ihn im Dienste der Regierung anzustellen. Einigen Ehemännern wurde gestattet, als Indianer-Wache zu Hause zu bleiben, nach vieler Not und Mühe erhielt Carl diese Anstellung. Gefahrvoll wie

Unter diesen hohen Pappeln brauchte mein Mann nur einige Fuß zu graben, um schönes Trinkwasser zu haben, und doch lag der Platz nicht niedrig. Nur auf der einen Seite waren einige Acker sehr reiches Farm-, oder besser gesagt, Gartenland. Da Wilhelm mit Vieh zu tun hatte, so genügte ihm dies Fleckchen guter Boden. Wir bauten da eine mächtige Ernte Bataten, die wir gut verwenden konnten, auch schöneren Roggen als ich je zuvor gesehen, der ging mir fast bis über den Kopf. Der ward zur Mormonen-Mühle, am Hamilton Creek, gebracht und sehr schönes „Flour" daraus gemacht. – Damals wohnten dort noch viele Mormonen.

Gerade vor unserem Haus lief ein prächtiges Wasser mit Geplätscher über Steine. Romantischer konnte wohl nicht leicht ein Plätzchen sein! Viel Arbeit kostete es, bis man von allen Seiten Zugang zum Hausplatz bekam, so dicht standen Baum, Busch, Gestrüpp, auch Weinreben, dort. Willie hatte ein Loghaus von seinem Schwager Matern gekauft, der zum Pecan Creek ziehen wollte. So bekamen wir unsere Wohnung nicht so ganz bald. – Da wurde erst 'mal ein „Backroom" gebaut, um dann später das Loghaus daran zu bauen. Der Schwager war noch nicht ausgezogen, und so nahm Willie ein mächtiges Wagentuch und spannte es dort auf, wo das Loghaus angebaut werden sollte. Und so wohnten wir erst 'mal in unserem romantischen Indianerheim, bis das Loghaus frei und abgerissen und wieder aufgestellt war, mit Kamin daran. Es waren schön glatt behauene Logs für's Haus. Lange Jahre sind wir ausgekommen mit der Sitzgelegenheit von einer selbstgemachten Bank und zwei Stühlen, welche wir von den Schwiegereltern bekamen. Ich muß nun so oft denken: Welch ein Unterschied, wenn jetzt ein junges Paar sich einrichtet!

es war, so hatte ich ihn doch bei mir in der Nähe, dazu kam noch, daß wir nach Burnet County zu meinen Eltern ziehen konnten. Dies war in einer Hinsicht noch ein Glück, da dem kleinen Adolf das Klima am Colorado mit seinen Hügeln und gesunder Luft äußerst gut tat und wir ihn als den ältesten unserer Kinder behalten durften. Hätte ich nur auf friedvolle, idyllische Tage in meinem Leben gerechnet, so hätten die nächsten Schreckensjahre mein Glück für immer zertrümmern mögen, denn die Zeit, die nun gewitterschwer heranbrauste, mochte auch die Stärksten erzittern machen. Wie ein wüster unheilvoller Traum liegt das Ganze hinter mir, glücklich noch, daß aus meiner nächsten Familie keiner verloren, so nahe der Tod und schlimmeres sie umschattete. War doch unsere ganze Familie, ja das ganze Deutschtum unionstreu. Dazu war noch das in Rechnung zu ziehen, daß wir nie Sklaven gehabt, weswegen wir argwöhnisch angesehen, ab und zu wohl auch bespottet, daß die Fräulein Fuchs selber Hand an Hausarbeiten legten, die auf den großen Plantagen nur von Sklaven besorgt. Es waren also bange Tage, denen wir entgegen sahen, und der Krieg dauerte bekanntlich vier Jahre von 1861 bis 1865.

———————————————————————————————————→

* [Luise Fuchs:] Als meine Brüder Johannes und Bernhard sahen (Julius war ja noch zu jung), daß es unvermeidlich war, der Einziehung zur Armee zu entgehen, außer daß sie das Land verließen, so entschlossen sie sich, hierzu: flohen nach Mexiko, und von dort weiter nach Zentral-Amerika. Dort fanden sie hier und da etwas Arbeit, ihr Leben fristen zu können. Ich erinnere mich, daß sie schrieben, sie hätten sich eine kleine Hütte gebaut, die sie mit Ranken am Dach und allerlei Busch und Schilf zusammen gebunden, um etwas Schutz gegen sehr häufigen Regen zu finden, und daß diese Ranken (um die Fruchtbarkeit des Bodens zu bezeichnen) hinunter bis zur Erde gewachsen, dort Wurzel gefaßt und dann wieder zur Höhe gestrebt hätten. – Von dort haben sie sich Arbeit suchend und findend, von einem Platz zum andern durchgeschlagen. Alles ergreifend, was ihnen geboten, bald dieses, bald jenes. So erinnere ich mich, daß einer von ihnen eine alte Uhr wieder zum Gehen gebracht, als sie befragt wurden, ob sie etwas von Uhrenmachen verstünden. Oft haben sie auch bittere Not gelitten. Dann ging's wieder besser. In allen Staaten von Zentral-Amerika sind sie gewesen, auch beim Panama-Kanal. Zuletzt kamen sie auch noch auseinander. Bruder Johannes fand Gelegenheit, nach schwerer Krankheit, als Messer- und Gabel-

2.

Als die meisten Männer und Jünglinge zur südlichen Armee berufen, kamen auch die Indianer wieder zum Vorschein, selbst die Stadt Austin war nicht sicher. Sie stahlen und mordeten, wo sie es heimlich tun konnten. Hier mußte denn vorgesehen werden und ward es auch, denn in ritterlicher Weise hat die texanische Regierung Frauen und Kinder zu schützen gesucht. War dies nicht immer möglich, so lag es eben an der großen Ausdehnung des Staates, der ja so groß wie Frankreich und England zusammengenommen, also größer als das neue deutsche Reich. — Was aber fast noch schlimmer war als die Indianer, das waren die südlichen Feuerfresser, wie man sie nannte, und die jeden, der nicht südlich gesinnt war und sich zu frei aussprach, heimlich umbrachten. In ihrem Fanatismus glaubten sie eine Heldentat damit zu verrichten. Einige Meilen von Marble Falls, auf dem Wege nach Johnson City, kann man noch die Stelle sehen, wohin die nördlich gesinnten Männer geschleppt wurden. Nachdem eine Art von Gericht über sie gehalten, wurden sie getötet und in ein tiefes höhlenartiges Loch geworfen. Viele

---→

Putzer mitgenommen zu werden, nach California (per Schiff). Dort ging er zum Arbeiternachweis-Bureau und bekam eine Stelle als Schäfer. (Er hatte sich auf der Schiffsreise gut erholt.) Auf hohen Bergen, in Einsamkeit, hütete er eine große Schafherde, da hat er lange Zeit ausgehalten. Einmal hat er bemerkt, daß sein Mehlsack wackelte von leisem Erdbeben, als er sich Mehl für sein Brot holen wollte. Erst durch Briefe nach Deutschland hat Jeder den Aufenthalt des Andern wieder erfahren. Bernhard war auch, als die Brüder noch zusammen waren, einmal sehr krank an Fieber gewesen. Sie reisten, um vom ungesunden Platz fort zu kommen, mit einem Pferd, welches Johannes führte, wahrend der kranke Bernhard es ritt, noch gehalten vom Bruder. Bernhard bat immer: „Laß mich absteigen und unter eine Baum hinlegen!" Doch Johannes gab nicht nach, — sie hatten kein Wasser — und so ging es weiter durch die Wildnis, bis sie endlich an eine Landstraße kamen, da sagte Bruder Johannes: „So, nun kannst Du Dich hinlegen!" Dort warteten sie dann bis Jemand kam, der ihnen Wasser geben konnte.

Johannes fand immer leichter Arbeit als Bruder Bernhard, denn, wenn gefragt, ob er dieses oder jenes könne, antwortete Johannes immer ganz frisch:

der besten Männer dieser Gegend haben dort ihr Leben verloren, wie Herr Adolf Hoppe, Vater von George Hoppe, dem Schwiegersohn meines Bruders Wilhelm. Nach dem Kriege wurden Säcke voll menschlicher Gebeine aus dem sogenannten „devil's well"[20] geholt und nach Burnet geschafft, wo sie feierlich begraben sind. Nach und nach wurden die Männer klüger und stimmten wenigstens äußerlich mit den Konföderierten überein. Für die Beliebtheit meiner Brüder mag auch dieses sprechen, daß sie noch rechtzeitig gewarnt wurden. Einer der fanatischen südlichen Eisenfresser war ein früherer Kamerad und Jagdgenosse meines Bruders Konrads gewesen. Nun gehörte auch dieser John Townsend zu der Mörderbande, die alle angeben mußten, die unionstreu geblieben. Der war zu meinem Bruder gekommen und hatte mit Tränen in den Augen gesagt: „Conrad, I can't save you any longer, you must go away." So brachten die Brüder ihre Frauen zu den Eltern in Sicherheit und traten selber in den Dienst der Regierung. Dort verblieben sie, bis der

---

„Ja!" —Bernhard aber antwortete: „Ich habe das noch nicht getan, aber ich will es versuchen!" — worauf er nicht so schnell angenommen wurde.

Bruder Bernhard ist später auch nach California gereist und war bei Santa Clara, da regnete es 13 Monate nicht. Aber es gab Untergrund-Feuchtigkeit. Er arbeitete auf einer Farm. – Später hat er gerne dahin zurück gewollt. – Er wurde beim Abschied vom Farmer gefragt, was er tun wolle, wenn er nach Hause käme. „Heiraten!" antwortete er. „Ja, ob er denn schon das Jawort des Mädchens hätte?" „Nein!" war die Antwort, – worauf der Farmer seine Bedenken ausgesprochen, ob das Mädchen auch noch da sein werde. Doch seine Lina war ihm trotz alledem treu geblieben. – Ich erinnere mich, wie ihre Augen immer leuchteten, wenn von Bernhard gesprochen wurde.

Johannes ist per Schiff von California nach Nicaragua gereist. Er kam abends oder nachts an, fragte gleich, ob Reisende im Lokal seien, worauf ihm erwidert wurde: Es sei ein Carl Perlitz da! – So suchte er ihn, um mit ihm zum Schiff nach New York zu kommen. Sonst hätte Carl Perlitz das Schiff verpaßt. In New York suchten sie Arbeit, denn das Geld war alle. Sie schrieben auch von dort nach Hause, von wo dann eine Geldsendung für die Heimreise kam. Dieses Zusammentreffen der Freunde war ein freudiges Ereignis für Beide, wie die gemeinsame Heimkehr. – Wie Vieles hatte sich in den Jahren ihrer Abwesenheit verändert!

Krieg zu Ende.* — Dazu war der Schwager meines Mannes, Wolters, gestorben, seine Schwester Elise mit fünf kleinen Jungen ganz hilflos. Da mußte Rat geschafft werden, und mein guter Carl reiste hin und tat was er vermochte.

Während unseres Aufenthaltes bei den Eltern wohnten wir in einem netten kleinen Loghause, mit Gallerie, Küche wohlversehen, kaum mehr als hundert Schritte vom Hause. Sobald mein kleiner Adolf laufen konnte, war er beständig unterwegs zwischen den beiden Wohnhäusern. Dieses Nebenhaus war eigentlich für meine Brüder gebaut, in welchem sie vor ihrer Verheiratung wohnten. — Auf diese Weise habe ich das Glück gehabt, noch einmal vier oder fünf Jahre in nächster Nähe mit den Eltern zu leben und habe dadurch noch viel von meines Vaters Geistesleben kennengelernt, besonders auch von seinem Denken und Streben nach Aufklärung in religiöser Beziehung. Dies war mir eine wahre Erquickung des Herzens, denn von Außen war wenig zu haben. —

⸻⸻⸻⸻⸻⸻⸻⸻⸻⸻⸻⸻⸻⸻⸻⸻⸻→

* [Luise Fuchs:] Die Männer wurden hier in den Bergen nicht wie im unteren Land in den Kriegsdienst geschickt, ob sie wollten oder nicht, aber sie wurden auch zum Kriegsdienst zugezogen und in Kompanien eingereiht: Sie mußten zur Front, um das Eindringen der Indianer zu verhindern. — Deshalb bekomme ich auch heute noch Pension. — Oder sie mußten für die Soldaten arbeiten, Kriegsvorrat schaffen helfen, wie z. B. das Pulvermachen bei den Fällen des Colorado. — Wilhelm, wie seine Brüder, wären umgebracht worden, wenn sie sich nicht an solchen Beschäftigungen beteiligt hätten, wie es z. B. George Hoppes Vater erging.

Die Brüder hatten einen Freund, einen Jugendkameraden, der trotz seines Hasses gegen Unionsgesinnte noch Freundschaft für sie fühlte und sie warnte, hier nicht länger zu bleiben, sonst wäre ihr Leben nicht mehr sicher.

Da ward dann der große Ochsenwagen mit dem Nötigsten bepackt und wir zogen hinunter zu den Eltern. Bruder Conrad Fuchs ging mit (seine Familie hielt sich längst bei ihren Eltern auf), und er fand Arbeit in Houston. Unterwegs hatten wir das Unglück — welches aber noch gut ablief — bei den Shingle Hills[7] umzukippen, mit vielem Hausvorrat; sogar ein Butterfaß mit Honig war dabei. Es ging noch gut ab, mit ein paar Schrammen und großem Schrecken. Ich blieb bei meinen Eltern mit Dora und Hanni, und Theodor; Papa arbeitete in einer Hutfabrik in La Grange und konnte an Sonntagen bei uns sein. Zuerst mußte er

Die Häfen waren blockiert, es kam nichts mehr herein, auch keine Zeitung. Wie's eigentlich auf dem Kriegsschauplatze aussah, konnte man nur mutmaßen, ob die Nachrichten Tatsachen oder Gerüchte, wußte niemand. Da wurden denn auch mal wieder die alten Klassiker hergenommen, Goethe, Lessing, Schiller und Shakespeare, wie auch Jean Paul. Einer lieh dem andern, die deutschen Familien borgten sich die Bücher gegenseitig, was der eine nicht hatte, mochte der andere haben. – Schiller war aber zu dieser Kriegszeit für mich ausgeschlossen, hatte ich ihn doch als junges Mädchen mit großer Hingabe gelesen. Die Erinnerung daran möchte ich nicht entbehren. Auch das Schreibpapier war recht rar geworden, jeder Fetzen unbeschriebenen Papiers wurde sorgfältig aufbewahrt zu Briefpapier; Tinte mußte ebenfalls fabriziert werden, die Korrespondenz nach Deutschland war ganz und gar abgebrochen.

Was für Mühen die Kriegsjahre auch den Frauen brachten, kann nur der begreifen, der in rauhen Zeiten selbst gelebt. Zu kaufen gab es fast nichts mehr. Mit der Hand mußte wieder gesponnen und gewoben werden, wollte man nicht ganz zerlumpen. Das Konföderierte Geld sank ja von Monat zu Monat im Wert, Lebensmittel zu kaufen war damit unmöglich. Eine gemütliche Tasse Kaffees war bald jedem versagt, wir genügten uns mit einem Gebräu, dem ich jetzt jedes Glas Wasser

---

Wolle kratzen, Hüte für Soldaten zu machen; als eine Kratzmaschine angeschafft, mußte er Hüte ausplätten. Wenn am Abend die Hunde bellten, rief die kleine Dora mit Jubel: „Papa kommt!" Das ging dann so den ganzen Winter hindurch. Mit dem Frühjahr kam das Ende des Krieges und wir konnten wieder heimziehen. Ich habe in den Kriegsjahren sehr viele Hüte geflochten, teilweise aus Palmetto, den wir noch vom Unterland, aus Mill Creek und Brazos Bottom, mitgebracht, später auch aus Roggenstroh, welches erst recht gut dazu war; die Hüte verkauften wir und bekamen so etwas Geld für die nötigsten Bedürfnisse. Das Papiergeld hatte ja bald gar keinen Wert mehr. Euer Papa hielt sich meist dadurch in Kleidung, daß er sich Hirschfelle gerbte und sich daraus Rock und Hosen verfertigte.

Meine Mutter und Schwestern spannen und webten, von ihnen bekam auch ich Zeug zum Kleid. – Vater sagte, wenn die großen Spinnräder gedreht wurden und so laut schnurrten: „Das ist das Sezessions-Geheul!" Dieses selbst gefertigte Zeug war sehr haltbar, und überdauerte den Krieg bedeutend.

vorziehen könnte. Was die Farm einbrachte wurde teilweise dem Staate ausgeliefert für die Armee. Dazu die ewige Aufregung vor Sklavenaufständen und die Ungewißheit, wie das Kriegslos ausfallen würde. Verbissener Grimm gegen Lincoln und den Norden, Tränen um gefallene Söhne und Männer, der Zusammenbruch der ganzen Herrlichkeit des Südens, es war grauenvoll, aber auch erhebend. Ich will nicht mehr Bilder dieser Vergangenheit aufrollen, ihr habt eure Geschichtsbücher.

Unbeschreiblich war der Jubel und die Freude, als der Krieg zu Ende war, einen solchen Ausgang nahm, wie wir gehofft und gewünscht hatten. Diese Genugtuung kann man sich denken, als die Mörderbanden in Nacht und Nebel das Land Verlassen mußten, um über die Grenze nach Mexiko zu fliehen. – In diesem Jahre ist der hundertste Geburtstag Lincolns, mit Verehrung denke auch ich an ihn und lege einen bescheidenen Strauß der Dankbarkeit auf das Grab des großen Märtyrers. Die Negerbesitzer zwar haßten ihn damals. Unser Nachbar hatte seiner freigewordenen Sklavin gesagt, wenn sie sich unterstände für die Familie Fuchs zu arbeiten, nähme er seine Flinte und schöße sie tot. – Die gute alte Person hat noch oft für uns gearbeitet, wahrend ihr früherer Herr schon lange von Rächershand in Mexiko umgebracht. – Von nun an konnten die Männer doch wieder denken, sprechen und handeln wie sie wollten. Der schwere Druck, der vier lange Jahre auf uns gelegen, war fort. Es gab keine Sklaven mehr, die verwöhnten Hände des Südens mußten sich zu häuslichen Arbeiten bequemen, mußten Plätten, Kochen und Waschen lernen, und zu ihrer Ehre sei's gesagt, viele davon haben sich heroisch darein gefunden in die beschränkte Lebenslage, andere freilich zeigten diese Größe nicht. Da sah's schlimm aus. – Nun endlich war die Hafen-Blockade zu Ende, man konnte wieder mit der alten Welt in Verbindung treten. Da fing denn ein Briefschreiben an, hatte man doch jahrelang nichts von einander erfahren. – In unserer Familie waren keine Gebliebene zu verzeichnen, vielmehr war noch ein kleines Töchterchen, Luise, angelangt, welche der Klavierspielende Singvogel der Familie zu werden berufen war, die mich vermochte, die Tasten ruhen zu lassen, mich aber durch ihr feines, musikalisches Verständnis für Musik stets zu neuer Freude verpflichtet und das alles in Mitte ihrer großen weitläufigen Wirtschaft auf der Ranch. – Bei einem Besuch nach Neu Ulm haben wir die kleine Toni verloren, mit desto größerer Liebe hing ich nun an diesem Töchterchen.

3.

Als wir nach Burnet gekommen, hatte mein Carl von Herrn Wolters eine Farm am Cypreß Creek gekauft, das war 1862, aber hingezogen sind wir doch erst 1867, als Adolf 5 und Luise 2 Jahre zählten. In dem alten guten doppelten Loghaus haben wir denn 16 Jahre gewohnt, und eine glückliche Zeit ist es gewesen. In diesem Hause wurden meine anderen Kinder geboren, Ottilie, Conrad, Edward, Richard und der jüngste, Max. Es lebte sich da sehr gemütlich, wir alle denken noch gerne an jene Zeit zurück, außerdem waren es äußerst fruchtbare Jahre. – Schäferei war zu der Zeit ein glänzendes Geschäft. Jedes Jahr konnte mein Mann mehr Land dazu kaufen, bis sich die kleine Farm zu einer großen Ranch ausdehnte. Die Schäferei war ein recht friedliches, interessantes Geschäft, wenn auch mit größeren Schwierigkeiten verbunden als der Unerfahrene denken mag. Die großen Schafherden in Ordnung zu halten, sie vor Krankheiten zu schützen, ihnen gute Weideplätze und Wasser zu geben, auch die Wölfe abwehren, allabendlich die Zahl zu zählen, um zu sehen, ob einige verloren gegangen, das erfordert Übung und Geduld. Besonders in der Lammzeit hatte Carl genug zu tun, Mutterschaf und Lamm zusammenzuhalten. Jedes Schaf erhielt seine Nummer mit Farbe auf den Pelz gemalt, das Lämmchen dazu, auf diese Weise konnten die Schäfer etwas Mutterpflicht unterstützen, wenn diese an den Neugeborenen irre werden sollte. Da die Wolle gute Preise brachte, manchmal nahe an 30 Cents das Pfund, erhielten die Schäfer einen guten Lohn. Oft meldeten sich sehr gebildete junge Leute.

Von diesen jungen Leuten könnte ich Romane erzählen. Wie schon gesagt, sie gehörten meistens den gebildeten Ständen an, waren gekommen, um bald reich zu werden. Im Sommer war es ein ziemlich faules Geschäft, die Hirten hatten Zeit zum Lesen und Studieren. So schrieb der eine philosophische Aufsätze für die New Yorker Staatszeitung, ein anderer vertiefte sich in schwierige mathematische Berechnungen, der schrieb Gedichte, und der verliebte sich: Da mochte er nicht länger im

Felde zur Nachtzeit im Camp bleiben und erhielten wir ein gereimtes Promemoria, von dem ich den Anfang mitteilen will:

„Bei den lieben Mutterschafen
Laßt von jetzt den Teufel schlafen."

Der gute Teufel war aber ein braver Hirte, der bei uns im Hause speiste, während der Sprudelkopf von Pegasus-Ritter bei „den Hürden im Felde" übernachtete. Ob die Bitte gewährt, weiß ich mich kaum zu entsinnen, befürchte indessen, daß sie aus triftigen Gründen abgeschlagen. – Die Kinder hatten natürlich ihre größte Freude an den Lämmern, wenn sie morgens ausgetrieben oder am Abend heimkamen, was auch gar zu drollig ausschaute, wenn sie zu Hunderten herumhüpften. Als kleinen zweijährigen Jungen sah man Eddie fast jeden Morgen mitten in der Schafherde, der kleine Kopf guckte dann nur eben über den Rücken der Schafe hinaus. Sein Onkel Otto Fuchs hatte dann immer ein Auge auf ihn, daß ihm kein Leid geschah.

Da dieser alte Onkel Otto lange bei uns gewohnt, will ich hier einiges von ihm berichten. In dem Revolutions-Jahre 1848 war er nach Amerika gekommen. Anfangs zum Theologen bestimmt, hatte er die Universität besucht, war aber zur Bühne übergegangen. Eine unbesiegbare Schüchternheit ließ ihn indessen als Schauspieler keinen Erfolg haben. Der junge Fuchs schloß sich dann einer Operntruppe nach Frankreich an, die, wie die Musikgeschichte zu erzählen weiß, in Paris strandete, und für welche der feurige Franz Liszt ein Konzert arrangierte, in welchem unter andern auch gesungen wurde: „Der Rhein soll deutsch verbleiben", unter sanftem Murmeln der Pariser Presse. Die „Lisztomanie", wie Heine sagte, war damals auf der Höhe, so vermochte die Presse das Programm nicht zu stören. Auch Louis Philipp ließ sich Gesänge vortragen und bewirtete die Sänger im Palaste. Dabei sprach der König auf deutsch: „Gute Musik. Gut exekutiert. Ich hoffe, daß Ihre Not nun ein Ende hat." – Mein Vetter blieb mehrere Jahre in Frankreich als Hofmeister in einer vornehmen Familie, de Andre, als welcher er viele Reisen machte, auch nach der Schweiz und Italien. Dabei war er fast zum Franzosen geworden, das feine Benehmen in Gesellschaft war ihm eine zweite Natur. Von allen Sprachen aber blieb die Muttersprache ihm die teuerste. Ein Sprachfehler machte ihn rasen, Sprachunreinheiten gei-ßelte er unbarmherzig, da blieb keiner verschont, noch auf seinem letzten Krankenlager beschäftigte er sich vorzugsweise mit deutscher Grammatik. — In Texas war er anfangs Lehrer in Cat Spring bei den Familien Engelking und Amthor. Darauf zog er nach DeWitt County, gründete eine Familie und farmte. Bald nahm er indessen seinen Lehrerberuf wieder auf, und waren Herr Rudolph Kleberg und seine Brüder Schüler von ihm. Während des Krieges war er Lehrer zu Independence und Salado, wo er Sprach- und Musikunterricht gab. — Im Jahre 1869 brachte ihn sein Bruder Heinrich zu uns in eine gesündere Gegend, wo er sich auch bald erholte und bis 1890 unterrichtete. — Hernach lebte er in patriarchischem Frieden, der höchstens durch einige Kämpfe mit großen Schafböcken, die er besorgte, unterbrochen wurde. Am 9ten Januar 1902, ist er sanft nach kurzer Krankheit verschieden. War Onkel Otto, wie er allgemein genannt wurde, auch eine mehr negative Natur, in der Familie war er kläglich gescheitert, Frau und Kinder hatten ihn längst verlassen — so hat er doch großen Einfluß ausgeübt auf unsere Kinder durch sein freundliches Wesen, seine großen Literatur-Kenntnisse, sein reizendes Erzählungstalent und seinen Musiksinn.

4.

Obschon es mein größter Stolz war, mich an Seite des geliebten Mannes inmitten meiner lieben Kinder zu sehen, so blieb mir doch nicht die Zeit, ihre Schulaufgaben leiten zu können. Noch weniger dachte ich so gering von der verpönten „Schulbildung", über welche mein Vater die Achsel gezuckt. Vielmehr schauten Carl und ich beide frühzeitig dazu, daß unsere Nachkommen regelrechten Unterricht erhielten. Darin stimmten auch Bruder Wilhelm und seine Luise ein, welche an der Südseite des Cypreß Creeks eine Wassermühle betrieben.* — Ein nettes kleines

————————————————————————————————————➔

* [Louise Fuchs:] Es war eine recht ungemütliche Zeit, denn die Indianer machten noch oft Besuche. Aber Not bricht Eisen! Noch später bekamen wir einen Hüter, aber gut taten die Schafe nicht, es kamen viele um. Da bekam Euer

Schulhaus wurde gebaut, der erste Lehrer war Herr Julius Romberg, der Schwager meines Bruders Wilhelm. Dieser junge Mann war von seinem Vater Romberg, den wir schon in Black Jack Springs besucht, nach Deutschland geschickt, um dort eine höhere Schule zu besuchen. Neben Mathematik hatte sich der junge Romberg auch mit Astronomie beschäftigt und war er der erste, welcher die Wunder der Sternenwelt uns durch ein Teleskop enthüllt. — Mir blieb allerdings wenig Zeit für literarische Genüsse, um so erfreulicher war es, daß ich meine Jugend gut angewandt, durch Vater belehrt die goldenen Schätze mein eigen nannte, wodurch gestärkt ich die nicht leichten Pflichten einer jungen Mutter und Hausfrau trug.

--→

Papa, Kinder, die Idee, er wolle die Mühle übernehmen, denn der kleine Flecken Land, wo wir wohnten, reichte ja auf die Dauer nicht für uns aus. All mein Reden, daß er ja nichts vom Mühlenbau verstünde, half nichts. Er übernahm die Mühle mit dem Land, ohne zu wissen, wie hoch die Schulden darauf waren. Denn gutmütig wie er war, hatte er auch den Wunsch, der Schwester, die nun so im Unglück war, mit den vielen Kindern, beizustehen. Den wirklichen Wert erfuhr er erst, als er den früheren Eigentümer in Austin traf, und es war wohl etwas mehr als er vermutete.

Carl Goeth und Familie wohnten schon damals am Cypress Creek (er betrieb Schafzucht); das war für uns auch verlockend, in ihre Nachbarschaft zu kommen.

Ehe dies Alles stattfand, wollte mein Wilhelm das Land hinter dem Flatrock, welches Walter Giesecke später hatte, anschaffen, um zu farmen. Dort wäre das Leben vielleicht leichter, wenn auch wohl einsamer für uns gewesen, denn was gab es am Cypress Creek für Arbeit, Müh' und Not, vor Allem — Krankheiten: Malaria und Nervenfieber. Es hieß schon damals, das Wasser des Cypress Creek wäre nicht gesund, aber Euer Papa meinte, es wäre wohl nicht so schlimm, besonders wenn man das Trinkwasser aus der schönen großen Quelle oberhalb holte, — wo jetzt Lechow's wohnen. — Papa ging erst allein und brachte die alte Mühleneinrichtung wieder in Gang. Kaum hatte er ein paar Bushel Mehl gemahlen, da kam ein sehr starker Regen und sein leichter Bretterdamm ging fort; und so ging es noch einmal. Er dachte, er hätte nun gefunden, wie es besser zu machen sei, es ging aber ebenso. Dann holte er erst uns, und alle unsere Habseligkeiten, und es ward noch gründlicher ans Werk gegangen. Wir hatten dort zwei große Räume mit Halle dazwischen. Darin mußten wir erstmal hausen, oft mit mehr oder weniger Arbeitsleuten. Da bekam ich eine Negerin zur Hilfe;

Ihr, Kinder, die ihr in der Stadt aufgewachsen, mögt euch das Leben auf der Ranch bald zu interessant, bald zu monoton vorstellen. Allerdings gehört ein ganzer Sack voll Humor dazu, im Gleichgewicht zu bleiben. Denn jeder Tag ist der Vorbereiter neuer Arbeiten und Aufgaben, fertig wird man eigentlich nie. – Früh hieß es aufstehen, das Frühstück zu besorgen, was nicht so einfach wie in Deutschland. Speck sollte gebraten werden, Eier gekocht, Kaffee bereitet, dann die ganze Runde bei Tische

es war eine frühere Sklavin vom Nachbarn Burnam, ein sehr treues und gutes Geschöpf.

Sie hatte zwei Kinder, so mußte für sie ein kleines Hüttchen hergerichtet werden. Das war sehr gut für mich, denn ich konnte die Arbeit mit den Kindern und oft mehreren Arbeitern nicht bewältigen.

Den einen Herbst waren fast alle Kinder mehr oder weniger krank. Die vielen wilden Pflaumen, die damals am Cypress wuchsen, waren auch wohl Schuld, aber nicht alleine. Das Wasser, und die Ausdünstung von vielem angewaschenen alten Holz, das aufgedämmt in Haufen dalag und faulte, festgehalten von Ranken und dichtem Gestrüpp – war wohl besonders schädlich. Unser kleiner Hermann starb uns da; er war ein so lieber, guter Junge, so fleißig, gehorsam und klug. Ein Nachbar sagte 'mal von ihm: „Der geht 'mal zum Kongreß, so aufgeweckt wie er ist!" Stets brachte er mir Ofenholz mit seinem kleinen Wagen, von der Mühle, wo es später so viel Abfall gab,– ich brauchte ihn nie zur Arbeit anzutreiben. Auf seinen siebenten Geburtstag freute er sich schon, auf das „Zurschulegehen", und den neuen Hut, der ihm dazu versprochen ward. Den 7. Geburtstag sollte er nicht mehr erleben!

Auch Euer Papa war einmal sehr krank, doch zum Glück war sein Vater bei uns, ihn pflegen zu helfen. Das war mir eine große Beruhigung. Es war ein Sonntag, als Großvater uns verließ, er war in dem Glauben, das Fieber sei gebrochen, und er mußte, wie er oft fügte, zu seinem Mütterlein zurück. Da kam dann am Nachmittag ein Arbeiter, den Papa angenommen, um die Holzarbeit zu übernehmen. (Jener Arbeiter war wohl auch ein wenig Sachverständiger.) Der besprach mit ihm sehr angelegentlich die bevorstehende Arbeit, und als er uns gegen Abend verließ, war Euer Papa ganz erschöpft und er bekam ein schreckliches Fieber; er tobte die ganze Nacht, am anderen Morgen lag er still, ganz bewußtlos, zwei Tage und zwei Nächte lang. Der kleine Willie, damals fast zwei Jahre alt, war zur selben Zeit sehr krank, den behandelte ich mit Wasserumschlägen usw. und er besserte sich allmählich.

bedient, in die Küche laufen, neues Material für den gesunden Appetit herbeizuschaffen. Waren die Männer fertig, so mußte rasch der „Lunch" in kleine Eimer gepackt werden, denn einige kamen zu Mittag wieder und einige nicht. – Kaum, daß man selbst einen Bissen schlucken konnte. Nun alle Geschirre abwaschen, gebuttert mußte werden, die Wäsche konnte nicht warten, und die Jungens kamen nur zu oft mit durchlöchertem Knie, mit einer Wunde, die Mutter rasch heil küssen sollte, und froh war, daß es kein Schlangenbiß war. – In der Wiege wachte das Baby und schrie ebenfalls nach Mutter, mußte gestillt, gewaschen und angezogen werden, um dann mit freundlichem Glucksen zu weiterem Amüsement sich zu empfehlen. – So ging der Morgen nur gar zu rasch hin. Das Mittagsmahl war fertig, weil Wäsche gewesen, etwas einfach. Aber da, horch – trapp, trapp! – Eine Abteilung der Texas Rangers erschien auf einem Indianerzuge begriffen. Da war denn alles in Bewegung, die Reiter sattelten ab, wuschen sich, besorgten die Pferde. Mein Carl, der die Fixigkeit selber war, hatte bald einen Hammel zum Braten fertig. Gemüse, Frucht gabs, dazu ein Glas auch zwei des feurigen Texas Weines; statt des bescheidenen Mahles gab's ein kleines Bankett. An die Arbeit dachte keiner. – An einem Sonntage kam auch mein Vetter, Heinrich Fuchs, in schön gesteiftem Manschettenhemde, das unter dem langen Vollbarte ganz glorreich hervorschaute. Da fiel der Bart in die Suppe. – Eins mußte geopfert werden, das gesteifte Hemd oder der Bart. „Eine Schere!" ruft der Vetter und der Bart fiel der Eitelkeit zum Opfer. – Unsere Kleidung war zum Glück sehr einfach. Schuhe und Strümpfe wurden nur im kältesten Winter hervorgesucht. Feine Wäsche war nur an Festtagen sichtbar, so nahm auch das Plätten nicht zu viel Zeit in Anspruch. Es mußte eben manche fünf grade sein in jenen Tagen, wo wenig zu haben war und fast jede Hilfe fehlte. Die älteren Kinder waren fast wie seltene Juwelen im Hause, so viel halfen sie.

Da ich eben die Rangers erwähnt, welche Indianer verfolgten, will ich hier noch ein Paar Indianergeschichten erzählen, wie ihr Kleinen sie ja gerne hört. – Als wir im Januar 1867 nach dem Cypreß in Blanco County zogen, kamen immer noch ab und an Indianer in die Gegend und beunruhigten die weißen Ansiedler. Vor dem Bürgerkriege, als meine Eltern nach Burnet County zogen, waren sie längst aus der

Gegend verschwunden. Kein Mensch dachte mehr an Indianer-Gefahren. Im Bürgerkriege wurde das anders. Sobald die Mondschein-nächte da waren, fing die Unruhe an, in dunklen Nächten war nichts zu befürchten; am Tage ließen sie sich nicht sehen, sondern lagen irgendwo im Busch versteckt. Man war so in beständiger Furcht, daß man die Kinder nicht hundert Schritte vom Hause gehen lassen mochte. – Eine lächerliche Szene fällt mir dabei ein. Es campierten mehrere fremde Herren vor unserm Hause; der Schäferei wegen kamen viele Fremde in die Gegend. Auf einmal stürzten sie in den Hof und schrieen: „Indians, Indians are coming!" – Mein Mann mit dem Gewehr hinaus. Da hörte er denn sogleich, daß es der Schäfer mit der Schafherde war, der sich bis in die Nacht verspätet hatte. Da war das Gelächter groß. – Schafe weiden am besten während der Abendstunden, so hatte sich der Hirte absicht-lich verspätet. Mit Gewehr und Patronen genügend versehen, trieben die Schäfer ihre Herden an solche freie Plätze, wo sie weit um sich sehen konnten. – Wölfe haben ihre Beute wohl öfter geholt, an Indianer haben wir keine Schafe verloren.

Aber ein anderes Mal war's nicht so lächerlich. Wir fuhren der Sicherheit wegen mit Bruder Wilhelms Familie zu meinem Vater; die Männer waren mit Schießwaffen wohl versehen. Da auf einmal trafen wir auf glimmendes Feuer, daneben auf Steinen sahen wir die Reste von geschlachteten Fohlen, welche die Rothäuter mit Vorliebe aßen. Als wir Frauen mit den kleinen Kindern dies erblickten, erschraken wir, die Männer hieben auf die Pferde, wir beeilten uns, zu den Großeltern zu kommen. – Einige Zeit darauf wurden vier Meilen oberhalb unseres Ortes am Cypreß Creek ein Mann und seine Frau ermordet. Der Creek lag dort ganz frei einige hundert Schritte von dem Hause entfernt. Eine Großmutter, eine junge Frau und zwei kleine Kinder waren zu Hause. Da fiel es der jungen Frau ein, an den Creek fischen zu gehen. Etwas später kam der Mann nach Hause, und als er erfahren, daß seine Frau mit den Kindern am Creek sei, ging er auch dorthin. – Es dauerte nicht lange, da hörte die Großmutter ein furchtbares Geschrei, Mann und Frau beide waren von den Indianern getötet. Zur selben Stunde befand ich mich mit den Kindern ebenfalls am Creek, keine Meile von der Unglücksstelle entfernt. Wie durch Wunder, waren wir der Gefahr entgangen. – Die selben Roten hatten in der nächsten Nacht unsere drei Pferde von der Weide beim Hause gestohlen; am darauffolgenden Tage 15 Meilen von hier Pferde aus der Umzäunung genommen, wieder einige Meilen weiter einen Jungen geraubt. Einem glücklichen Zufall ist es zu verdanken, daß ihnen der Junge und die gestohlenen Pferde in der Nähe von Fort Mason wieder abgenommen. Ein auf der Jagd befindlicher Mann hatte die Indianer mit den vielen Pferden und weißen Jungen gesehen und darauf einen Indianer geschossen, welchen er schwer verwundete, somit waren die Rothäute am Weiterreiten verhindert. — Der Jäger hatte dann in größter Eile so viele Männer wie möglich zusammen berufen, welche die Indianer gemeinschaftlich verfolgten und ihnen das Geraubte wieder abgenommen. Ob noch mehrere dabei getötet, weiß ich nicht. Zwei von unsern Pferden bekamen wir für ein Lösegeld von $5 das Stück wieder. — Als mein Mann später einmal mit einem auffallend schönen Schimmel nach Austin gefahren, rief ihm ein Junge zu: „The Indians made me ride that horse."*

---->

* [Louise Fuchs:] Es war recht ungemütlich, als durch den beginnenden Krieg die Grenze nicht mehr gut bewacht ward, und die Indianer deshalb auch wieder ins Land kamen und unserer Gegend hie und da einen Besuch abstatteten, Pferde stahlen und wo ihnen ein Weißer in den Weg kam, ihn töteten.

Ich war meistens alleine zuhause, denn unsere Männer, Conrad und Willie Fuchs, hatten, ehe der Krieg anfing, eine große Herde Vieh am unteren Lande übernommen zu besorgen. (Meine Kühe waren auch dabei). Wenn ich die langen Tage alleine war, bin ich öfter zu meiner Schwägerin Anna gegangen, die ein Viertelmeilchen von uns wohnte.

Willie blieb oft tagelang fort, dann kam zur Nacht wenigstens Einer aus Willies Elternhaus zu mir: Ino, Bennie, oder der Vater Fuchs selber. Alleine war ich nur zweimal. Das eine Mal kam gerade ein fürchterliches Gewitter und das andere Mal bekam mein ältester Sohn Theodor einen gräßlichen Bräune-Anfall, woran er öfters litt. — Oft, wenn Papa spät nach Hause kam und ich hörte Geräusche, graulte ich mich und glaubte, oder fürchtete, es könnten Indianer sein. Da sagte ich ihm, er möchte doch immer Pfeifen, wenn er käme, so daß ich wüßte, ob er es sei oder Indianer.

Einmal, als Ino Anna u. mich besuchen wollte, kam sie zu Pferd geritten, — es war gerade während Mondscheinzeit, — sie ritt jedoch am frühen Morgen los. Als

5.

Von diesem grausen Abenteuer aber wollen wir die Blicke rasch abwenden, da sich dergleichen nicht oft wiederholt hat in unserer Gegend. Nach dem Bürgerkriege sah es eine Zeit lang bedenklich genug aus in Texas. Der Fremde herrschte, die alte Ordnung war zertrümmert, das Schwert hatte entschieden, was das Wort nicht vermocht. Wohl flammte es von Haß an allen Orten, wohl zuckte man die geballte Faust, aber allmählich tagte es doch, Vernunft fing wieder an zu sprechen, der Ackerbau wurde wieder aufgenommen, Vieh- und Schafzucht hoben sich und brachten gute Preise, bald wurde auch Texas wieder in die Union aufgenommen, so kehrte das Vertrauen zurück und ließ die verflossene Zeit wie ein Traumbild in den Hintergrund treten.

Bei uns herrschte, wenn auch noch nicht volle Zufriedenheit, so doch Friede, aber in Europa, da leuchteten die Fackeln des Krieges. Da war Deutschland aufgestanden wie ein Mann, um den Erbfeind zu züchtigen, der es nicht ertragen konnte und wollte, daß ein einiges Deutschland sich zu bilden angefangen. Da war sie ausgezogen, „Die

---

Hermann von den Eltern erfuhr, daß sie ausgeritten, – er war schon früh draußen beschäftigt, hatte nichts von ihrem Ausritt bemerkt, – war er aufgeregt und sagte: „Es ist viel zu gefährlich, jetzt ein Mädchen alleine gehen zu lassen, ich reite nach und sehe zu, ob sie gut angekommen ist." Zwischen dem Elternhaus und dem kleinen Schloßberg sah Schwager Hermann, daß die Spur von Ino's Pferd verwischt war von frischeren Spuren einer Menge Pferde. „Indianerpferde" dachte Hermann sofort und verfolgte dieselben, nachdem er sich überzeugt, daß die Spur von Ino's Pferd gleichmäßig auf dem rechten Pfad weiter führte. – Und richtig, es waren Indianer gewesen. Hermann fand, nachdem er die Spuren über den Colorado verfolgte, einen fortgeworfenen Indianersattel, und die Steine waren am jenseitigen Ufer noch feucht von den nassen Pferdefüßen. Doch alle Verfolgungen, die angestellt wurden nach Hermanns Meldung seiner Beobachtungen waren umsonst. Es stellte sich heraus, daß die Indianer-Pferde vom Nachbarn fortgetrieben. Daß Ino unversehrt so nahe an den Indianern vorüber kam, war wohl dem Umstand zuzuschreiben, daß sie mit ihrer vollen lauten Stimme auf ihrem Weg gesungen hatte. Sie sagte, gerade dort zwischen den Höhen habe sie sich des Wiederhalls ihres Liedes gefreut. – Indianer sollen den Aberglauben haben, daß Singende vom „Großen Geist" beschützt sind.

Wacht am Rhein", und erfüllte die Welt mit ihrem Siegesruhme. Auch zu uns flogen die Siegesnachrichten. Staunend lasen wir die unerhörten Siege bei den Spicherer Höhen, bei Wörth, Metz, und gar die Schlacht bei Sedan mit der Gefangennahme des Kaisers Napoleon des Dritten. – Und nun erst die Erneuerung des Deutschen Reiches in Versailles. Es war fast zu viel des Glückes, man fürchtete zu träumen, aber es war doch alles so und vielleicht noch großartiger als die hiesigen Blätter es berichtet. Deutschland ein Kaiserreich, groß und herrlich wie zur Zeit der Hohenstaufen! Die Träume der Jugend erfüllt. Wahrlich, jeder Greis schätzte sich glücklich, diese Tage noch erlebt zu haben. Und nun gar in Texas, wo es ja so viele Köpfe gab, denen die politische Weltuhr Germanias zu langsam gegangen und daher dem Vaterlande entflohen waren. Nun also doch noch. – Weg denn mit den blutigen Revolutionen des achtundvierziger Jahres, mit eingestimmt, ob ein Carl Schurz oder ein Carl Goeth: „Heil, Kaiser, dir!" Daher die grenzenlose Verehrung für Bismarck und Bewunderung der strategischen Pläne Moltkes. – In den Briefen von 1870 und auch später lese ich von jungen Mädchen, die von drüben schreiben, sie bedauerten, kein Mann zu sein, um auch mit in die Schlacht ziehen zu können. – Das war echt, das war deutsch, kein leeres Phrasengewinde.

Wir hiesigen Deutschen teilten die Begeisterung ganz und gar, vielleicht noch überschwänglicher als drüben, weil man hier das Große und Ganze im Auge hatte, die Wunden nicht sah, die der mörderische Krieg geschlagen. Wir sahen nur ein einiges Deutschland, aber wieviel Schwierigkeiten es noch mit sich bringen sollte, ehe das neue Reich festgeschmiedet stand auf solidem Fundament, das entging uns und glücklicherweise auch der Welt, welche die Deutschen um die Früchte ihrer Siege hätte bringen können. – Für uns meinte ein großes starkes Deutschland ja so vieles. Wir durften uns nun als „Germans" bekennen, während früher nur jeder Landsmann sich als Mecklenburger, Bayer, Hessen, oder sonst wie gerierte. Das war anders jetzt. Auch nahm die deutsche Einwanderung zu; deutscher Fleiß, deutsche Kultur war überall sichtbar. Schulen und Kirchen wurden gebaut, die Wege verbessert, der Staatsschatz hob sich, die Landpreise stiegen. Stolz darf die deutsche Bevölkerung es bekennen, an dem Werke auch teilgenommen zu haben, und ihr Enkel, die ihr wohl jetzt auf den bequemen Bänken in den modernen High Schools sitzt, ihr solltet nie vergessen, welcher Fleiß eurer Väter dazu gehört, die das möglich gemacht. – Dann macht, daß ihr Größeres vollbringt.

In diese große Zeit fällt nun auch noch ein freudiges Familienereignis, wurde doch damals ein Söhnchen geboren, der seinen Namen nach dem von uns allen so hochverehrten Reformator Eduard Balzer und dem Kaiser des neuerstandenen Reiches erhielt. Mein unvergeßlicher Vater, dem diese erhebende Zeit einen neuen Lebensimpuls gegeben, nannte unsern kräftigen hübschen Jungen immer „Lütte Kaiser." Der größte und kräftigste von unsern fünf Jungens ist er auch stets geblieben, und hatten wir die Freude, ihn stets auf der Ranch zu behalten, wo er bald Vaters rechte Hand wurde, dessen Humor ebenfalls auf den Sohn übergegangen zu sein scheint.

Im Jahre 1876 reiste mein noch jugendlicher Mann zur Centenar-Feier nach Philadelphia mit zwei Freunden. Die Schafzüchter dieser Gegend konnten es sich leisten, da die Wolle hoch im Preise stand. Viele Briefe erhielt ich von ihm während der Reise und seines Aufenthaltes in der Stadt der „Brüderlichen Liebe." – Viele berühmte Persönlichkeiten waren zugegen. Unter andern auch Bayard Taylor, der am 4ten Juli die Festrede in Form eines großen Gedichtes vortrug. Mein Mann hatte das Glück, mit auf die Plattform zu kommen, auf welcher Bayard sprach, so daß er ihn gut verstand. Mein Vater hat das Gedicht Taylors ins Deutsche übertragen. Ein nützliches Andenken der Reise war ein nachher vielgebrauchtes Konversationslexikon aus New York wie auch ein Globus zu allgemeinem Nutzen.

6.

Unter meinen Papieren finde ich ein altes Blatt, welches ich am 4ten Juli, 1876 geschrieben, das ich hier einschalten will.

„Ebenso, wie mir heute die Frage vorschwebt, wo und wie mögen unsere Nachkommen den 200-jährigen Geburtstag feiern dieser großen Republik, so fragt vielleicht auch ein dann lebender Enkel, wie mögen unsere Groß- und Urgroßeltern vor hundert Jahren diesen Tag gefeiert haben. Damit ihm Antwort wird auf die freundliche Frage, will ich, so gut ich kann, ein kleines Bild entwerfen, wie es heute aussieht.

Ich würde diesen Tag nicht in so stiller Ruhe, nur mit meinen Gedanken beschäftigt, hinbringen, wäre nicht mein lieber Mann, Carl Goeth, zur Centenar-Feier nach Philadelphia gereist. Unsere beiden ältesten Kinder, Adolf, nun schon 13 Jahre alt, und Luise sind mit der Familie meines Bruders Wilhelm nach einer einfachen 4ten Juli-Feier nach einem schönen Grove am Double Horn gefahren. Alle saßen vergnügt auf einem großen Farmwagen, der mit Kindern und dicken Wassermelonen reichlich beladen, die in diesem fruchtbaren Sommer prächtig geraten sind. – Mein Blumengärtchen feiert erst jetzt seinen Frühling, denn der Lenz war trocken und kalt, nichts kam zum Blühen, daß die Farmer schon mit Sorge auf die Felder sahen und eine Mißernte befürchteten. Für den Schafzüchter kommt die Witterung nicht gar so in Betracht, denn Schafe gedeihen am besten in trockenen Jahren. An Wasser leiden wir keinen Mangel, die Quellen fließen nach alter Weise, ob es regnet oder nicht. Für den Farmer ist das anders, denn das Korn braucht Regen und zur rechten Zeit, stellt sich dieser nicht ein, so muß der Farmer Korn kaufen, was ein großer Verlust und die Einnahmen sehr verringert. Nun hat es aber geregnet, daher auch fröhliche Gesichter.

Die Centenar-Feier im Süden ist leider keine allgemeine, wird fast nur von Deutschen festlich und feierlich begangen. Die Sklavenhalter grollen innerlich noch zu sehr; ehe das böse Gefühl sich ausgleicht, mögen noch Jahre vergehen. Mein liebes Mütterchen schreibt mir: ‚Carl kann froh sein, daß er diesen großen Tag nicht hier im Süden verlebt'. – Mein Vater (Großvater Fuchs) hat zum 4ten Juli englische Verse gedichtet, die werde ich niederschreiben, wenn unser guter Papa wieder heimgekehrt. . . . .

Und er ist heimgekehrt, und was gibt es da alles zu erzählen, besonders von ihm, der lebhaft an den Tagesfragen großen Anteil nimmt. Durch seine Schilderungen genießen auch wir die Ausstellung in Philadelphia bei uns zu Hause. Alles hat er dort besichtigt, auch die Rede des Präsidenten Grant's gehört. Die Niagara-Fälle, die er schon als junger Bursche besucht, hat er wiedergesehen, mir von Goat Island auch ein

Briefchen geschrieben und einen Lindenblütenzweig mitgeschickt, den ich sorgfältig aufbewahre. Vielleicht tut einer der Nachkommen dasselbe nach hundert Jahren.

Ich, oder wir, rechnen nämlich auf eine große Nachkommenschaft, damit unser Ringen und Streben nach einem unabhängigen und zugleich vernünftigen Leben noch viele gute Früchte trägt. Ihr Lieben nach Hundert Jahren wißt nicht, was es geheißen hat für eure Voreltern, nach Texas auszuwandern zu einer Zeit, als hier von geistiger Kultur kaum die Rede war, nicht einmal von physischer. In Deutschland ein verhältnismäßig bequemes Leben aufzugeben, um der Nachkommenschaft eine sorgenfreiere Zukunft zu sichern als es ihnen drüben ohne Privatmittel möglich gewesen. – Vater und Mutter Fuchs waren beide in vornehmen Häusern mit Dienerschaft groß geworden, aber unverdrossen, wie es nur wahrhaft gebildeten Menschen möglich, haben sie sich all dem Schweren unterworfen, das eine Ansiedlung in Texas mit sich brachte. Nie haben sie ihre Auswanderung nach Texas bereut, so viel bequemer sie es in Deutschland hätten haben können." – So weit die vergilbten Blätter.

7.

Am 10ten Juli 1879 fand die goldene Hochzeit meiner teuren Eltern statt. Beide waren in völliger Geistesfrische und körperlich noch wenig vom Alter geschwächt. Unter einfachsten Verhältnissen war es eine erhebende Feier. Ein ungewöhnlich gesegnetes Jahr war es gewesen, so hatten alle, die gekommen, Lust und Mut, das seltene Fest fröhlich zu feiern. Als der alte Mann die vielen Freunde um sich sah, die ihm in der herzlichsten Weise die Hand schüttelten, ihm und seiner betagten Gemahlin, mochte ihn doch die freudige Ahnung durchzittern, in einer segensreichen Vergangenheit gelebt zu haben, in eine gesegnetere Zukunft zu schauen. Um das goldene Hochzeitspaar saßen alle Kinder, damals in den glücklichsten Familienverhältnissen. Da waren Konrad Fuchs und Frau Anna, geb. von Perlitz. Ulla und Adolf Matern, Ottilie und Carl Goeth, Wilhelm und Luise, geb. Romberg, Hermann und Lina, geb. Romberg, Benno und Emma, geb. Kellersberger. Außerdem 36 Enkel und Enkelinnen nebst drei Urenkeln. – Tochter Luise Goeth überreichte der Großmutter mit einem artigen Gedichte den goldenen Kranz und unser Sohn Richard seinem Großvater einen goldenen Strauß, ebenfalls mit einem Gedichte. Das war eine traute Familienscene, die nicht viele der alten Ansiedler erlebt haben. Wir Kinder waren gerührt und stolz darauf, unsere lieben Eltern nach all den Prüfungen und Entbehrungen um uns so frisch erhalten zu sehen. – Noch wurde das Fest verschönert durch die Anwesenheit der Familie Bnaas und dem beliebten Musiker, Herrn Wilhelm Besserer, der die mannigfachen hübschen Lieder, die Großvater für diese Gelegenheit gedichtet hatte, nach bekannten Melodien auf dem Klaviere begleitete. Es war eine einzig schöne Stimmung, die alle erfaßte, durch die Lieder besonders hervorgerufen.

Drei Jahre später waren wir sehr in Anspruch genommen, als mein Mann ein großes Steinhaus, wohl eine gute Meile von unserm Wohnhause entfernt, aufführen ließ. Das gab viel Arbeit, aber als es fertig, wohnten wir doch auch bequem und hatten die Freude, es einem lieben Besuch angenehm machen zu können. Das war denn eine Genugtuung für den sauren Schweiß der ersten sechzehn Jahre. Von nun an ging es besser. Denn bald kam noch ein großer Stall für die Schafe hinzu, worin sie im Winter untergebracht werden, besonders auch während der Lammzeit. Denn der Schäferei blieb mein Mann noch lange zugetan, manchmal meinte er wohl, dieselbe aufzugeben, aber es hieß doch in jedem Jahre mit großer Fröhlichkeit: „Das erste Lamm ist da!" Dies erregte manchmal eine nicht geringe Heiterkeit selbst noch zu Anfang dieses Jahrhunderts.

8.

In der Zwischenzeit waren nun auch unsere Kinder herangewachsen, die ältesten waren groß geworden, ehe wir eine Ahnung davon hatten. Gute Lehrer haben sie gebildet so weit es unter den damaligen Verhältnissen möglich. Der älteste Sohn, Adolf, war nach Austin gegangen und in ein Geschäft getreten, anfangs der achtziger Jahre weilte er in New York zur weiteren kaufmännischen Ausbildung. Edward, Conrad und Richard und die Schwestern wurden von verschiedenen Lehrern unterrichtet, von dem alten Onkel Otto, und dann, als Conrad und Richard sich für eine professionelle Laufbahn entschlossen, von dem Professor F. G. Schaupp, der ja auch als Naturforscher sich viele Verdienste erworben. Die beiden Knaben gehörten nach vorzüglich bestandener Aufnahmsprüfung zu den ersten Schülern der neuen University of Texas, in welcher Conrad zu Austin Jura, und Richard zu Galveston Medizin studierte. Edward blieb ja zu Hause und für Max war anfangs auch die Geschäftsbahn geplant. Alle Kinder waren musikalisch, besonders aber Tochter Luise, die zur Freude des alten Großvaters Fuchs bald die Meisterwerke Beethovens, Mozarts, Schuberts und anderer großer Komponisten vortrug.* Groß war unsere Überraschung, als in ihrem achtzehnten Jahre, als sie für uns noch ein Kind war, ein junger Mann um sie freite, der es seiner eigenen Tüchtigkeit zu verdanken, daß wir zwar etwas

---

* [Louise Fuchs:] Schöne Zeiten waren es, wenn wir zu Sonn- und Festtagen uns bei den Großeltern versammelten, da gab es fast immer reichlich Fisch oder Hirschbraten und das Großmütterlein hatte noch immer 'was Gutes dazu; das Beste war am Nachmittag der gemütliche Kaffee, wenn er auch oft nur aus Surrogaten bestand, und die darauf folgende usik und anregende Unterhaltung. Ino hatte eine volle umfangreiche Stimme, der jüngere Bruder Hermann einen klaren Tenor, alle hatten sie schönes musikalisches Talent, wozu später noch Schwester Line (Hermanns Frau) kam. Der Großvater sagte einmal in Begeisterung: „Wir könnten reisen und Konzerte geben!" – Er selbst war ja so musikalisch, sang in seiner Jugend großartig schön. Den Sohn und Bruder Conrad sollte ich nicht vergessen, auch der steckte voll Musik, man hörte ihn laut und weit schöne Lieder singen, bei der Arbeit und beim Reiten.

Nur Euer Papa, Kinder, und ich, hatten kein Talent, und waren die stummen Zuhörer; aber beim Erzählen und Unterhalten, da war Euer Papa am Platz. Euer Papa verstand es wunderbar, für Jeden ein freundliches Wort zu haben. Überall, wo er mit Menschen in Berührung kam. Dieses Talent hatte er wohl von seiner Mutter im Besonderen, die um dieses Charakterzugs willen so viele, viele Verehrer, jung und alt, groß und klein, hatte. Auch Schwager Hermann hatte, – wohl von ihr, – ein großes Talent zum Erzählen geerbt. Und wir finden unter ihren Enkeln und Enkelinnen diese Gabe hier und da wieder.

Das Haus meiner Schwiegereltern war ein sehr gastfreies, und Viele gingen dort gerne ein und aus. Jedem gab es Anregung, musikalische oder geistige. Auch die Kinder verehrten ihre Eltern sehr.

zögernd, wegen der Jugend der Braut, aber doch freudig in das Verlöbnis einwilligten. Am Geburtstage des Großvaters Fuchs, am 19ten September 1884, am Tage unserer silbernen Hochzeit führte Herr John B. Wenmohs seine glückliche Luise heim, und waren es günstige Auspizien, untr welchen der Bund geschlossen. So hat es ein freundliches Geschick gefügt, daß das Glück ihnen treu geblieben durch die fünfundzwanzig Jahre ihrer Ehe. Hier hat sich der Spruch bewährt: „Jung gefreit hat keinen gereut." Da ich in der doppelten Rolle als „silberne Braut" und „Hochzeitsmutter" sehr in Anspruch genommen, so mache ich hier Gebrauch in der Schilderung dieses großartigen Festes von der Feder des alten Onkels Otto, der es in launiger Weise beschrieben. – Wer aber, fragt ihr wohl zuerst, war denn Herr John Wenmohs, der den Singvogel erhascht? Da müßte ich euch eine gar lange Geschichte erzählen, euch weit wieder zurückführen nach Deutschland, und auch dann fürchte ich, mich in alten würdigen Familienchroniken zu verirren; so war es denn ganz artig, daß Frau Lina Graff, geb. Wenmohs, uns zur Hilfe gekommen und in gemütvoller Weise uns eingeweiht hat in den großen, interessanten Stammbaum des jungen Bräutigams, der ihm vielleicht selbst nicht bekannt war. Jetzt sollt ihr das schöne Familien-Epos oder wie ihr's nennen wollt, hören.

Ahnengruß
von Lina Graff, geb. Wenmohs.

Hört! Hört vor Jahr und Tagen nach Mecklenburg einmal,
Vom Ausland ward verschlagen ein junger Korporal.
Er war ein wackrer Degen und feiner Kavalier,
Zu Grabow hat gelegen er lange im Quartier.

Und da es ihm gefallen, und weil er dort gefiel,
Setzt er zu Friedenszeiten sich dort als Wirt ein Ziel.
Stets munter, frisch und feste, selbst in der Schalkheit fein,
So fanden seine Gäste bei ihm stets Geist zum Wein.

Als Grabows Bürgermeister fand einen jähen Tod,
War nach den wüsten Zeiten ein sicher Führer not;

Da wurde denn berufen einstimmig bei der Wahl
Zum neuen Bürgermeister der alte Korporal.

Fein hat er gefreiet ein Ratsherrntöchterlein
Und zeugte in der Ehe mit ihm der Söhne zweie,
Der Leonhard getrieben hat Rechtsgelehrsamkeit,
Ist kinderlos geblieben, ob zweimal er verfreit.

Er wurde neunzig Jahre, war nie im Leben krank,
Nun in der Väter Hallen ist er versammelt lang.
Der zweit', Andreas Adam, war herrlich von Gestalt,
Von Geist und edler Sitte und Herzensallgewalt.

Da folgte seinem Vater, als er entschlafen war,
Sofort in der Regierung, ein stolzer junger Aar.
Daß Friedrich Franz der Erste ihn Grabows Fürst genannt,
Das ist aus sicherer Kunde noch heut' im Ost bekannt.

Er ließ des Elbstroms Rücken von Quadern aus Granit
Gar mächtig überbrücken, wie's man noch heute sieht,
Kein Stein ist je gewichen und Nichts davon versehrt,
So fest war auch der Bauherr in seinem Werk geehrt.

Fest ging er seine Bahnen dahin in Leid und Glück,
Wir schau'n auf uns're Ahnen mit frohem Stolz zurück.
Ein Mägdlein, vierzehn Jahr' erst, die Eva Germsen hieß,
Die führt der Fürst von Grabow ins Eheparadies.

Sie lebten in der Ehe in guter Harmonie,
Doch nannt' sie ihn „Herr Hofrat", und er sie „Schatz" u. „Sie".
Sie hatten viele Erben, darunter einen Sohn,
Den Leonard, doch stieg er nicht auf der Väter Thron.

Er folgte dem Berufe des Richters seine Bahn,
Führt auf die erste Stufe ihn ehrenhaft heran.

Zum Hagestolz nicht geboren, hat er zum Eheweib
Luise Wien erkoren, gesund an Seel' und Leib.

Und seiner Zeit da gingen aus dem Beamtenhaus
In Dömitz viele Kindlein vergnügt wohl ein und aus.
Und als sie flügge wurden, da flog ein Vögelein,
Dem's dort zu eng geworden, weit in die Welt hinein.

Das war der Adolf Wenmohs; von Tatendrang erfüllt,
War er des alten Ahnherr getreues Ebenbild.
Der hat im fernen Texas gegründet einen Herd
Und lebt mit seiner Gattin dort still und hochverehrt.

Auch seinem Stamm entsprossen sind Kinder guter Art;
Des Ältesten Bund geschlossen wird heute „stark und zart."
John Wenmohs heut' als Bräut'gam, Luise Goeth als Braut
Vor Gott wie vor den Menschen, sind eh'lich heut' getraut.

Es fließt in Beider Adern ein Tröpflein gleiches Blut
Von einer teuren Ahne, die lange, lange ruht.
Nun schenke Gott den Beiden des Lebens Sonnenblick!
Gesundheit, fette Weiden, und gutes Eheglück.

Hoch John! und Hoch Luise! Hoch! Beider Elternpaar,
Und Hoch dem fernen Deutschland und teurer Freunde Schar.

Das Gedicht, welches Herr Adolf Wenmohs vorlas, fand stürmischen
Beifall. – Von John wäre noch zu sagen, daß der „alte Korporal", sein
Ahnherr, auch in ihm lebte. Als Deputy Sheriff hatte er schon viel fürs
County getan, war der Schreck der Banditen, die sich sehr vor ihm
verkrochen. So hätte ein moderner „Friedrich Franz" ihn vielleicht den
„Fürsten von Blanco" genannt, was auch noch in anderer Hinsicht
gepaßt. – Nach der Hochzeit, will ich hier erwähnen, machte das junge
Paar eine Reise nach New Orleans, wo sie zur Zeit der Ausstellung die
Flitterwochen verlebten.

9.

Onkel Otto schreibt denn etwa das folgende: „Gegen 12 Uhr fand die Trauung des jungen Paares statt. Die Rede des alten würdigen Großvaters war kurz und bündig. Seine Worte kamen aus dem Herzen und gingen zum Herzen, sie werden gewiß noch lange in der Brust des jungen Ehepaares nachklingen.

Nach der Trauung, wie es die gute alte Sitte mit sich bringt, unendliche Glückwünsche unter Tränen und Küssen. O. O. (Onkel Otto) muß gestehen, daß er sich auch auf ein Küßchen der jungen Frau Wenmohs gespitzt hatte, die früher Jahre lang seine liebe Schülerin gewesen war. Aber da man ihr schon so viele appliziert hatte, dachte, er: *ne quid nimis* (so viel als: man soll des Guten nicht zu viel tun) und begnügte sich damit, ihr seinen Glückwunsch mit einem Händedruck, aber einem herzhaften, abzustatten.

Von Tränen und Küssen gehen wir zu etwas Materiellerem über, d. h. zu dem Festmahle und was damit zusammenhing.

Unter einem hübschen Zeltdache waren zwei mächtige Tafeln neben einander aufgestellt worden. Zur Verzierung derselben und des Zeltes hätte die Göttin Flora gern ihre Gaben dargebracht, aber aus leicht erklärlichen Gründen war sie beim besten Willen dazu nicht im Stande gewesen. Da waren denn so und so viele hoffnungsvolle junge Cedern für dieselben eingetreten und hatten ihre Zweige zu Kränzen und Girlanden hergegeben, bei welchem Anblick wohl manchem Gaste ein bewunderndes Ah! entfuhr.

Was hatte man aber wohl an den beiden Enden der Tafeln angebracht? − Da niemand es erraten wird, muß O. O. es schon sagen. An einem Ende schaute der mit einem grünen Kranze geschmückte Urgroßvater des jungen Ehemannes freundlich auf die Gesellschaft hernieder, schien aber ganz besonders seinen lieben Urenkel im Auge zu haben. Ihm gegenüber tat dasselbe die Urgroßmama.

Schon um zehn Uhr früh waren die mit Hochzeitsgästen gefüllten Wagen aller Art heruntergerollt und wurden es schließlich so viele, daß man hätte denken sollen, sie gereichten wohl zur Formierung eines germanischen Wagenlagers. Junge Leute *masculini generis* kamen auf mutigen Rossen herangesprengt, schwangen sich mit mehr oder weniger Grazie aus den Satteln, zupften Vatermörder und Manschetten zurecht und betraten dann das neue Haus, von welchem die Lage seiner Größe und Schönheit schon in alle Lande geflogen.

Hier wurden vor allen Dingen die zur Schau ausgestellten Hochzeitsgeschenke betrachtet und bewundert. O, was für prächtige Sachen!! Am meisten gefielen allerlei zierlich und geschmackvoll gearbeitete silberne Tafelgerätschaften. (Dabei denkt ihr wohl noch an das Silbergeschirr (?), das ich als junges Mädchen mit Seife und Lauge hatte zu täuschendem Glanz verholfen. Ja, die Zeit war anders geworden! – Großmutter Goeth.)

Ehe sich die Gäste an den reich besetzten Tafeln niederließen, ersuchte der Vater des Bräutigams, der Herr Postmeister Adolf Wenmohs aus Flatonia, der mit seiner Frau Gemahlin Anna, geb. Brandis, und den zwei Schwestern, Donate und Alexa, zum Feste gekommen, die Anwesenden um ein geneigtes Gehör, und trug mit Hindeutung auf die beiden Bildnisse der Urgroßeltern ein von Frau Lina Graff verfaßtes Gedicht vor. Dies, eine Art von Familienchronik, handelte in markigen und schwungvollen Versen von dem Leben und den Taten der Ahnen des Bräutigams und fand ganz ungemeinen Beifall, der sich in einem stürmischen Applaus kund gab. Darauf wurde dem jungen Ehepaare ein weithin schallendes Lebehoch gebracht und dann – wurde geschmaust. Die Gastfreundschaft der Familie Goeth hat ja längst den hehrsten Klang, daß es an diesem dreifachen Feste an nichts fehlte, jeden zufrieden zu stellen, versteht sich ja von selbst. Mit leichter Veränderung des Schillerschen Textes möcht' ich hersetzen:

,Ja, die Frau Goeth
Versteht's. Sie lernt es ihrer Mutter ab
– Das war eine Hausfrau!'

Aber den dreifachen Kuchen – entsprechend dem dreifachen Feste – gebacken und geliefert von Frau Luise Fuchs, der hochverständigen Schwiegertochter meines hochverehrten Oheims, muß ich doch erwähnen, da er an Wohlgeschmack alles übertraf, was der Nachtisch brachte. Herr Adolf Goeth, der zur größten Freude seiner bräutlichen Schwester gerade noch rechtzeitig aus New York zurückgekehrt, kredenzte kräftigen Texas Wein und sorgte mit lobenswertem Eifer dafür, daß die Gläser nicht allzu lange leer blieben.

So, da waren wir Alten mit der Hauptsache so ziemlich fertig, aber die jungen fingen erst an. Schon erklangen lockende Töne, zauberisch und zum Tanze ladend, wie sie Herr Ernst Goeth, Bruder des silbernen Carls, Herr Reiner, Conrad Goeth, und *last, but not least* – Fräulein Jerry Goebel ihren feinen Instrumenten zu entlocken wußten. – Ei, der Tausend! – bald hätte ich über die Beschreibung der Musik die Musik vergessen. Wer hätte nicht dem überaus schätzbaren ‚Schrum, Schrum‘ mit höherem Wohlgefallen gelauscht, welches Herr Carl Goeth seinem Violoncell entlockte. – Ehre, dem Ehre gebührt! – Gegen 2 Uhr früh war der Ball zu Ende, aber die Erinnerung daran gewiß nicht?“

10.

Das junge Ehepaar wohnte ungefähr 10 Meilen von unserm Hause entfernt. Per Automobil wäre ihre Wohnung heute wohl rasch zu erreichen gewesen, aber in den achtziger Jahren war's eine beschwerliche Fahrt, so sahen wir die liebe Tochter weit seltener als ich gewünscht. Besonders entbehrten wir ihr herrliches Klavierspiel wie es uns lange schwer wurde, sie nicht länger bei uns zu haben. Ich will doch gleich erwähnen, daß am 1. August des folgenden Jahres der erste Enkel geboren wurde und den Namen Charles Adolf nach den beiden Großvätern erhielt. Der Knabe gedieh prächtig und wohnt jetzt als glücklicher Ehemann und auch schon Vater ganz in meiner Nähe auf einer großen Ranch, dessen Land einst zu der Goeth Ranch gehört.

Kurz nach seiner Geburt aber ereignete sich in unserm Hause, als ich bei der Tochter war, ein gar betrübender Fall. – Der junge Sohn des Herrn Walter Tips aus Austin befand sich als Gast unseres Sohnes Conrads in Cypreß Mill. Schon zu Hause erkrankt, was aber keiner wußte, ward seinem Lebensziele ein gar rasches Ende. Alle Hilfe war vergebens gewesen ihn zu retten, so konnte der Vater, tieferschüttert, nur die Leiche mit nach Hause nehmen. – Auch Bruder Bennos Frau, Emma, war ganz jählings verschieden. – Im Jahre 1885 aber verloren wir die guten, teuren Eltern in unserm Hause.* Das war der größte Schmerz meines Lebens, den ich bis dahin gekannt. Nur die unendliche Liebe meines Mannes und der Kinder setzte mich über den unersetzlichen Verlust hinweg. Ich habe an anderer Stelle darüber berichtet. Hier mögen nur einige Worte aus dem Nachrufe des Herrn Julius Schütze im Austiner *Vorwärts* ihre Stelle finden, die mir aus der Seele gesprochen:

--→

* [Louise Fuchs:] Hier möchte ich erwähnen, daß Reiner unseren Kindern zweistimmige Lieder einübte, und am Sarge des Großvaters Fuchs sangen sie in Goeth's Hause: „Im Grabe ist Ruh'!" und zwar zweistimmig; das war im Dezember 1885.

Leider hatte Vater Fuchs einige Monate vorher sehr zu leiden, und Euer Papa ist jeden Abend zu ihm geritten und hat ihn Pflegen helfen, und er freute sich schon immer auf Papas Kommen. Großvaters letzte Worte waren: „Schauet den Pfad mit Rosen!"

Das Jahr vorher waren Großvater und Großmutter Fuchs noch beide auf Wochen bei uns gewesen, während Ottilie Goeth (Tili) nicht zuhause sein konnte, und für die Eltern sorgen, da ihre eigene Tochter ihrer bedurfte. Sie sind gerne bei uns gewesen und wir hatten sie so gerne dort. — Ich empfinde es heute noch mit großer Dankbarkeit, daß ich mich immer so herzlich mit den Schwiegereltern verstanden habe; ich fühlte, sie hatten mich gerne, und das beglückt mich noch heute. Und all das Schwere der vergangenen Jahre ließ sich durch dies Bewußtsein leichter ertragen. Dies Folgende stammt aus einem Nachruf von Fritz Reiner für Großvater Fuchs:

Ew'ger Friede sei mit Deiner Seele!
Die nun jetzt von uns geschieden.
Ausgeleert hast Du den Kelch der Leiden;
Ausgekämpft den letzten Streit!
Jetzt bist Du erlöst von Deinen Leiden —
Freu' Dich, Vater, Deiner Seligkeit!

Doch Dein Bild soll stets,
So lange wir auf dieser Erde weilen,
Vor unserer Seele steh'n!
Und unser Herz werde gut, wie das Deine;
Hoffnungswert, auf ein seliges Wiederseh'n!

„Trotz der ungünstigen Verhältnisse eines Grenzerlebens hat der Verstorbene dennoch eine große Familie aufgezogen, die sich in Bildung, in der Pflege der Musik und alles Schönen mit irgend jemandem messen kann, der die Vorteile der besten Schulen des Landes genießen konnte. Neben den alltäglichen mühseligen Anforderungen des Lebens, so zu sagen in der Wildnis, bewahrte er treu und wacker das Deutschtum sich und seiner ganzen Familie. Er selbst pflegte in seinen Mußestunden Dichtkunst und Musik, er selbst war der Lehrer seiner Familie, und in den freundlichen mit Blumen verzierten Heimstätten seiner Kinder kann man heutigen Tages die vom lieben Großvater gedichteten und komponierten Lieder mit schöner Pianobegleitung von herzigen Enkeln ertönen hören. Wahrlich, das ganze Leben und Wesen des dahingeschiedenen Patriarchen ist gleich einer starken deutschen Eiche, die ihr schützendes Dach über gute Menschen, über manchen müden Wanderer gebreitet hat. Unter der Nachkommenschaft des nun verschiedenen Greisenpaares finden wir nur Leute, an denen sich eine gute Erziehung und eine Bildung des Verstandes wie des Herzens erwiesen hat." – Möge denn die Nachkommenschaft sich des Ahnen in allen Lebenslagen würdig erweisen, dies ist mein Gebet am Grabe der Eltern.

11.

Unser älteste Sohn, Adolf, vermählte sich nicht lange nach Luisens Hochzeit mit Fräulein Julia Tips, Tochter des Kaufherrn und Staatssenatoren Herrn Walter Tips in Austin. – Eine lieblichere Schwiegertochter hätte unser Ältester uns kaum ins Haus führen können. Herrn Walter Tips haben wir schon als achtzehnjährigen auf dem Sängerfeste zu Fredericksburg gesehen im Jahre 1859. Damals ahnten wir gewiß nicht,

---

Im März 1886 starb Großmutter Fuchs, die nie des Großvaters Scheiden ganz überwinden konnte, doch nachdem sie sich noch über ihr damals jüngstes Enkelchen Johanna gefreut, Hermann und Lines Jüngste. „Ein kleines rundes Apfelgesicht hat sie!", – das waren ihre Worte. Ottie Goeth und Ulli Matern, ihre Enkelinnen, jetzt Frau Otto Wenmohs und Frau Walter Giesecke, haben sie treulich Pflegen helfen.

in welche innige Familienverwandtschaft wir noch treten sollten. Die junge Braut kam uns einfach und natürlich entgegen und gewann rasch aller Herzen. Ihr wunderbares Klavierspielen bezauberte alle, die sie hören durften. Dies war wohl das Erbteil von ihrem hochgebildeten Vater, der trotz seiner vielseitigen Geschäftsverpflichtungen doch noch Zeit gefunden, sich im Quartett Spielen zu vervollkommnen, in welchem er das Cello so wohl versorgte. Unser Sohn trat in das Geschäft, in welchem er heute die verantwortlichste Stelle einnimmt. Wie hocherfreut wir stets durch ihren Besuch waren, brauche ich nicht zu sagen. Auch bei ihnen blühte bald Familienglück. Zwei liebliche Töchter, Carrie und Anita, wie der einzige Sohn, Ralph, der frühzeitig ein erstaunliches Talent im Geigenspiel entwickelte, das also bei ihm ein ganz waschechtes Erbteil seiner Ahnen war.

Im Jahre 1890 besuchte uns ein interessanter Gast aus Deutschland, der Oberleutnant Herr Otto Wenmohs. Sein Vater, Herr Carl Wenmohs, Bruder von Herrn Adolf Wenmohs in Flatonia, hatte zehn Jahre in Texas gewohnt, erst in Millheim, dann am Double Horn, wo Otto als drittes Kind das Licht der Welt erblickte. Leider verlor er frühzeitig seine gute Mutter, die er fast gar nicht gekannt. – Die Familie war dann nach Deutschland zurück gereist, wo sein Vater ein großes Gut Laserkrim in Ostpreußen ererbt. Otto wurde zum Militär ausgebildet und war bereits Oberleutnant in Danzig, als er nach Texas eine Erholungstour machte, nachdem er das Übrige der Vereinigten Staaten Studien halber bereiste. Er wollte das Land seiner Kindheit doch nun auch kennenlernen. Denn „Einmal in Texas, da gibt's kein Entrinnen." So kam er zu uns, besonders auch, um seinen Vetter, Herrn John Wenmohs, unsern Schwiegersohn, zu begrüßen. Eine Fußverstauchung hielt ihn etwas länger in unserm Hause, so wurde unsere Ottilie seine liebe Braut.

Im Januar fand die Vermählung statt, wozu Herr Schaupp einen launigen Dialog verfaßt, in welchem sich Kaiser Wilhelm und Uncle Sam um den schneidigen Offizier zankten. U.S. gewinnt. – Das junge Paar trat dann die Hochzeitsreise nach Deutschland an, wo unser neuer Schwiegersohn seinen ehrenvollen Abschied erhielt und sich in unserer Nähe ansiedelte und noch wohnt auf seiner musterhaft gepflegten Farm und Ranch. Auch da kam bald ein kleiner Leonhard und später noch vier andere Kinder, Margarete, Fritz, Luise und Thekla. – Zu Anfang der neunziger Jahre verkauften John und Luise ihre Farm und siedelten sich auf unserem alten Platz an. Das war nun eine Freude. Das alte Loghaus, worin wir so lange glücklich gewohnt, wurde wieder in Stand gesetzt, nahm aber doch längere Zeit in Anspruch, so zogen die jungen Eltern zu uns, und mein Mann und ich konnten mit Max im Jahre 1892 die lang erwünschte Reise nach der alten Heimat antreten, da John es übernommen, unsere Ranch während der Abwesenheit verwalten zu wollen. Das war nun ein großes Jahr in unserm Leben, der Lohn mancher sauren Tage. – Die alte Heimat, die ich 1845 verlassen und nun nach fast fünfzig Jahren wiedersehen sollte. Da laß ich meine Gefühle lieber erraten als sie weitläufig zu beschreiben. Das eine Wort „Herzensjubel" mag alles sagen.

Wohnaus der Familie Goeth bei Cypress Mill, 1867-1882. Photographie von Max Krueger, ca. 1874-1875. Im Vordergrund sitzt auf einer Bank vor dem Zaun Adolf Fuchs neben seinem Sohn Wilhelm. Hermann und Caroline Romberg stehen rechts im Garten.

Vor dem 1882 erbauten Steinhaus in Cypreß Mill, von links nach rechts: Otto Fuchs, Alma Tips, Carl Goeth, Alfred Tips, Ottilie Goeth, Dr. Richard Goeth, unbekannte Person im Hintergrund, Prof. F. G. Schaupp, Conrad Goeth.

Als Großmutter.

1.

Unsere Reise hat mein Mann beschrieben und ist sie in seiner Biographie [s. u. in diesem Band] zu finden. Ihm gewährte es eine große Vorfreude, mich in seine süddeutsche Heimat zu führen, wie ich gespannt war, ihm meine mecklenburgische Heimat zu zeigen. Daneben leuchteten denn auch die hellen Augen unsers Max, dem Deutschland ja als ein halbes Märchenland vorschweben mußte. Da fanden wir uns denn auch nicht getäuscht.

Aber welcher Unterschied zwischen 1845 und 1892 in der Ozean-Reise. Damals erschien sie uns endlos und monoton auf dem berüchtigten Zweimaster *Gerhard Hermann;* auf dem eleganten modernen Dampfer der Hamburger Linie mit den vielen Passagieren, den bequemen Kajüten, der schmackhaften Kost, gingen uns die Tage rasch dahin. Fast ehe wir es gewünscht, waren wir in Deutschland. Dort hatte ich das Glück, noch manchen lieben Verwandten wiederzufinden, zum Teil Besitzer von großen Gütern, wo es sich wunderschön lebte. – Ja, die alte Heimat noch einmal wiedergesehen zu haben, gewährt uns große Befriedigung und bleibt als schöne Erinnerung für unsere alten Tage.

Am romantischen Rhein haben wir uns am längsten aufgehalten. Da ist ja alles mit Sagen aus der alten Ritterzeit verknüpft, man könnte ganze Bücher davon schreiben. Welcher Genuß nun aber auch, den jungen Sohn in diese Welt einzuführen. Gelesen hatte er für sein Alter schon viel, so war es ihm nun auch interessant, die verfallenen Schlösser selbst zu sehen, wo irgend ein Konrad mit seiner Kunigunde so glückliche Tage verlebt. Das Land der deutschen Gesänge und Lieder, die er schon in der Wiege gehört und ihm ganz geläufig waren. Auch ich kannte den Rhein und Süddeutschland überhaupt nicht, so war ich mit Max fast selber ein Neuling und lebte mit ihm auf in der Erinnerung großer geschichtlicher Begebenheiten oder sagenreicher Erzählungen. Mein lieber Mann war ein ausgezeichneter Cicerone, überall wußte er gerade das Schönste und Bedeutendste für uns aufzufinden. Auch seine Jugend trat ihm wieder heiter vor die Seele, besonders in Wetzlar, seinem Geburtsort, den er mit 17 Jahren, 1852, verlassen, um nach Texas auszuwandern. Was lag auch für ihn alles dazwischen. Aber seine größte Freude war doch, daß er sah, mit wie vielem Anteil Frau und Sohn ihm durch die alten in freundlicher Erinnerung wach gebliebenen Stätten folgten. – Natürlich folgten wir auch den Spuren Goethes in der alten Stadt, mein Schmerz war, daß es mir nicht mehr vergönnt war, meinem unvergeßlichen Vater eine Erinnerung mitbringen zu können. Dagegen hatte mein Mann die Freude, noch einen lieben Jugendgenossen wiederzufinden, mit dem er von nun an in regeren Briefwechsel trat.

Die neue Kaiserstadt Berlin erfüllte uns natürlich mit Staunen. Hier trafen wir, wie schon erwähnt, einige Verwandte meiner Mutter und meines Mannes wieder, die nicht genug tun konnten, uns den Aufenthalt angenehm zu machen, besonders aber auch an Max ihre helle Freude hatten. Vieles haben wir gesehen und gehört, aber mich drängte es doch, in die engere Heimat zu kommen, besonders nach Kölzow, wo ich ja zehn glückliche Kinderjahre verlebt, als mein Vater dort Prediger war. – Wie das Dorf und Pfarrhaus in meiner Erinnerung geblieben, so war noch fast alles. Da war die Kirche und die Kanzel, von welcher herab der nun Verschiedene die Worte des Heils verkündet. Einst hatte es ja geheißen „er predige wie ein Weltweiser, aber nicht wie ein christlicher Pfarrer." Ich glaube, das war die größte Ehre für ihn. Die Sehnsucht nach Religionsfreiheit hatte ihn ja nach Amerika getrieben. – Die ländliche Bevölkerung hatte ihn aber doch lieb gehabt und manchem Toten, der auf dem Kirchhofe den ewigen Schlaf schlummerte, hätte ich noch gerne als Lebendem einen Gruß gebracht. – Eine unerwartete Überraschung aber ward uns zu teil, die letzte Predigt des Vaters, die schon erwähnt.

Unsere Rückreise nach den Vereinigten Staaten sollte aber mit traurigen Hindernissen verzögert werden. – In Hamburg war die Cholera ausgebrochen und war es fast unmöglich, wieder fort zu kommen. Die Schwierigkeiten mag Carl euch selbst erzählen, hier will ich nur erwähnen, daß wir glücklich waren, endlich in New York zu sein. Auch dort erwartete uns eine langwierige Quarantäne und mancherlei Umständlichkeiten, doch wurden von dem Herausgeber der *New York Staatszeitung* die Tagesjournale an Bord gebracht, so ging es denn, die Stunden zu verkürzen, obschon wir nicht eine Stunde sicher waren, ob nicht doch ein Cholera-Fall eintreten würde. Zum Glück ging aber alles gut ab. Wir durften landen, aber willkommene Gäste waren wir nirgends, da hieß es weiter, weiter, per Schub, fast bis nach Texas. Selbst hier noch argwöhnische Augen. Da mag sich jeder denken, wie „gerettet" wir uns fühlten, wieder zu Hause zu sein. So mag fast der Flüchtling fühlen, der seinen Feinden entronnen im Schoße seiner Familie die erste ruhige Nacht findet. – Unsere Lieben hatten nebstbei auch genug Angst ausgestanden, so war denn alles zum Glücke geendet. An hübschen Geschenken fehlte es nicht und noch weniger an Gesprächsstoff. – John und Luise, die Haus und Hof getreulich behütet und uns zu großem Dank verpflichtet, zogen nun in ihr Wohnhaus, das jetzt bereit war, sie zu empfangen. Glück und Wohlstand sind ihnen nicht ausgeblieben, die Wenmohs Ranches gehören wohl mit zu den besten von Texas. – Etwas anders sieht es heute aus, als zu der Zeit unserer Einwanderung in Cat Spring, wie Großvater Fuchs seinen bescheidenen Pflug zu handhaben suchte. Auch ihre Kinder versprechen den Eltern in Gewissenhaftigkeit und Treue ganz ähnlich zu werden. Den ältesten Sohn Charles hat der alte Urgroßvater Fuchs noch auf den Armen getragen, dann kamen noch Alexa, oder Patty, wie sie im Familienkreise genannt wird, Ottilie, mein Patenkind, Victor und das Nesthäkchen, Max. Ein kleiner Adolf ist den Eltern frühzeitig entrissen worden und schlummert jetzt nicht weit von unserm Hause unter schattigen Bäumen.

2.

Obschon wir Eltern das seltene Glück hatten, unsere lieben Töchter und Familien in der Nachbarschaft zu haben, so entbehrten wir sie doch sehr, besonders auch das Spiel unseres Singvogels, da war es denn recht artig von unserm Eddie, eine liebe zarte Schwiegertochter ins Haus zu führen, Gussie, die Tochter unserer treuen Freunde, Herrn August Schröter und Gemahlin Hedwig, geb. Klappenbach. Da war's, als sei wieder neues Leben ins Haus gezogen. Bald aber baute sich das junge Paar auf Sprachweite, an nie versiegender Quelle, unter einer mächtigen, breitästigen Ulme, ihr eigenes Nest. Nach Jahresfrist erschien Wolfgang, der bald ein lebendiges Telefon zwischen Eltern und Großeltern wurde. Lange blieb er allein, da kam ein liebes, freundliches Schwesterchen, Hedwig, und später noch die süße Irma. Da war wieder eine kleine Kinderreihe in nächster Nähe und wir Alten hatten das Vergnügen, die kleine Schaar sich prächtig gedeihen zu sehen.

Unser Sohn, Conrad, der jetzt in San Antonio als Rechtsanwalt praktizierte, fand eine innige Braut im Banquier-Hause des Herrn Friedrich Groß in derselben Stadt. Die lebhafte junge Dame wurde bald unser Vorzug durch ihren frischen Gesang, ihr heiteres Temperament, ihre launigen Dichtergrüße, die sie uns zu Geburtstagen sandte. Zwei Söhne und Enkel sind dort zu Hause, Frederick und Arthur, welche beide zu schönsten Hoffnungen berechtigen. Frederick wird vermutlich Advokat und wird seinem Vater gewiß eine große Stütze werden in seiner ausgedehnten Praxis. – Conrad ist auch rege in Munizipalangelegenheiten. Eines Abends öffnet mein Carl eine Zeitung und was starrt uns da entgegen? „Hon. C. A. Goeth Caned", in großem Sperrdruck. Der Schreck löste sich aber gleich in ein herzliches Gelächter auf, hatten doch die politischen Freunde unsers Sohnes diesen mit einem goldköpfigen Spazierstock in Anerkennung seiner Wahlbemühungen überrascht. Das war im Jahre 1900.

Unser Sohn Richard war jetzt als Arzt in Boerne etabliert. Schon als Einundzwanzigjähriger hatte er sein Doktor-Examen bestanden. So liebenswürdig auch der junge Mediziner war, so war seine große Jugend ihm doch etwas hinderlich, da mußte ein stattlicher Vollbart die Uhr seines Lebens etwas vorrücken. Anfangs war er in New Braunfels tätig gewesen als Assistenzarzt, bald hatte er indessen zu Boerne selbständig angefangen und auch bald eine umfangreiche Praxis erlangt. – Eine gefährliche Krankheit bedrohte einst sein Leben. Als wir davon hörten, sausten wir Eltern zu Wagen nach New Braunfels. Das war eine Fahrt, an die ich all meine Tage denken werde. Die Wege waren holprig genug, aber die feurigen Pferde rasten mit verhängtem Zügel dahin, ein Automobil hätte nicht rascher sein können. – Unter der geschickten Pflege seines Arztes und der Eltern genas Richard indessen bald. – In San Antonio fand auch er seine Braut in der schönen Lily Edith Dittmar und wurde die Hochzeit in großartiger Weise gefeiert, war doch das junge Mädchen die Nichte des berühmten Herrn Doktors Ferdinand Herff Sr., der nebstbei große Stücke auf den jungen Kollegen hielt. – Der Vater unserer lieben Tochter, der frühere Advokat, Herr Albert Dittmar, war derzeit leider nicht mehr unter den Lebenden, aber die Mutter war zugegen. Die Hochzeit war ein gesellschaftliches Ereignis in der Alamo Stadt, nie ist eine Ehe unter glücklicheren Auspicien eingegangen worden. – Richard war stimmlich sehr begabt und das junge Paar reiste in 1900 von Boerne nach New York, wo der erstere noch etwas Gesangunterricht nahm. Zu Anfang des nächsten Jahres zogen die jungen Doktors nach San Antonio, wo auch der älteste Sohn, Richard, geboren. So war denn auch hier eine hoffnungsvolle Zukunft gegeben, als die junge Frau im zweiten Kindbette verschied. Die kleine Tochter erhielt den Namen ihrer Mutter, Lily. Den Schmerz um die zu früh Dahingeschiedene will ich nicht schildern. Glücklich noch, daß unser Sohn im Elternhause unter herzlichster Teilnahme die bittersten Stunden verleben konnte.

Hatten die anderen Kinder verhältnismäßig jung den eigenen Herd gegründet, so war Max schon dreißig, als er uns mit seiner Verlobung mit Fräulein Marie von Rosenberg, Tochter des Herrn Ernst von Rosenberg in Austin, überraschte. Max hatte ja anfangs Kaufmann werden wollen, später aber entschied er sich für das gesündere Ranchleben. – So wohnt er denn mit seiner lieben Marie bei uns im Hause, hat doch das alte Steinhaus reichlich Platz für zwei Familien. Wir sind uns gegenseitig sehr nützlich, ja längst unentbehrlich. Bis jetzt, 1909, ist ein Töchterlein erschienen, Else, der Stolz der Großmutter.

Im August des Jahres 1900 aber hatte uns der Tod eines hoffnungsvollen Enkels beraubt. Nach kurzem Krankenlager war der älteste Sohn unserer Tochter Ottilie und Herrn Otto Wenmohs, Leonhard, rasch verschieden. – Gerade zu der Zeit waren Herr Adolf Wenmohs und seine Gemahlin hier nach Cypreß gekommen aus Flatonia, um in der Nähe ihrer Kinder, Herr John Wenmohs und Frau Donate Pellar, geb. Wenmohs, ihre alten Tage zu beschließen. Um so fürchterlicher war es für den alten Freund und Großonkel, dieses Kind ins Grab sinken zu sehen, er ist nie darüber hinweggekommen. – Ein großes Trauergefolge stand am Grabe, wo den fast untröstlichen Eltern wohl treuherzige Worte innigen Mitgefühls gesprochen, aber nur die Zeit, die alles heilende, konnte hier versöhnend vermitteln. Und sie hat es getan, was es auch kosten mag. – So ruhen sie denn zusammen, die beiden kleinen Enkel und Vettern. Ihr Leben war kurz, aber umsonst ist es nicht gewesen.

„Dasein ist Pflicht und wär's ein Augenblick." (Goethe.)

Auch mein lieber Bruder Benno, der zum zweiten Male mit Anna, geb. Mackensen, vermählt, starb zu Anfang des neuen Jahrhunderts ganz jählings am Grabe seiner ersten Frau. – Ohne die Lehren des Vaters hätten wir alle schwer unter diesem Unglück leiden müssen, so aber zog eine leise Wehmut um den geliebten Bruder in die Herzen aller, die ihm nahe gestanden. Aus der ersten Ehe waren zwei Kinder entsprungen, die einzige Tochter, Cora, vermählt mit dem früheren Advokaten und jetzigem Konsul, Herr Henry Clay von Struve, dem Sohne unseres alten Freundes Herrn Amand von Struve, der etwa sechs Meilen von uns eine umfangreiche Schafranch hatte, – und der einzige Sohn, Oscar, welcher jetzt als Komponist und Musiklehrer in San Antonio wohnt.

Benno war der zweite meiner Brüder, welcher so rasch dahinschied, nach einigen Jahren stürzte auch mein Bruder Wilhelm, anscheinend in blühendster Gesundheit, vom Schlaganfall getroffen, tot zu Boden. Wilhelm war dem Maurerorden beigetreten, und geleiteten die Brüder ihn zu Grabe unter den impressiven Zeremonien. – Wilhelm hinterließ seine Gattin, Luise, geb. Romberg, und eine zahlreiche Familie. Darunter ist nun auch eine Luise, an deren Wiege Grazien eine goldene Gesanges-gabe gelegt. Später in Berlin ausgebildet, erfreut sie uns alle durch ihre liebliche Stimme, mit ihrer reinen, klaren Deklamation deutscher Lieder. Im deutschen Liede sind ja nicht wie im Italienischen die Worte Neben-sache, nur erst durch die Vermählung beider, Wort und Ton, dringt ein deutsches Lied zu Herzen. Diese Gabe ist meiner lieben Nichte beson-ders zu eigen geworden, damit hat sie oft den gerührten Dank ihrer Tante verdient. Möge es mir und allen vergönnt sein, die beiden Luisen, Tochter und Nichte, noch oft zu hören. – Verständnisfeines Begleiten zum Gesange ist auch eine Kunst, und die trifft hier zusammen in verständnisinniger Harmonie.

3.

Von unserm frühesten Aufenthalt in Texas hat Freud und Leid oft rasch gewechselt, aber unser Familienleben hat dadurch nicht gelitten. Was auch die Stunden uns gebracht, nur inniger haben wir uns aneinander geschlossen. – Unsere Kinder und Enkel haben uns oft besucht und da hat es an Fröhlichkeit nicht gemangelt. Dafür sorgte ja auch mein lieber Carl, der in Fährten und Nöten sich als echter Vater und Freund stets erwiesen hat. Wenn wir so am Sonntage um den Kaffeetisch versammelt saßen und ich die vielen Tassen füllte, wozu es auch nicht an Gebakkenem fehlte, wenn alle wohlgemut zulangten und es sich munden ließen, da war mein Herz mit Dankbarkeit erfüllt, da fühlte ich den Wert eines großen Familienlebens, und man mag mir auch einigen Stolz verzeihen, so weit er erlaubt, der mich durchdrang. Sie wollten mich alle beglücken; die um mich versammelt, und das gibt Lebensfülle und Lebensinhalt, je weiter die Tage, Monde und Jahre reisen.

Mein lieber Carl sitzt am liebsten mit seinen Schwiegersöhnen beim Skat, wozu er noch eine Tasse Extra Kaffee trinkt und eine Pfeife raucht. Um ihn herum liegt ein Meer von Streichhölzern, dann war das Spiel interessant, denn Otto und John sind gar feine Spieler. „Raus mit der wilden Katz!" ruft der Leutnant, und dann heißt es aufgepaßt. Ich verstehe nichts vom Skat, aber Frau Julia Goeth hat den Männern schon allerlei Respekt abgewonnen. Bei den Streichhölzern denke ich wohl an die Zeit vor dem Bürgerkriege, als Carls Schwester Elise und ich uns morgens öfter mit Feuerschaufeln begegneten, gegenseitig um Kohlenfeuer bittend. Dann mußte selbst die Schwergeprüfte lachen.

Die übrige Gesellschaft hat sich im Parlor[21] versammelt. Da wird gesungen und musiziert, jeder gibt, was er hat. Wird's gar tragisch, so rennt Eddie über die Tasten, und da ist kein Halten, die jungen Paare drehen sich graziös im Takt. – Tanzen seh' ich gern, auch Jean Paul in der *Levana* empfiehlt es jungen Mädchen und gewiß auch jungen Leuten. Das macht den Körper geschmeidig und gibt dem Gang etwas Elastisches. Und elastisch muß doch die Jugend sein, nicht wahr? Ich mag es nicht, wenn Mädchen so klebrig sind!

Oder wir setzen uns draußen auf die Bank nach Osten zu. Da lachen die Hügelketten über die hohen Lebenseichen und Ulmen hinweg in ewigem Grün. Der Shovel Mount ist die höchste Spitze. Zwar wer das Hochgebirge kennt, wird diesen „Berg" wohl vergeblich suchen, ist er doch kaum 1500 Schuh hoch, aber bei uns heißt er doch ein Berg, weil wir ja früher ganz auf Ebenen gewohnt. Im Frühling, ehe die Blumen sprießen, wird dort das alte Gras angezündet, dann rollt das Feuer von Hügel zu Hügel in feuriger Lohe. So mag sich einer den Feuerzauber in Wagners *Siegfried* und *Walküre* denken, mit welchem der Gott, Wotan, die Brunhilde „umwabert." – Kommt dann der Regen, so ist alles ein buntes Blumenmeer, das da in der Nähe winkt und das Auge bezaubert hält. Neues Grün schmückt die Bäume, neue Saaten wachsen aus, neue Kälber und Lämmer hüpfen umher, junge Fohlen umkreisen die Stuten, und im Garten sprießt es und blüht es im ewigen Werden der neu verjüngten Natur.

Seit unser Eddie die stärkere rechte Hand des Vaters geworden, hilft mir dieser mehr zu Hause. Besonders ist es der Gemüsegarten, der ihn gefesselt hält. Zwischen unserm und Eddies Hause ist jetzt längst eine Windmühle, da kann der Garten irrigiert werden. Die größte Freude meines Mannes ist, wenn er mir unverhofft früh ein frisches Gemüse in die Küche bringt, darunter den beliebten Spinat, den der Leutnant nicht mag. Wie viel Späßchen hat's darüber gegeben! In der Gemüsekultur ging mein Carl allen voran, und ich darf wohl sagen, daß er darin mancher Familie einen guten Wink gegeben. – Auch einen guten Obstgarten hatten wir mit prachtvollen Birnbäumen. Im Jahre 1900 hatten wir eine große Ernte von Birnen, die schönsten, die wir je gehabt, dann erkrankten die Bäume am Brand und haben bis jetzt nie wieder voll getragen.

Seit unserer Ansiedelung am Cypreß hat sich der Boden und die Witterung sehr verändert. Während früher die Quellen, die reichhaltig in der ganzen Gegend waren, nie ausgegeben, versiegten die meisten und größten nach und nach. Für den Ackerbau schien die Gegend ganz untauglich geworden, da setzten in 1900 wieder große Regengüsse ein. In den Branchen strömte das Wasser, an einigen Stellen gab es sogar Wasserfälle, die von wildem Wein umstanden, von dessen Trauben der beliebte Texas-Wein gewonnen, der auch bei uns nie fehlte. Aber dann kamen wieder trockene Jahre, und weiß ich nicht, wohin das hinaus soll. Aber der Farmer soll den Mut nicht sinken lassen, ein Jährchen ist ja bald vorüber, ein gutes Jahr kann den Schaden bald reparieren.

Solche Hoffnungsgewißheit besitzt aber wohl der deutsche Farmer allein, so sehen wir ja auch auf dem Wege von Cypreß Mill nach Marble Falls manche blühende Farm, die ihren Besitzer trotz alledem ernährt. Auch ist das Land viel teurer geworden, alles ist mit Stacheldrähten eingefriedigt, welches zu Anfang den Pferden so ungewohnt, daß manches Tier sich den Fuß verwundet, unser alter „King" kam aus seinen Übeln gar nicht heraus, da mußte immer gedoktert werden. Die Zeit, in welcher das Land „gar keinen Wert hatte, das Vieh frei herumgraste", wie Herr Hallin in den vierziger Jahren gemeldet, die war für Texas vorbei. Auch die Viehzucht wurde bedeutend verbessert, der Preis stieg zu einer Höhe, wovon die alten Ansiedler sicher nichts geträumt. Mein Bruder Hermann hatte eine große Ziegenherde, wovon er guten Gewinn zog. Meine Nichte, Frieda Fuchs, machte die artigsten Handarbeiten von dem seidenen Haar der Angoraziegen. – So ist denn unsere Gegend im fortwährenden Aufblühen begriffen. Die Geheimnisse der Natur enthüllen sich mehr und mehr, der intelligente Farmer weiß auch diesem Boden Erzeugnisse abzugewinnen, und da ist es dann eine Freude, daß auch unsere Familie nicht zurückgeblieben, sondern Kinder und Enkel versuchen, das Mögliche möglich zu machen.

4.

Wenn es einem geglückt ist, eine große Familie zu braven, nützlichen Menschen, die auch das Herz am rechten Fleck haben, zu erziehen, darf man sich wohl erlauben, ein Wort über Erziehung* mitzureden. Ein

---

* [Louise Fuchs:] Hin und wieder haben wir die alten Eltern am Fluß besucht, Goeth's nahmen uns zuweilen mit, auch zu Schwager und Schwester, Hermann und Line, die am Tiger Creek wohnten. Aber mein Hauptverkehr war mit meiner Schwägerin Ottilie Goeth. – Und ihre und unsere Kinder, die ziemlich im gleichen Alter waren, spielten viel mit einander. Viel Mühe machte es nur,

Weiser sagt: „Wer erziehen will, darf die Selbsterziehung nicht aus den Augen lassen." Das ist eigentlich das Schwerste bei der Sache, denn wer wäre wohl selbst fehlerfrei?

Zum großen Teil ist es ein Talent, Kinder richtig zu behandeln. Ich habe Frauen gekannt, die als Mütter viel zu wünschen übrig ließen, aber sehr gute Erzieherinnen für ihre Kinder waren, hingegen auch andere, die selbst musterhaft im Hauswesen, von ihren Kindern wenig Gescheutes zurecht brachten. — Manche halten den Kleinen lange Moralpredigten, ohne darauf zu achten, ob das Kind auch wirklich zuhört. Erst muß es heißen „hör' zu, was ich sage", aber dann nicht viel auf einmal vorbringen, aber so freundlich wie möglich, oder auch streng, wie's der Fall verlangt.

Kleine Kinder machen ja ewig dummes Zeug, so daß das Verbieten und Schelten kein Ende nimmt; man gebe sich aber doch die Mühe, dem Kinde andere Unterhaltung zu gewähren. Aufgeweckte Kinder, die sich ja jede Eltern wünschen, sitzen nicht faul dahin, sie wollen Unterhaltung haben, sie wollen arbeiten auf ihre Art. Der gute Fröbel hat ja so viel Anleitung in der Art gegeben. Es lohnt sich für junge Eltern, junge Mütter im besonderen, belehrende Bücher über Kindererziehung zu lesen.

Als ich selbst noch junge Mutter war, — was heute lange her, unser Jüngster ist über dreißig, — habe ich alles, was ich in der Art erlangen konnte, gelesen. Das damals berühmte Buch über Erziehung von Jean Paul, *Levana*, hat mir gute Dienste geleistet. — Auch der weise Dr. Bock[22] widmet der Kindererziehung, ehe die Schule beginnt, ein besonderes Kapitel in dem Buche *Vom gesunden und kranken Menschen*. Er sagt, wenn ein Kind nach dem fünften Jahr noch Schläge bedarf, so ist es nicht richtig erzogen. Er betont auch besonders Eigenwille müsse bei kleinen

---

damals über den Cypress Creek zu kommen, denn er hatte ja so viel mehr Wasser als jetzt. Dann saßen wir aber gemütlich beisammen, und plauderten bei unserer Handarbeit; nicht Sticken war's, nein, meist wohl Flicken und Stopfen! Tilie und ich besprachen uns viel über Kindererziehung, welche uns ja besonders nahelag. Die eine Woche kam sie nachmittags zu mir, die folgende Woche ging ich zu ihr.

Kindern gebrochen werden, sie müßten erst Gehorsam lernen, natürlich nicht aus Angst und Furcht vor Strafe, sondern nur, weil die Mutter es wünscht oder befiehlt. Sie können ja selbst nicht beurteilen, was Recht und was Unrecht sei. – Ich erinnere mich, wie mein guter Vater nie ein Kind strafte, wenn er nicht zuvor gesagt hatte: „Wenn du das wieder tust, bekommst du Schläge." – Nie darf man ein Kind im Zorn strafen. Insofern sind die Kinder ebensowohl Erzieher der Eltern als umgekehrt, nur daß sie es selbst nicht wissen. Jean Paul sagt unter anderm:

„Das Kind muß ebenso fröhlich davon hüpfen, wenn die Mutter ,nein' sagt, als wenn sie die kindischen Wünsche gewährt."

Es war mir oft ganz rührend, wenn die lieben kleinen Kerle so willig gehorchten. Der eine sagte einst ganz wichtig: „Was du mir sagst, Mutter, das weiß ich immer." Ein andermal bei Tisch meinte er, als ein fremdes Gericht vor ihm stand: „Mutter, mag ich das?" Er hielt die Mutter für allwissend. Wenn ihnen jemand im Spaße etwas vorgeflunkert, wobei sie stutzten, kamen sie auch zu Mutter: „Sag du uns, wie es ist."

Ich denke gern an die Zeit zurück, wie ich sie noch alle sieben um mich hatte. Wenn ich mit Handarbeit beschäftigt am Fenster saß, die Kinder draußen fröhlich spielend, – das Kleinste vielleicht noch in der Wiege – dann dachte ich, es könne doch niemand glücklicher sein als eine Mutter mit einer Schar gesunder Kinder, die einen lieben Vater haben, wenn er den Kleinen auch nicht so nahe steht wie die Mutter. – Unsere Kinder entbehrten den Vater, wenn er nicht da war. Seine gleichmäßige heitere Gemütsart wirkte wohltuend auf die ganze Familie. Auch jetzt noch, in seinen siebziger Jahren erfreut er die Enkel durch seine Heiterkeit und Frohsinn.

Die moderne Frau mag anderen Ansichten huldigen. Das Klubwesen hat auch sie ergriffen, sie will ins öffentliche politische Leben treten, das ihr anscheinend mehr Befriedigung verspricht als die stillere Häuslichkeit. Daß ich nicht dafür bin, ihr lieben Enkelinnen, müßt ihr der Großmutter Goeth nun schönstens nachsehen. Ich will ja damit nicht sagen, daß alle Welt und ihr auch meine Ansicht teilen sollt, aber ein bißchen besinnt euch doch, wenn ihr am Kreuzwege steht, daß ihr nicht das Bessere wegwerft, wenn euch die Öffentlichkeit anziehender erscheint.

Ich denke, wir Frauen haben ein so großes, reiches Feld, uns für die Menschlichkeit nützlich zu machen, daß wir froh sein können, nicht stimmen zu brauchen. Wenn wir das tun, lassen wir uns in den Kampf mit den Männern ein. Wir sind von Natur das schwächere, womit ich nicht gerade sagen will, das dümmere Geschöpf, und auf die Kraft und Rücksicht des Mannes angewiesen. So scheint es die Natur gewollt zu haben, wie Biologen es bewiesen.

Unser Wirkungskreis ist trotzdem doch grade so wichtig wie der der Männer, wenn nicht noch wichtiger. Die Kindererziehung liegt doch meistens in unsern Händen. Wenn die Mutter nicht das Beste dabei tut, kann der Vater nicht viel dabei leisten. Wir sind das Innenleben und die Männer das Außenleben der Menschheit. Eins kann nicht ohne das andere bestehen. Es würde ja wirklich langweilig sein, wenn alle eine Stellung einnehmen wollten. Dann müßten wir Frauen auch mit in den Krieg.

Ich will gar nicht sagen, daß wir gleichgültig sein sollen gegen das öffentliche Leben und die Politik. Wir können uns warm dafür interessieren, mit unsern Männern darüber sprechen, aber das öffentliche Abstimmen sollten wir ihnen überlassen. Jeder gute, vernünftige Mann wird die Rechte der Frau schon vertreten, was viel mehr Eindruck macht, als wenn wir es selbst täten.

Eine Freundin in Denver erzählte, sie hätte sich überreden lassen, mit an den Stimmkasten zu gehen. Sie habe sich geschämt und täte es nie wieder. Ich alte Landmutter weiß ja wenig Bescheid, wie es in großen Städten zugeht mit allein stehenden Frauen und Mädchen, aber ich denke, sie können ja wohl alle einen Beruf finden, der ihnen Befriedigung für das Leben gibt, der Bildungsstufe, auf der sie stehen, angemessen.

Für uns verheiratete Frauen ist es zwar leicht, Liebe zu säen und Liebe zu ernten, aber ich habe doch auch immer die größte Achtung und Verehrung für ältere Mädchen, die sich ein liebevolles Gemüt bewahren und ihre Kraft anwenden, um auszuhelfen, wo es nötig ist, die ihr Glück darin suchen, zum Glück anderer beizutragen. Ich habe in meinem langen Leben manche von der Art kennengelernt und sie doch nicht unglücklich gefunden. Und nun fragt euch, wollt ihr in gleicher Lebenslage euch mit dem rohen Pöbel der Gassen einlassen, sie wohl gar um ihre Stimmen ersuchen bei einer politischen Wahl, oder zieht ihr ein Familienleben vor, das zwar der kleinen Plagen unendlich viele hat, auch herben Schmerz in sich birgt am Grabe eines geliebten Kindes, eines geliebten Mannes, aber dieser Schmerz veredelt auch die Seele, großes Unglück macht den Menschen und besonders die Frau erhaben, die äußerlichen Kritteleien und Nörgeleien der kalten Welt stumpft sie ab. Ist aber ein inniges Familienleben einmal zerstört in einem Staat, so muß dieser stark in allen seinen Fugen erschüttert werden. Die Familie ist das Fundament, und sie bedarf der größten Stützen, wankt diese, so kann ein eigentliches Nationalleben nicht mehr bestehen. Dies hat uns die Geschichte des Römischen Volkes gezeigt, wir Heutigen sollten es uns zur Warnung dienen lassen.

So, nun hat Großmutter euch wohl ihren Standpunkt klar gemacht und mag es hiermit sein Bewenden haben. –

5.

Die Zeit geht hin, die alten Sitten und Gebräuche haben sich verändert. Die alten holprigen Wege sind zu bequemen Fahrstraßen geworden, die „Schlitten" haben großen Wagen Platz gemacht, die Buggies, die „Hacks", machten ihr Erscheinen, und nun kommen die Söhne mit ihren lieben Familien aus Austin und San Antonio gar mit Automobilien, schon durch das Telephon im Hause angemeldet. Die Fahrgeschwindigkeit hat zugenommen, die Erde, einst so groß, wird immer kleiner, der Mensch versucht, ein Geisterreich sich zu erzwingen. Graf Zeppelin hat sein Luftschiff erbaut, den Erfolg kennt die Welt. Alles ist in Bewegung, keiner hat mehr das alte Sitzfleisch, auch die beliebten Quilt-Parties gehören fast schon zur Vergangenheit.

Die waren einst unter den Frauen so beliebt. Da kam eine ganze Gesellschaft von Damen, um daran Teil zu nehmen. Männer wurden wenig zugelassen, sie durften allenfalls die Staffage herrichten, aber damit hatte es sein Bewenden. Erst gab es guten Kaffee und Kuchen, was nach dem Kriege ein fast neuer Luxus geworden. Dann setzten sich an jeder

Seite der Decke vier oder fünf Damen und nun regten sich die flinken Hände, daß es eine Lust war:

„Wenn gute Reden sie begleiten,
Dann fließt die Arbeit munter fort."

Und daß es an Gesprächsstoff nicht gefehlt, brauche ich euch nicht zu versichern. Die Hauswirtschaft, der Garten, Kindererziehung, oder auch Literatur und Kunst wurden besprochen. Die Schrecknisse des Bürgerkrieges, Indianergefahren gaben interessante Abwechslung. Wie die Ausgaben zu verkürzen, aber nicht den Brotkorb und die Bequemlichkeit. Wie gesunde und schmackhafte Gerichte zu bereiten. Waren wir doch aus aller Herren Ländern und versuchten wir Frauen, eine von der andern zu lernen. War ein Klavier zu Hause, so wurde derweil auch musiziert und gesungen. Da rückten die „Gegenparteien" in freundlichem Wetteifer sich einander rasch näher, ehe der Nachmittag zu Ende, war eine Steppdecke fertig geworden, und wir hatten nebenbei einen amüsanten Tag gehabt. – Abendgesellschaften gab es zu wenig, die Wege waren noch zu weit, und der kommende Tag brachte ja auch seinen Dienst und meistens schwerer als der vorhergehende. So brachen auch die „Quilt-Parties" frühzeitig auf, aber doch füllten sich die Koffer mit warmen Decken. Fast scheint es mir, als ob mit zunehmender Kultur auch die Kälte zugenommen. Wenn so ein „Norther" durchs Land fegt, ruht es sich ganz behaglich unter Großmutter und Mutters warmen Decken. – Mein Mann besorgte die Heizung im Winter in Öfen und Kaminen, manches Holz hat der gute Alte gehackt, daß es stets angenehm war. Das ist nun auch anders. Draußen summt und schnurrt nicht etwa ein Spinnrad, sondern eine Gasolinmaschine, die in wenigen Stunden mehr Holz zerkleinert als sonst in angestrengten Tagen, wohl gar Monaten. Auch die Schiebkarre sehe ich nicht mehr, einst das erste Gerät auf der Farm. – Dabei fällt mir ein lustiger Fall ein. Einst zur Mittagszeit hatte ich meines Carls Hut aufgesetzt und war draußen beschäftigt gewesen. Etwas ermüdet, setzte ich mich auf die Schiebkarre, als unser starker Knabe, Eddie, herzukommt, mich rasch zurecht setzt – und nun mit Mutter davon! Alles Rufen und Schreien meinerseits war vergebens, so hatte ich eine lustige aber unfreiwillige Fahrt, und wenn Chinesen, die ja bekanntlich auch auf Schiebkarren reisten, ebenso rasch fortkommen als ich in der heißen Mittagsstunde, so mag das Reiseziel rascher erreicht werden als wir es uns denken. Daß ich nicht eher losgelassen bis Straffreiheit zugesichert, ist bloß eine historische Ergänzung. Ja, die Mutter ist doch glücklich, selbst wenn sie ein ernsteres Gesicht zeigen muß. Sie weiß ja, das Herz des Kindes ist gut, und sollte sie nicht einen kleinen Übermut verzeihen dürfen? Ich denke nicht, daß es der mütterlichen Autorität geschadet, meine stolze Lady, die du deinem Kinde höchstens einen gnädigen Handkuß zu gewähren hast, dich auch „Sie" anreden läßt.

6.

Geselligkeit und Freude waren dem Vater stets als gute Genien erschienen, die das Leben verschönern. Wo er zugegen war, da nahm die Unterhaltung sofort einen geistigen Flug ins Land des Schönen. Diese Geselligkeit hat sich bis zum heutigen Tage fortgesetzt und wird hoffentlich nie aussterben.

Solange es nur noch wenige Ansiedler gab, besuchten sich die Freunde und Verwandten an Sonntagen, wenn es nur immer anging. Bald aber war der Zudrang doch gar groß, für die Hausfrauen war's gar zu beschwerlich, so viele Gäste zu bewirten. So tat man sich zusammen, gründete einen Verein, der einmal im Monat von allen Mitgliedern besucht wurde. Anfangs war's noch bescheiden. Mein Bruder Wilhelm hatte seine Mühle Herrn Julius Kellersberger übertragen, dem Gemahl meiner Nichte, Helene Matern, einer Tochter der Schwester Ulla, und eine große Ranch am Pedernales[23] angefangen. Nun baute er ein großes Zimmer an, wo denn der Verein zuerst seinen Anfang nahm. Bald aber erwies sich auch das zu klein, so wurde denn auf einem schönen Hügel eine Halle gebaut in seiner Nähe. Dort war es wunderbar, vielleicht einer der schönsten Punkte im schönen Blanco County. Ein herrlicher Rundblick auf die Hügel, unten der Pedernales, ein reizendes Panorama.

Der Weg dahin führte allerdings buchstäblich über Stock und Stein und war im höchsten Grade gefährlich an mondfinsteren Nächten, wenn dort ein Ball abgehalten. Aber Fuhrmann und Pferde waren's gewohnt, über die Hügel an Abgründen dahinzusausen, – wir Frauen hatten oft einen Schrei mit Not unterdrückt, aber ein eigentliches Unglück ist niemals vorgekommen. – Eine Meile etwa von unserm neuen Hause fließt der Cypreß Creek, an welchem die grause Indianer-Tragödie sich ereignete, welcher auch ich und meine Kinder leicht hätten zum Opfer fallen können. Dieser Creek ist aber ein reizendes, fließendes Gewässer, ein Bach, von dicken, hohen Cypressen und Sykamoren umstanden. Wie ein blauer Faden zieht er sich durch den Wald mit lieblichem Gemurmel an manchen Stellen, dann wieder still wie ein See. Da er sehr fischreich, wird er von Anglern häufig besucht in der Sommerfrische, manche Forelle hat der Cypreß für den Tisch geliefert. Im Frühjahr und Herbst verwandelt er sich aber manchmal, durch Regengüsse geschwellt, in ein reißendes Wassergewoge, und ist er schon an zwanzig Fuß gestiegen. Die Wassermassen kommen dann so rasch, daß einer Gefahr läuft, zu verunglücken. Meine liebe Enkelin Patty Wenmohs und ihre Cousine, Anna Pellar, von der Schule heimreitend, wären einmal fast ertrunken, nur ihren Pferden verdanken sie ihre Rettung. Die Mühle hat sich jetzt in eine Baumwollen-Gin verwandelt. Da liegen denn vor dem Warenhause des Geschäftes viele Ballen Baumwolle, welche Zeugnis davon geben, daß die Agrikultur in unserer Gegend siegreich fortschreitet.

In der Halle denn findet sich der große Verwandtenkreis mit den Freunden zusammen. Fremde können eingeführt werden. Dies geschieht am meisten zu Zeiten der Wahlen. Dann kommen die Kandidaten mit ihren „Stump-Speeches", wobei Herr Pellar denn erst vorsichtshalber anfragt: „Say, Mister, for how long are you wound up?" Politische Reden stehen eigentlich nicht auf dem Programm, aber in liberaler Weise läßt man es geschehen. Da sehe ich denn ein ganzes Geschlecht heranwachsen. Von jedem möchte ich etwas sagen, aber wär's auch nur eine halbe Seite, so gäb's ein halbhundert Seiten mehr, und die Geduld wäre erschöpft.

Die Kinder spielen in ungezwungener Weise frei umher, Zwang wird da nicht aufgelegt, wie die wilde Jagd braust es durch den Saal, durch das Gebüsch. Da ist es zweckmäßig, gelegentlich auch die Nähnadel mitzunehmen. Die schon etwas ältere Jugend hat ihre Gesellschaftsspiele. In bunten Reigen und Gruppen bewegt sich alles froh umher, das ist nun eine Lust, zuzusehen. Die Damen sitzen in der Halle und erzählen sich Neuigkeiten, die Männer schieben Kegel, spielen Skat, bis Herr Kellersberger (ich, als Präsident!) die Erlaubnis gibt, ein Faß Bier anzuschlagen. Nun, das mundet. Jetzt wird alles gesprächiger. Lustige Schnurren aus jungen und alten Tagen werden zum Besten gegeben, die Damen werden geneckt, repartieren aber nicht ungeschickt, und die lieben Männer geben klein bei. „Ja, Helene, du hast Recht!"

Nun aber geht's in die Halle, wo eine kleine Bühne aufgeschlagen, und Herr August Schroeter ein kleines Schauspiel arrangiert. Glatt geht es über die Bühne, die liebe deutsche Muttersprache ist allen traut, wenn auch jeder Englisch fließend spricht. Deklamationen und Gesang folgen, wir Alten applaudieren den Jungen, jeder ist animiert und vergnügt.

Nun ist der Kaffee fertig. Lange Tafeln sind draußen aufgestellt, delikater Kuchen und Eingemachtes in Hülle und Fülle, und wie das draußen schmeckt unter den hohen Bäumen, mit einem Blick auf die liebliche Landschaft. Männerbedienung ist nicht gestattet, ei, das lassen wir deutsche Frauen uns nicht nehmen. Sie haben es sauer in der Woche, kommen fast den ganzen Tag nicht vom Pferde, und da sollen sie am Sonntage nicht in aller Gemütlichkeit ihren Kaffee genießen? Das geht nicht. Auch hier herrscht wieder Laune und Frohsinn, genug, um den finstersten Melancholiker zu erheitern.

Aber was ist das da für ein lustiges Gekicher und Hin- und Widerreden? Die tanzlustige Jugend hat unsern Eddie umringt und bettelt und drängt so lange, bis er gutmütig nachgibt, und nun noch rasch ein paar Tänze auf dem glatten Fußboden. Die Saiten des Klaviers vibrieren, denn so gut wie nach Eddies Musik tanzt es sich nirgends. Ist er doch selbst noch ein Jüngling, trotzdem er verheiratet, der Jugend aber gefällt die Jugend. Früher hat sein Onkel, Ernst Goeth, gespielt, nun aber der verschieden, sitzt der Neffe am Flügel, und siehe — der Leutnant walzt mit seiner Ottilie wie in den piekfeinsten Offizierstagen, der alte Herr Giger schlägt wenigstens die Hände im Takt, und mein Vetter, Onkel Fritz Fuchs, kommt in Versuchung, ein paar „schöne Worte" über den Tanz zu sagen, wird aber von Tante Theodora am Ärmel fortgezupft. So fliegt noch manches Paar durch den Saal, Theodor und Helene Fuchs,

Willie und Selma, und da knickst Frau Poggenpohl vor ihrem Gemahl:
„Na, wird's bald?" Fort muß er in den Strudel. Und da steht noch so
einer, der mit großen Augen in das fremde Gewühl blickt, aber die Sage
geht, der junge Mensch tanze nur Polonäse, was im dreiviertel Takt seine
Schwierigkeiten hat, kann also nicht mitmachen. Tanzschuhe hat keiner,
aber die hohen Stulpenstiefel biegen sich mit unerwarteter Elastizität, –
es komme nur ein sympathischer Spieler, da wird jede Sohle beweglich.

7.

Am 19. September 1905 wurde eine pietätvolle Gedächtnisfeier zum
hundertjährigen Geburtstage meines Vaters bei meinem Bruder Hermann abgehalten, wo die Eltern ja so lange Zeit gewohnt, und wo sie
auch zum ewigen Schlaf gebettet liegen. Eine zahlreiche Versammlung
der nächsten Verwandten war zugegen in Tiger Mill, wie das Postamt
genannt wird.

Die geistige Bedeutung des geliebten Vaters wurde dabei besonders
hervorgehoben, sein hoher Idealismus den Nachkommen als leuchtendes
Vorbild gepriesen. Den beengenden Schranken, dem Überwachungssy-
stem des Oberkonsistoriums, dieser Pest freiheitlichen Fortschritts und
liberaler Entwickelung, – dem politischen Gallimathias der unerträgli-
chen vierziger Jahre des neunzehnten Jahrhunderts war er entflohen,
hatte den feierlichen Priesterrock mit der Pflugjacke vertauscht, sein
bequemes Studierzimmer mit einer halben Rumpelkammer im ersten
Loghaus zu Cat Spring, aber auch so hatte er edle Menschenwürde durch
sein edles Wesen gepredigt und nicht aus Not des kargen Sparpfennigs,
den er um „Gottes willen" verdiente. Jetzt, da er verschieden, strahlte
sein Gesamtbild in hellen deutlichen Umrissen wie aus einem metalle-
nen Spiegel, wie gesagt wurde, seine geistige Größe erschien uns nun um
so bedeutender, als sie durch den Glanz der Ewigkeit verklärt zurück-
strahlte. Die Welt in Zeit und Raum mochte den bescheidenen Mann
wenig beachtet haben, sich zu den glänzenderen Tagesgestalten der
bewegten Stunde gehalten haben, aber hier war die Ruhe der allgegen-
wärtigen Tugend als Siegel ihrer Unvergänglichkeit ausgedrückt, jeder,

der zugegen war, ahnte den hohen Geist, der unsichtbar, sichtbar durch seine Lieder und Gesänge ihn umschwebte.

Mein lieber Mann las verständnisinnig die letzte Predigt des Vaters, die ich ja als zehnjähriges Kind mit angehört an jenem ereignisvollen Tage, als der Vater 1845 von seiner Gemeinde zu Kölzow Abschied genommen. Die Gedächtnisrede wurde von Max gehalten, der die Heimat seiner Ahnen nun ja auch kannte. Meine Nichte, Fräulein Louise Fuchs, sang mit ihrer schönen Stimme des Großvaters Lied: „Wenn der Sänger zieht durch den wilden Wald", welches Tochter Luise begleitete. Eine wehmutsvolle, erhebende Feier war's, die jedem der Anwesenden sichtbar zu Herzen ging, weswegen ich auch hier davon spreche. Es war ja keine der verzweifelnden Totenklagen, die da tönten, sondern der Wert des Lebens erschien hier hypostasiert; gewiß blickte er hernieder, der edle Vater, aus jenen heitern Regionen, wo des Jammers trüber Sturm nicht mehr rauscht, wie Schiller gesungen, und segnete sein Geschlecht, das sich selbst ehrte, als es ihn – 20 Jahre nach dem Tode – geehrt.

Nicht gar lange nach dieser eindrucksvollen Feier standen wir am Grabe meines Bruders Hermann, den der Tod von seinen schrecklichen Leiden erlöste. Schon in früherer Jugend war er von einem furchtbaren Kopfweh befallen, das morgens anfing, um die Mittagszeit seinen Höhepunkt erreichte und ihn mit dem Sinken der Sonne erst verließ, sodaß der Ärmste wenig leidenlose Tage verlebt. Dies hinderte ihn aber nicht, seinem Berufe in ernster Pflichterfüllung nachzukommen. Wohl tat seine liebe Frau alles, seinen Zustand zu erleichtern, aber wo selbst die beste ärztliche Hilfe versagte, da mußten sich auch die Familienmittel als nutzlos erweisen. Später kam noch eine krebsartige Kopfkrankheit hinzu, die seine ohnehin nicht starke Konstitution vollends unterwühlte.

In den wenigen Stunden, die ihm zu geistiger Arbeit geblieben, schrieb er für landwirtschaftliche Zeitungen und anderswo. Auch ist er mit vielen Gedichten in die Öffentlichkeit getreten. Waren seine Kinder etwa zu Verwandten gereist, so ließ er sich die Mitternachtslampe nicht verdrießen, ihnen einen poetischen Bericht von zu Hause zu erstatten. Seine Korrespondenz war sehr weitläufig; alle Briefe suchte er zwar pünktlich zu beantworten, wenn ihn aber doch die Kraft verließ, so wandte er sich an seine älteste Tochter, Frieda, die ihm denn ab und zu auch zudringliche Anfragen abnahm. Sogar kleine Preise setzte er aus in den Journalen für gelungene Arbeiten und Aufsätze von Kindern, die denn auch bezahlt wurden.

Als wir an Bord gingen, war Hermann noch nicht ganz vier Jahre alt, sein Geburtstag wurde auf dem Zweimaster gefeiert. Der Kleine schmiegte sich gerne an die Mutter und faßte sie bei der Hand. Darüber verlachten ihn mein Vetter, Heinrich Fuchs und sein Freund, daß er es nicht mehr wagte, Mutter anzufassen. Als wir dann in Cat Spring waren und er mit den Eltern eines Abends spazieren ging, sagte er plötzlich ganz treuherzig: „Mutter, darf ich jetzt deine Hand wieder anfassen?" – Stets ist seine Seele zart und weich geblieben, davon zeugen auch die letzten Worte, welche er niedergeschrieben und die am Grabe verlesen wurden. Sie lauten:

„Wenn auch mein Pfad durchs Leben voll Sorgen und Schmerzen war, so war doch nicht alles vergebens.

Meine lieben Angehörigen haben immer Alles getan, was in ihrer Macht stand, mir das Leben zu verschönern und Schmerzen zu erleichtern.

Wer sein Leben ohne Angehörige und ohne Freunde verbringen müßte, wäre der ärmste Mensch.

Wenn ihr nun wieder heimwärts fahrt von diesem frischen Grabe, denkt an das Schöne und Gute in dieser Welt und an das, was ihr tun wollt, in frischer, freier Luft. Regen und Sonnenschein werden kommen und euren Fleiß belohnen.

Wenn der geliebte Frühling da ist mit seinen Blüten und Blumen, den belaubten Büschen und Bäumen, werden die Vögel euch erinnern, daß auch die Menschen singen sollten und ihres Lebens froh sein.

Wenn die geliebten Angehörigen noch manchmal Blumen auf diese Ruhestätte legen und den Vögeln lauschen, die in den Zweigen wohnen, dann freut euch der reinen Luft und des Lichtes dieser unendlichen Welt.

Jeder von euch hat wohl manches mal freundlich zu mir gesprochen, und ich danke euch von Herzen."

Nun, aus diesen Worten spricht ja das ganze eigene Herz des Bruders. Er war der Letzte. Konrad, Wilhelm, Benno, Hermann, sie sind mir alle vorangegangen. Noch blieb mir meine Schwester Ulla, welche jetzt bei Herrn Franz Ebeling und seiner Frau Lulu, geb. Matern, ein freundliches Heim hatte. Auch diese große Ranch grenzt an den Shovel Mount, so sahen wir uns nicht zu selten, oder hörten doch wenigstens von einander. Ein großer Trost im Alter.

8.

Somit wären wir denn in das Jahr eingerückt, das jedem erwünscht, aber doch zu früh kommt, ich meine unsere Goldene Hochzeit, am 19. September 1909. Vor fünfundzwanzig Jahren war's ein dreifaches Fest gewesen, der neunundsiebzigste Geburtstag meines Vaters, die Silberne Hochzeit meines Carls mit mir, und John und Luisens Grüne Hochzeit. Daß nach menschlicher Berechnung mein Vater diesen Tag nicht mehr erleben würde, war ja vorauszusehen, aber gedacht haben wir seiner doch.

Das Fest selbst ist so schön und befriedigend verlaufen, wie man nur wünschen könnte. Draußen im Freien sah es freilich trostlos genug aus, weil es lange nicht geregnet hatte, aber das schien der fröhlichen Feststimmung gar keinen Abbruch zu tun. Grüne Cedern und grünes Laub waren doch genug vorhanden zur Schmückung des großen Hauses und sogar Blumen kamen von allen Seiten, von liebenden Händen gepflegt, für das Doppelfest der goldenen und silbernen Hochzeit. Daß alle nächsten Angehörigen der großen Familie gesund und wohlgemut erscheinen konnten, war die Hauptsache und machte alles andere nebensächlich.

Wie es die menschliche Natur verlangt, erst muß der leibliche Hunger gestillt sein, dann kommen die geistigen Genüsse an die Reihe. So auch bei diesem Feste. Wir waren darauf bedacht gewesen, den Enkelkindern eine möglichst schöne Erinnerung an die goldene Hochzeit der Großeltern zu verschaffen. So hatten wir für die zehn Jüngsten einen besonderen Tisch gedeckt, auch mit kleinen Weingläsern und einem gebratenen Puter besetzt. Großvater hatte noch ein übriges getan, für jedes Enkelkind ein kleines Couvert mit Namen versehen und eine goldene Münze hineingesteckt zum Andenken an die „Goldene

Hochzeit." Dem Töchterchen unseres jüngsten Sohnes wurde besondere Ehre zuteil, weil es zugleich ihr Geburtstag war, Elsa konnte schon ganz stramm auf eigenen Füßen ins zweite Jahr hinein laufen. Der prächtige kleine Urenkel, Söhnchen von Charles Wenmohs und Frau Cecilie, geb. Richter aus Friedrichsburg, und somit erster Enkel des Silberpaares, erfreute aller Herzen. Der kleine John Jr. schaute munter umher und verspricht ein feiner Knabe zu werden.

Als wir uns dann mit Kindern und Kindeskindern, dreiundzwanzig an der Zahl, an die schön geschmückte große Tafel setzten, fehlte zu aller Bedauern doch noch einer, der Dr. Richard aus San Antonio. Aber es währte nicht lange, so hörten wir den Ton seines Automobils. Nun war die Freude doppelt groß und konnte die begeisterte Feststimmung ihren Anfang nehmen.

Unsagbare Freude erfüllte unsere alten Herzen, als nun ein Sohn nach dem andern, der älteste den Anfang machend, sich erhob, um eine von Herzen kommende und zu Herzen gehende Rede zu halten. Es würde zu weit führen, alle herzlichen Worte hier wiederzugeben, möge aber dafür die Rede Maxens hier einen Platz finden, welche ihr Enkelkinder auch noch gerne lesen werdet. Max sprach etwa Folgendes:

„Meine lieben Verwandten!

Aus vollem Herzen erkenne ich die Ehre und das Vergnügen, an einer Versammlung von dieser Größe meine lieben Verwandten anreden zu dürfen. Beim Anblick dieser ansehnlichen Zahl von Blutsverwandten werde ich lebhaft erinnert an die Worte unseres lieben Groß- und Urgroßvaters Adolf Fuchs, die derselbe in seiner Abschiedspredigt an seine Gemeinde in Kölzow, Mecklenburg, richtete, als er 1845 von dort nach Texas auswanderte.

Als Teil für diese denkwürdige Predigt wählte Großvater Fuchs das 12te Kapitel des ersten Buches Moses: ‚Und der Herr sprach zu Abraham: Gehe aus deinem Vaterland und von deiner Freundschaft und aus deines Vaters Hause in ein Land, das ich dir zeigen will, und ich will dich zu einem großen Volke machen und will dich segnen'. Sodann sagte Großvater im letzten Teil seiner Predigt: ‚So meint ihr wohl, daß Gott uns dort sowohl in den leiblichen als auch in diesen höchsten Gütern segnen werde und uns wie den Abraham zu einem großen Volke und nicht bloß zu einem zahlreichen, sondern zu einem geistig großen, gebildeten, frommen Volke machen werde? Ja, wirklich hoffe ich das, und wenn ich das nicht hoffte, nicht hoffen dürfte, so würde ich wahrlich mein altes Vaterland nicht verlassen'.

Und wie verhält es sich heute mit all den prophetischen Aussprüchen unseres edlen Vorfahrs? Ist nicht diese Versammlung ein unwiderlegbares Zeugnis der Erfüllung seiner Hoffnungen?

Meine lieben Verwandten, laßt uns heute am 104ten Geburtstage unseres Großvaters in dankbarer Erinnerung seiner gedenken. Wie groß diese Verehrung für ihn und seine liebe Gattin bei ihrer Nachkommenschaft ist, bewies vor vier Jahren die 100-jährige Gedächtnisfeier desselben, wobei nur wenige der Nachkommen fehlten.

Als Großvater Fuchs heute vor fünfzig Jahren meine lieben Eltern traute, sagte er unter anderm: ‚Von euch erwarte ich, daß ihr euch nicht nach andern richtet, ihr sollt es besser machen'. Nun, ich denke, diese Erwartung ist in Erfüllung gegangen. Es sei ferne von mir, zu behaupten, daß meine Eltern es besser gemacht haben als alle andern, aber ich glaube bestimmt behaupten zu dürfen, daß sie es gut gemacht haben und zwar sehr gut. Sie haben sieben feine Kinder großgezogen, das feinste haben sie zuletzt noch groß gepäppelt. Das war zuerst so jämmerlich, daß sie nicht dachten, es würde 24 Stunden leben. Es hat sich bei ihm auch nie etwas sonderliches entwickelt, außer seinem Maulwerk (Max, der Redner). Jedenfalls können Vater und Mutter mit Stolz zurückblicken auf ihre Leistungen von 50 Jahren. Vater und Mutter leben hoch ! ! !

Ob bei Gelegenheit der grünen Hochzeit des silbernen Jubelpaares auch derartige prophetische Aussprüche gemacht wurden, habe ich in meinen Nachforschungen nicht feststellen können, aber ich glaube, daß John und Luise bei ihrer Vereinigung fürs Leben viele treue und gute Wünsche in ihrem Herzen getragen haben und weiß, daß sich diese Hoffnungen und Wünsche in sehr zufriedenstellendem Maße erfüllt haben. Umringt von Wohlstand und einer blühenden Kinderschar, können John und Luise ebenfalls mit Stolz auf ihre Leistungen von 25 Jahren zurückblicken.

John und Luise sollen leben hoch ! ! !

Jetzt kommen wir zum letzten Jubelkind, meinem kleinen Jährling (Else), dem wollen wir auch noch ein kleines Hoch ausbringen. Mein kleiner Jährling soll leben hoch ! ! !"

Außer dieser Rede, von deren Eindruck ich hier nicht rede, kamen noch viele Briefe von Nah und Fern. Ein paar uns gewidmete Gedichte mögen hier wiedergegeben werden, weil sie ganz großartig sind und wir sie gewiß nicht erwartet hatten. Das erste Gedicht ist wie folgt:

Herrn und Frau Carl Goeth achtungsvoll gewidmet von „Frau Anna", *New Yorker Staatszeitung.*

Beginnt das Jahr sich abzustreifen.
Das Laub auf seiner Wanderfahrt,
Dann erst gedeihen recht und reifen
Die gold'nen Früchte edler Art.

Auch euer Lebenspfad entfernte
Vom Lenze sich und Sommer schon;
Heut' bringt des Herbstes reiche Ernte
Euch eurer Treue gold'nen Lohn.

Wie lächelt euren Feierstunden
Noch Licht der Abendsonne Glanz,
Da ihr – in Liebe eins befunden –
Empfangt als Preis den gold'nen Kranz.

Drum dürft ihr nimmer ängstlich sorgen,
Bricht euer Wintertag herein;
Es wird für euch ein gold'ner Morgen
Der hocherfüllten Hoffnung sein.

So grüß dich Gott zum Hochzeitsfeste,
Verehrtes gold'nes Jubelpaar,
Und schenke dir der Gaben beste:
Daß es so bleibe wie es war.

Herr C. F. Rumpel, der Schriftleiter des *Texas Vorwärts*, schickte folgenden Glückwunsch in gebundener Sprache:

> Heil dem edlen Hochzeitspaare,
> Das nun waltet fünfzig Jahre,
> Treu in Leid und Freud' verbunden,
> Das die Liebe hat gefunden
> In der frohen Kinderschar,
> In den Enkeln immerdar.
>
> Mag die Zeit die Haare bleichen —
> Aus dem Born, dem immerreichen
> Fließt dem Menschen das Geschick,
> Lächelt gütig oft das Glück.
> Wo die Herzen sich verstehen,
> Kann kein Sturm die Blüt' verwehen.
>
> Möge sanft das Leben fließen,
> Mögen tausend Freuden grüßen
> Ferner noch auf eurer Bahn,
> Bis die letzten Tage nah'n, —
> Und des Herzens heil'ger Frieden
> Sei für immer euch beschieden.

Sei denn der lieben poetischen Hochzeitsgaben und ihrer Geber auch
hier dankend gedacht.

Am Nachmittage, so um die Kaffeezeit, da sammelten sich die
Gäste, lauter nahe und entfernte Verwandte, bis es hundert an der Zahl
waren, alle herzliche Wünsche darbringend. Nachdem der Kaffee mit
unendlichen Kuchen eingenommen war, die Enkelkinder niedliche Aufführungen vorgeführt, die Erwachsenen schöne Lieder unter der Direk-
tion meiner lieben Nichte, Fräulein Luise Fuchs, vorgetragen, entfernte
sich die ganze große Gesellschaft, außer uns beiden Alten, nach der
Cypreß-Halle, wo für das liebe Silberpaar noch großer Ball abgehalten
wurde. — Es war ein deutsches Fest gewesen, ganz wie wir es gewünscht,

denn obschon alle der englischen Sprache vollkommen mächtig sind, ertönten doch nur deutsche Laute und deutsche Lieder. Dies erhöhte in uns beiden Alten noch ganz besonders die Festfreude, denn deutsche Sprache, deutsche Kunst und deutsche Literatur haben in unserm Hause stets ein heiliges Heim gefunden. Möget auch ihr Enkelkinder in diesem Sinne weiterleben.

Von den vielen Geschenken, mit denen wir beglückt und erfreut wurden, hatten sich die Kinder für uns ein paar Großvater- und Großmutter-Stühle ausgedacht, ganz wundervoll bequem. Da saßen wir beiden Alten denn nun allein, nachdem alle fort und vier glückliche Augen strahlten sich an in derselben Liebe wie vor fünfzig Jahren. Wir durften zufrieden sein. Hart war die Schule unserer Ehe manchmal gewesen, aber in Liebe und gegenseitigem Vertrauen haben wir uns durchgerungen und das Glück blieb uns treu, golden wie die Sonne, die sich im Westen geneigt und die wiederkehren wird für die kommenden Geschlechter. – Möget auch ihr Kinder und Enkel eine solche goldene Hochzeit feiern.

Mit einiger Verleugnung meiner selbst will ich den Tag schließen mit ein paar Versen, die mir im Großmutter-Stuhl so einfielen, die ihr mir aber nicht als Überhebung anrechnen sollt, denn die alte Großmutter vergißt nicht, daß es viele Leute gegeben, denen auch sie zu Dank verpflichtet, daß ein günstiges Geschick sie den Weg geführt, sie auch nicht ganz von Krankheiten bewahrt, mit deren Aufzählung sie euch nicht ermüden will und wollte. Sie hat auch daran gedacht an ihrem Goldenen Hochzeitstage, die Wehmut blieb nicht aus, als sie schrieb:

Wir sitzen allein im großen Haus,
Wir beiden alten Leute,
Die Kinder zogen alle hinaus
In die Nähe und in die Weite.

Sie folgten alle dem Herzensdrang,
Das eigene Heim zu gründen,
Wie's immer geht, es währte nicht lang,
Ein zweites Herz zu finden.

Zuerst, da waren wir ganz allein,
Dann folgten die Kinderjahre — —
Nun sind wir wieder nur zu zwei'n,
Und weiß sind unsre Haare.

Wir haben unsre Pflicht getan
Und waren glücklich daneben,
Die Liebe, sie ist kein leerer Wahn,
Sie hat uns alles gegeben.

Carl und Ottilie Goeth

Carl Goeth. Ein Lebensbild.

1.

Seit 1909 habe ich keine Aufzeichnungen für unsere Nachkommen mehr gemacht, nun kann ich nur mit Tränen schreiben: Mein geliebter Carl ist nicht mehr bei mir. – Unser Sonnenschein, unser Vater, Großvater und Urgroßvater starb am 16ten Dezember 1912. Ganz, ganz unerwartet ist er eingeschlafen, als er sich in anscheinend bester Gesundheit und in heiterer, glücklicher Stimmung um 11 Uhr, wie er immer zu tun pflegte, zum Vormittagsschläfchen hingelegt. Die Brille hatte er noch vor den Augen, die Zeitung war seinen Händen entfallen. Nichts ahnend, hatte ich am Kamin gesessen und gelesen. Dann war ich aufgestanden, um zu Mittag zu rufen. Er lag da wie ein Schlummernder, mit meiner Hand fühlte ich noch über seine warme Stirn und ging hinaus. Als dann aber Max herunterkam und den Vater erblickte, der gegen seine Gewohnheit nicht aufgewacht, da sah der Sohn, was der Mutter entgangen. Er war nicht mehr, – der rasch hinzugerufene Arzt, Dr. Harwood, ein langjähriger Freund des Gatten, dem wir nach Johnson City telefoniert, konnte nur seinen Tod konstatieren. – Verwaist das Haus für immer, ewige Nacht für mich und die herbeigeeilten Kinder. Wie wir die nächsten Stunden überlebt, ich weiß es heute nicht mehr.

Für euch, liebe, gute Kinder, die ihr mir Trost und Stärkung in jenen bittern Tagen gewesen, will ich versuchen, den Lebensgang eures Vaters zusammenhängender niederzuschreiben, und sollten einige Wiederholungen dabei vorkommen, so verzeiht, mein Herz ist noch zu voll von der Trauer, die mich ergriffen. Ich möchte auch noch lieber warten, aber wer weiß, wie rasch ich ihm folgen werde, und dann wäre es zu spät! Möge keiner von euch davon überrascht werden. – Auf seinem Grabsteine lest ihr die Worte: „Du warst unser Sonnenschein." Mußten wir scheiden, wie gern hätte ich es ihm noch gesagt, nun hat es der Meißel in den harten Granit gehauen, aber in dem weichen Herzen, da leuchtet die Flammenschrift der ewigen, gütigen Sonne, die Liebe, die nimmer verlischt.

2.

Carl Alexander Goeth ist am 7ten März 1835 geboren in der Stadt Wetzlar, so wohlbekannt durch Goethes Aufenthalt daselbst am Reichskammergericht. Als 14-jähriger Knabe hat er den großen Schmerz erleiden müssen, seinen liebevollen, hochgeachteten Vater zu verlieren, den keiner ersetzen konnte, am wenigsten ein junger Stiefvater, mit dem die Mutter sich nach einigen Jahren vermählte. Dieser war ihm nie sympathisch, um so mehr schloß er sich an den Großvater mütterlicherseits an.

Dieser hieß Ernst Franke und ist meines Mannes ältester Bruder nach ihm genannt, Herr Ernst Goeth, in Texas als brillanter Klavierspieler weithin bekannt. Fünfzig Jahre war der Großvater Lehrer in Wetzlar. Zum 50-jährigen Jubiläum wurde ihm ein vergoldeter Becher geschenkt, den uns seine Tochter, Frau Marie Loose in Berlin, bei der er die letzte Zeit seines Lebens zugebracht, noch 1892 gezeigt. Der schöne Becher stand unter einer großen Glasglocke und hätte mein Carl ihn wohl gerne zum Andenken mitgenommen. – Großvater Franke war auch ein feiner Orgelspieler und übte er das Amt eines Organisten in dem alten berühmten Dom aus. In heiterer Gemütsart, die sich auf den Enkel vererbt haben mag, spielte er als Postludien[24] nicht gar so feierliche Stücke wie sonst üblich, sondern vielmehr frische Märsche. Von einem jungen Pastor darüber zur Rede gestellt, antwortete er: „Kehren Sie vor Ihrer Tür, ich weiß, was den Leuten gefällt."

Das Andenken an den alten Herrn Franke muß noch lange in Erinnerung geblieben sein. Als wir auf unserer oben erwähnten Reise auch Wetzlar besuchten, kamen wir auch auf die sogenannte Metzeburg, wo ein altes Fräulein, von aller Welt die Metzekarlin und mit „du" angeredet, guten Kaffee ausschenkte. Auch die erinnerte sich des alten Herrn und sagte lebhaft: „Wenn jetzt die jungen Herren klagen, wie schwer der Lehrerberuf sei, so sag' ich ihnen: Ei, macht's doch wie der alte Lehrer Franke. Wenn die Buben nicht hören wollten, hat er sie gekloppt, aber geärgert hat er sich nicht!"

Als Carl mit den besten Zeugnissen das Gymnasium verlassen, kam er als Lehrling in eine Buchdruckerei, in welcher seine Gewandtheit ihn so rasch vorwärtsbrachte, daß sein Prinzipal ihm das Gehalt eines Gesellen anbot, als er hörte, die Familie wollte auswandern. Auch während dieser Lehrlingszeit war Carl meistens bei den Großeltern zu Tisch, wo er sich behaglicher fühlte, als zu Hause. Der Bruder Ernst war in ein Geschäft getreten.

3.

Im Jahre 1852 wanderte aber doch die ganze Familie aus, als mein Mann 17 Jahre zählte. – In Texas fand sich für Buchdrucker keine Arbeit zu der Zeit, hingegen Sattlerei war ein glänzendes Geschäft, da, wie schon erwähnt, jeder zu Pferde ritt. So lernte er mit seinem Freunde Carl Wellhausen bei Ferdinand Wolters, der später sein Schwager wurde, indem er Carls Schwester Elise heiratete. Als er das Geschäft gelernt, trennte er sich mit zwanzig Jahren von seinem Stiefvater und ging auf Reisen. Sein nächstes Ziel war Neu Braunfels. Zufällig traf er mit Herrn Flato zusammen, der ihn mitnahm nach Burnet County, bei welcher Gelegenheit ich meinen lieben Mann zum ersten Male gesehen, und hat mein Carl mir nachmals gestanden, daß er mich nie hätte vergessen können.

In Neu Braunfels herrschte damals schon ein ganz interessantes deutsches Leben. Unter anderem war dort ein Gesangverein, dem sich Carl immer anschloß, wo Gelegenheit geboten. Eine Druckerei war ebenfalls in der kleinen Stadt, und der junge Goeth mußte ab und zu den Sattlerbock mit Druckerstuhl vertauschen und war somit ein nützliches Mitglied für die neue Kolonie. – Lange blieb er aber doch nicht in Braunfels, vielmehr ging er nach Ohio, zu einem Onkel und Tante Seeberger, welche seines Vaters einzige Schwester war. Die Tante scheint den Neffen lieb gehabt zu haben. Sie bat öfters: „Carl, lies doch noch 'e bische, du liest so hübsch." Der Onkel aber mahnte öfter bei Tisch: „Goeth, iß auch Brot dazu!" – Das Ehepaar hatte drei Söhne, Alexander, Anton und David, die aber längst vor ihrem Vetter verschieden. – Von Anton habe ich in den neunziger Jahren noch ein Bild in einer Zeitung gesehen, und zwar als Schatzmeister von der Chicagoer Weltausstellung. – Auf der damaligen Reise sah Carl die Niagara-Fälle zuerst.

Als Carl nach zwei Jahren zurückkam, hatte seine einzige Schwester Elise sich unterdessen mit Ferdinand Wolters vermählt. Er war ein sehr guter, tüchtiger, praktischer Mann, mit dem der junge Mann in Neu Ulm nun ein Sattlergeschäft betrieb. Dort wohnte auch seine Mutter mit Familie, seit sie ins Land gekommen. – Als mich denn mein Carl um Weihnachten 1858 wieder sah, und wir uns näher kennenlernten, am 19ten September 1859 geheiratet hatten, verlebten wir die ersten zwei oder drei Jahre in bester Harmonie mit Ferdinand und Elise. – Auch meine Schwiegermutter lernte ich als eine lebhafte, gewandte Dame kennen, mit ungewöhnlich hellen Augen. – Über die Neu Ulmer Tage habe ich schon berichtet. In seiner Traurede hatte mein Vater zu uns gesagt: „Ihr sollt euch kein Ehepaar zum Muster nehmen, ihr sollt es besser machen!" Darauf konnten wir eigentlich stolz sein, daß er die Kraft in uns voraussetzte, das Beste zu versuchen, vernünftige, gute Menschen zu sein. Möge sich der gute Vater nicht in uns geirrt haben.

4.

Im Oktober 1862 war der greuliche Bürgerkrieg schon so weit vorgeschritten, daß auch mein junger Mann und viele andere Freunde in die Armee berufen wurden. Wie alle Deutsche waren auch wir unionstreu geblieben, da flohen wir denn sozusagen nach Burnet County zu meinen Eltern. Ihr könnt euch meine Angst vorstellen, als euer Großvater und Vater aus den Armen der jungen Frau, von Seite seiner Kinder als Deserteur nach Austin spediert wurde. Es gelang ihm indessen noch, in den Dienst des Quartiermeister-Departements unter Major James McKinney aufgenommen zu werden. Später trat er in eine Compagnie, welche die Grenze gegen Indianerüberfälle zu bewachen hatte. So blieb mein Mann, wenn auch nicht immer zu Hause, doch wenigstens in der Nähe. Anfangs hatte er eine gewisse Anzahl Sattelböcke für die Regierung zu liefern. Dies war drollig genug. Gingen wir durch den Wald und freute ich mich der schönen Birken und was da sonst wuchs, so examinierte er mit seinen Augen Bäume und Äste nur auf Sattelböcke! – In Marble Falls sollte eine Pulvermühle errichtet werden, auch dazu wurde er kommandiert. Er ging dann jeden Morgen mit seinem Lunch-Kessel dahin. Erst über den Colorado, welcher dort eine Biegung machte, dann war's näher, und konnte er eine kleine Weile länger bleiben und war auch eher zurück. Pulver ist übrigens nie fertig geworden.

5.

Bis zum Anfange des Jahres 1867 blieben wir noch bei den Eltern am Colorado-Fluß wohnen. Unser Schwager Wolters starb, nachdem der Krieg zu Ende und auch der Friede eine bessere Zukunft verhießen. Carl aber hatte für Elise und ihre vier kleinen Söhne zu sorgen, ihr in den Geschäftsabwickelungen ratend zur Hand zu gehen und ihr die Lage zu erleichtern so gut es ging. Ich reiste nicht wieder mit nach Neu Ulm, weil wir dort unser erstes Söhnchen, Carling, verloren, und bei einem Besuche gleich nach dem Frieden noch das Töchterchen, Toni, hatten hergeben müssen. – Schon während des Krieges hatte mein Mann auf ein sorgenfreies Auskommen vorgearbeitet. Unsern netten Wohnplatz in Neu Ulm vertauschte er gegen eine Farm am Cypreß Creek, etwa fünfzehn Meilen südlich von Marble Falls. Ein schönes Pferd gab er noch dazu, weil es leicht von Indianern gestohlen worden wäre. Außerdem hatte sich gezeigt, daß diese Gegend sich ausgezeichnet für Schafzucht eignete. So kaufte er von Herrn Varnhagen, dem Manne meiner jüngeren Schwester Ino, eine Herde Schafe und ließ sie vorläufig auf dem von Herrn Robert Wolters gekauftem Platz wohnen, eben am Cypreß Creek, bis wir dann selbst dahinzogen mit den zwei Kindern, Adolf und Luise, und fast sechszehn oder siebzehn Jahre dort verlebten. Die beiden ersten Kinder, Carling und Adolf, sind unter der liebevollen Pflege von meines Mannes Mutter zur Welt gekommen, Toni und Luising bei Großmutting Fuchs, am Cypreß machten die andern ihr Erscheinen, Ottilie, Konrad, Edward, Richard und Max. – Bei dem letzten war ich sehr krank, die Umgebung wurde besorgt, besonders ein alter Amerikaner, der meinen Mann zu bestimmen suchte, mich auf die ewige Reise vorzubereiten lassen. Mein Carl hatte glücklicher Weise besseres Vertrauen, unter seiner aufopfernden Pflege genas ich. Wohl wäre es mir mehr als schmerzlich gewesen, gerade damals von dem geliebten Manne zu scheiden, von den lieben kleinen, unerwachsenen Kindern. Arbeit wurde mir nie schwer, so sehr ich auch in Anspruch genommen. – Wenn die kleine

Gesellschaft so draußen unter den großen, schattigen Lebenseichen, wovon es so viele gab in unserm Tale, spielte und ich am Fenster mit eben nicht zu zierlichen Handarbeiten saß und ihnen zuschaute, ihr fröhliches Lachen, ihre hellen Kinderstimmen mir ans Ohr und ins Herz drangen, da mußte ich oft denken, so glücklich als ich könne niemand sein. Da regten sich die Hände flinker, und kam der Abend, so hatte niemand auf sein Mahl zu warten.

6.

Durch die Schafzucht wuchs der Wohlstand. Jedes Jahr konnte Vater ein Stück Land dazu kaufen, nach und nach ließ er vier große Schafställe bauen. Am Shovel Mount und den Hügeln entlang kaufte er vier kleinere Farmen, wo er die Schäfer wohnen ließ. Die vielen Lämmer – ein großes Pläsier für die Kinder – wurden meist bei Hause gezogen unter Vaters (so war ich nun längst gewohnt, meinen lieben Mann zu nennen, während Vater Fuchs nur noch Großvater hieß) besonderer Aufsicht. Als die Knaben heranwuchsen, konnten sie viel dabei helfen. Es hat sich aber keiner von ihnen sonderlich dafür interessiert, es sei denn, daß Max oder Eddie die Schafzucht gelegentlich wieder aufnehmen werden. – Goeth's Ranch hatte früher einen nicht unbedeutenden Ruf, in den Herden waren Tausende wollige Vierfüßler, und brachte ihr Vlies manchen guten Dollar ein. Die Schafschur war besonders eine rege Zeit im März oder April. Da ging die Schere klipp, klipp manchen langen Tag, die Hausfrau aber ließ es sich nicht verdrießen, in der Küche gut zuzuko- chen. Manche geschwollene Hand mußte wohl auch noch gepflegt werden. Aber sie tat's gern. – War dann der Preis gemacht, so fuhren hochgetürmte Wagen nach Marble Falls, da saß mein Carl einmal weich in der Wolle. Freilich, alles Profit war's auch nicht, aber Vater war stets gewissenhaft, Banknoten, den Store, Schäfern und wen sonst noch alles zu zahlen, ehe er an sich dachte. Aber für die Familie hatte er doch noch ein paar gute Goldstücke. Kam er nach Hause von Marble Falls, so war eine neue Bequemlichkeit zu erwarten: „Mr. Goeth always buys some- thing nice for his family", sagte ein Amerikaner, aber es waren praktische Hausgeräte, meine Arbeit zu erleichtern; so kamen sie uns allen zu gute.

Auch Fremde kamen, Goeths Schäfereien zu studieren und von ihnen zu profitieren. Auch komische Gestalten tauchten auf, Leute, die keine Ahnung vom Landleben hatten. So erschien einst ein kleiner dicker Herr direkt aus Thorwaldsens Bildhauer-Atelier, wo er vorzugsweise große Photographien angefertigt hatte. Vorerst aus der Kutsche schwang sich ein großer Tabaksbeutel, fast größer und plumper als das Herrchen selber. Kopfschüttelnd schaute er sich Herden und Lämmer an und fragte Vater: „Sagen Sie mal, Herr Goeth, ziehen Sie lauter Mutterlämmer?" Die Antwort meines Mannes laß ich lieber erraten. Die ihn gekannt haben, mögen wissen, wie es lustig in seinen Augen gelacht, obschon der Mund sich zu einer ernsthaften Antwort zwang. – Als am nächsten Morgen in einem großen, hölzernen Butterfaß gebuttert wurde, stand derselbe alte Herr davor und sagte staunend: „Also das ist ein Butterfaß, ich hab' in meinem Leben noch keins gesehen." – Ihr mögt euch denken, daß wir froh waren, den Tabak in der Kutsche verschwinden zu sehen, da war Hoffnung, das der Gast folgen würde. Und also geschah es. – Nun, der Wind weht nicht immer von einer Seite, so bleiben die Bäume zuletzt doch noch aufrecht stehen. Andere Schäfer sind in der Tat zu Wohlstand gekommen, die längere Zeit bei uns gewesen, und das ist immer ein gutes Zeugnis für die eigene Wirtschaft.

7.

Die ersten Jahre am Cypreß waren naß und daher sehr fruchtbar, so daß auch mein Blumengärtchen mit einer Rosenlaube, worin die kleinen Mädchen so gerne spielten, auch im Sommer hübsch blieb. Morgens, ehe es an die eigentliche Arbeit ging, erfreuten wir uns zusammen an den Blumen. Frühzeitig suchte ich in den Kleinen Sinn für die schöne Natur, die uns umgab, zu erwecken. In der Tat sind alle Naturfreunde geworden, nichts ist meinen Stadtkindern lieber, als wenn sie heraus aufs Land kommen und jagen und fischen gehen. Das ist ja auch schön, besonders in den milden Mondnächten am Pedernales-Fluß. Unter dem wilden Weinlaub wird ein Feuer angezündet, das die Szene malerisch erhellt. Da liegen sie auf bequemem Lager, braten Fische und Wild, das sie erbeutet mit kunstvollen Angeln und der sicheren Kugel. Da sprechen sie als

Brüder zu Brüdern, und kommen sie zurück, so leuchtet helle Freude der Befriedigung auf aller Wangen. — Als im Jahre 1869 unser lieber Sohn Konrad zur Welt gekommen, waren es sehr ernste Zeiten gewesen, die auf sein keimendes Leben gewiß nicht ohne Einfluß geblieben. Die Indianer-Raubzüge, schreckliche Wasserfluten und das Traurigste, der Tod meiner jüngsten Schwester, Ino Varnhagen, im Wochenbett, dann noch eine gefährliche Krankheit Vaters, das alles hat ihm wohl den ernsten Charakter von klein an gegeben. Eddie hingegen, im Jubeljahre des neuen deutschen Kaiserreiches geboren, hat das heiterste Temperament unter allen Geschwistern. So ergänzen sich die Brüder gegenseitig in inniger Harmonie. Kamen sie, wie früher, zu Wagen von Marble Falls abgeholt, so hörte ich schon ihren lauten Gesang und munteres Sprechen und Plaudern von weitem. Da wird das Herz groß. Leben sie auch in glänzenderen Verhältnissen, als wir es bieten könnten, das wußte ich, ihr kindliches Gemüt schlug doch für Vater und Mutter. Ja, die schönen Zeiten, wenn nun Vater mit ihnen scherzte und spaßte und auch die letzten ernsten Wolken von ihrer Stirne trieb, daß sie wieder heiter wurden als Kinder, ach, die Zeiten sind nun dahin, meine Söhne, aber Dank, wenn ihr kommt, wenn die Hand euch zum Gruße drücken darf. Kommt oft, meine Kinder! Ja, kommt oft!

8.

Ein paar heitere Sachen will ich doch mitteilen, so wehmütig mir auch ums Herz. — Da wir oft mexikanische Hirten hatten, hatte Vater die spanische Sprache gelernt, in der er sich zuletzt ganz gewandt auszudrükken verstand. Bei Tisch gebrauchte er scherzweise spanische Wörter für Messer, Gabel und so weiter. So fragte ihn einst jemand: „Vater, wie kommt es, daß Löffel gerade *cuchara* genannt wird?" — „Ja, siehst du, man kutschiert eben damit an die Futterluke!" — „Ist nicht Maulbeere ein häßlicher Name?" „I wo! geht sie doch ganz bequem ins Maul und schmilzt auf der Zunge!" Ich befürchte, die Philologen hätten meinen guten Worterklärer nicht durchs Examen gelassen, und die Jungens werden's ihren Professoren auf der Universität nicht aufgetischt und es beim Lachen haben bewenden lassen.

9.

Eine innige Freundschaft verband unsere Familie besonders mit der meines Bruders Wilhelm, welcher anfangs eine Mühle am Cypreß Creek hatte und also in nächster Nachbarschaft wohnte. So kam es denn ganz natürlich, daß meine liebe Schwägerin Luise, geb. Romberg, mir fast eine Schwester wurde. – Auch da war eine große Familie, die Kinder knüpften das Band nur um so fester, sie gingen nach einer Schule, und so unterstützten wir uns gegenseitig mit Rat und Tat. Auch mein Carl und Wilhelm wurden etwas mehr als Schwager, obschon ihr Temperament nicht dasselbe war. Der Bruder, gutmütig, aber mit etwas schwerer Stimme, mein Alter die Beweglichkeit selber. Wilhelm, groß und von starkem Körperbau, mein Mann von mittlerer Größe und keineswegs zur Obesität geneigt. Aber sie verstanden sich doch, auch zu der Zeit in 1866, als der Bruderkrieg zwischen Nord und Süd entbrannt war in den deutschen Gauen. Beide sahen vielleicht schon die Einigung Deutschlands voraus, und nun der Jubel, als die letzte Schranke gefallen, die Main-Linie hatte ja keine Bedeutung mehr, es gab nur noch Deutsche, ob Mecklenburg, ob Schwaben, wer hatte noch weiter danach zu fragen. – Dies wurde auch nicht anders, als Wilhelm eine große Ranch anfing, da auch er für seine Knaben und Mädchen Vorsorge treffen mußte.* So konnte es geschehen, daß seine Söhne genügend Land haben, um auf des Vaters Erbteil zu bleiben, außer dem jüngsten, Johannes, der Rechtsanwalt geworden und sich mit meiner lieben Enkelin, Patty Wenmohs, in Neu Braunfels einen eigenen Herd gegründet. – Wie ich schon früher erwähnt, starb Wilhelm ganz plötzlich am Schlaganfall, aber Tante Luise ist noch da, mit ihr kann ich noch über alte Zeiten sprechen, die nun so fern, so gar fern liegen.

---

* [Louise Fuchs:] Papa kaufte nach und nach immer mehr Land – nachdem er die Mühle mit dem dazu gehörenden Lande bezahlt hatte – so daß er Besitzer von vielem Land zwischen dem Cypress Creek und dem Pedernales wurde. Mich haben aber diese Besitzungen und Schulden sehr bedrückt; ich hätte lieber weniger gehabt und wäre schuldenfrei gewesen. Ich mochte mir gar nichts gönnen, und hätte doch so gerne in Küche und Hof allerlei Verbesserungen gehabt.

10.

Als Vater 1876 nach Philadelphia reiste, nahm er hundert Hammel mit nach Austin, die Reisekosten zu decken. – Die lieben Briefe, die er mir aus dem Osten geschrieben, sind noch vorhanden. Auch ein Bild ließ er in New York auf meinen Wunsch machen. Es stellt ihn da mit dunklem Haar, das bald nachher doch zu ergrauen anfing. Das Bild hat unser Sohn Konrad in San Antonio. – Auch unser späterer Schwiegersohn, Herr John Wenmohs, reiste damals nach Philadelphia, als er 21 Jahre zählte, und wo er eine Tante besuchte. Vater sah damals die Niagara-Fälle zum zweiten Male. – 1877 wurde Max geboren, am 10. Juli 1879 feierten meine Eltern ihre Goldene Hochzeit. Es war in ihrer Heimat am Colorado-Flusse. Die Stimmung war eine begeisterte und Großvater Fuchs hatte schöne Lieder dazu gedichtet. Es war überhaupt ein gesegnetes Jahr. – 1882 wurde unser großes Steinhaus gebaut, wo wir seit der Zeit gelebt haben und wo mein geliebter Carl die Augen geschlossen. Seine lieben, freundlichen Augen! Sie waren bis zuletzt so stark geblieben, daß er im hohen Alter noch ein Eichhörnchen vom Baume schießen konnte. Überhaupt war seine Flinte manchen Hasens Tod, der sich in den Garten geschlichen. Sonst war Vater kein besonderer Jagdliebhaber, dem hohen Weidwerk hat er nicht gehuldigt. – Anders stand es mit den Söhnen. Besonders Eddie war ein großer Freund von Treibjagden auf Füchse und wilde Katzen. Dabei ritt er die feurigsten Renner die Hügel hinauf und hinunter. Prachtvolle Tiere brachte er oft als Jagdbeute heim. Auch den Wölfen legte er gut versteckte Fallen und mancher heulende Schafzerreißer ist von ihm gefangen worden. In letzterer Zeit hat er die Treibjagden aufgegeben, gewiß zur Beruhigung seiner lieben Frau Gussie. Ganz gewiß zu meiner Genugtuung, die ich gern auf ein Fuchsfell verzichte, wenn ich nachts keine Sorge um ihn zu haben brauche.

11.

Über die Hochzeiten meiner Kinder, über meine Schwiegertöchter und Schwiegersöhne habe ich bereits geschrieben. Nur will ich hier hinzufügen, daß unser lieber Sohn Dr. Richard Goeth sich zum zweiten Male vermählt hat mit Fräulein Alma Tips. Ich kann es nur als eine freundliche Schicksalsfügung ansehen, daß gerade diese Dame den Platz ausfüllt, der sonst als „liebeleer" verschrieen ist. Wie sich die junge Frau, nun auch schon selbst Mutter von einem kräftigen Jungen, in die Herzen der Kinder geschmeichelt, geht wohl am besten aus einer kleinen Szene hervor, die sich zu Tisch bei Herrn John Wenmohs abspielte. Als alle Platz genommen, schlang der junge Richard plötzlich die Arme um die neue Mutter und sagte auf deutsch: „Herr –, habe ich nicht eine feine Mama bekommen?" Der Kleine ahnte wohl nicht, was das für seinen Papa, für uns alle zu bedeuten hatte. – Ich habe es früher ausgesprochen, daß Eltern auch von Kindern lernen können, hier wurde uns eine solche kleine Lehre zuteil. Der ganze kindliche Jubel, wieder eine Mutter zu haben, wieder ein Herz zu besitzen, dem er alles, alles sagen durfte. Am meisten aber freute ich mich um Alma, denn nun konnte sie wissen, als Mutter aller Kinder an Seite ihres Mannes zu stehen.

12.

Jetzt aber müßte ich ein langes Kapitel über die politischen Tätigkeiten Vaters schreiben. Die meinen Standpunkt in der Politik kennen, werden begreifen, daß ich es nur zögernd wage. Daß Vaters Rat im öffentlichen Leben viel zu bedeuten gehabt im County, im Staate, auch in nationalen Fragen, daß er in allen Wahlen oft einen entscheidenden Einfluß gehabt, er mit den besten Staatsmännern in reger Korrespondenz und selbst persönlichem Verkehr stand, daß er sein Wort hielt, daß er nach reiflicher Überlegung zugesagt, er nur das Beste für das allgemeine Volkswohl stets im Auge gehabt, ohne dabei in egoistischer Weise seinen eigenen Vorteil zu suchen, das, denke ich, wird jeder zugeben, der Carl Goeth gekannt und ihn nicht verkannt hat. Friedliebend wie er war, seine Rechte wußte er als ganzer Mann zu verteidigen, denn indem er sich verteidigte, verteidigte er das allgemeine Recht. Schiefwinklige Politiker fanden kein Gehör bei ihm. So blieb er stets aufrecht stehen in allem politischen Hader, dies ist auch oft hervorgehoben worden von Kandidaten, selbst wenn er sie nicht unterstützen konnte und wollte.

In den Wahljahren kam mancher Kandidat als Gast. Alle wurden freundlich von ihm aufgenommen, mit nie verletzender Geduld hörte er sie an, und hielt mit seiner Überzeugung nicht zurück. Manchem hat er guten Rat gegeben, schiefe Meinungen berichtigt, die guten aufgemuntert in den schweren Kämpfen. Auch als Redner ist er aufgetreten und schrieb, wenn auch selten, für die Tagespresse.

So konnte es nicht ausbleiben, daß ihm öffentliche Ämter angeboten, die er schließlich auch annahm. So war er Friedensrichter, wobei er den hadernden Parteien immer die goldene Maxime zu Gemüte führte, daß „ein magerer Vergleich besser als ein fetter Prozeß." Meistens gelang es ihm, die streitenden Parteien auch wirklich zu versöhnen, er also ein Friedensrichter im eigensten Buchstaben des Wortes war. In dieser Hinsicht ist er für unser Blanco County von großem Nutzen gewesen. Hatte unser Schwiegersohn, Herr John Wenmohs, in jüngeren Jahren als Deputy Sheriff viel dazu beigetragen, das County von gesetzlosen Räuberbanden und Pferdedieben, selbst mit großer Gefahr seines Lebens, zu säubern, so tat Vater ein weiteres, indem er die Nachbarn, die aus allen Ecken und Enden der Welt sich hier niedergelassen, zu friedliebenden Bürgern machte. Die englische Sprache war ihm ganz geläufig; mit gutem süddeutschen Humor gespickt, glückte ihm manches Versöhnungsstück, was einem Amerikaner nicht möglich gewesen.

Im Jahre 1886 wurde Vater als Repräsentant in die Legislatur zu Austin gewählt und zwar mit großer Majorität für die Counties Blanco, Llano, Comal und Gillespie. Darüber schreibt Herr Rumpel im *Texas Vorwärts*:

„Der junge Gesetzgeber erwies sich als eine Wohltat für seinen Distrikt: sein praktischer Geschäftsblick brachte vier sehr zeitgemäße Gesetzesvorlagen ein, von denen zwei der wichtigsten angenommen wurden. Es ist wohl kaum noch notwendig hinzufügen, daß Goeth zum liberalen demokratischen Flügel gehörte, und daß alle fanatischen Einschränkungen der bürgerlichen Freiheit in ihm einen strammen Gegner fanden. Er waltete seines Amtes in zwei Terminen, worauf er sich in die Stille seiner Berge zurückzog und unterstützt von seinem Sohne nach wie vor die Schafzucht betrieb."

So weit Herr Rumpel. — Aber während Vater in Austin weilte und an seinen Bills arbeitete und sie durchzubringen suchte, was ihm Mühe genug gekostet, vergaß er doch seine Familie nicht. Die Kinder und ich entbehrten ihn unaussprechlich, er fehlte eben bei Tisch, überall, wenn auch die Wirtschaft ihren regelrechten Gang fortging. Da war's denn doppelt schön, wenn die Post uns seine Briefe brachte, die alle von seiner großen Liebe atmeten, und die ich heute nicht ohne Tränen in die Hand nehmen kann, oder sie mir gar vorlesen lasse.

Nur einmal noch hat Vater den dringendsten Bitten seiner Freunde nachgegeben und sich als Kandidat des Repräsentanten-Hauses aufstellen lassen. Das war im Jahre 1910, glaube ich. Wir alle, und er besonders, waren froh, als die Wahl auf jüngere Schultern fiel, denn er war doch schon zu weit ins Greisenalter gerückt, um die Bürden des Amtes zu tragen, so jugendfrisch auch sein Geist war. — Es war die Zeit der bittersten Prohibitions-Kämpfe, in welcher Freunde zu erbittersten Feinden wurden. Daß Vater dagegen war, ist ja selbstverständlich, denn nach seiner Meinung hat ein Johnson City nicht das Recht, den Einwohnern von Dallas vorzuschreiben, was sie essen und trinken sollen. — War er doch die Mäßigkeit selber, nie habe ich meinen Mann in einer Verfassung gesehen, welche bacchischen Ausschreitungen ankleben. Wohl trank er mit guten Freunden und seinen Söhnen ein Glas Wein oder Bier, aber an Ausschreitungen war bei keinen etwas zu bemerken. Fast entwürdige ich meine Feder, seinem Andenken geweiht, dieses auch nur zu erwähnen, aber die Zeitverhältnisse sind schuld, daß es doch geschehen mußte. Meinen Kindern muß es komisch vorkommen, und ich lasse gern dieses Thema fallen, da es in unserer Familie keine Rolle gespielt. — Vater kelterte seinen Wein selbst, dessen Trauben auf der Ranch wuchsen, wild und unkultiviert, was aber die Natur geschenkt und ist an sich gut, warum sollte es der Mensch nicht genießen?

Auch sein Pfeifchen Tabak rauchte Vater gern bis zum Ende seines Lebens. Nach den Streichhölzern zu rechnen, welche den ganzen Fußboden bedeckten, hätte man annehmen können, die Tabakrechnung müsse eine sehr hohe gewesen sein. Aber nie, oder doch höchst selten, rauchte er eine parfümierte Zigarre, und der Tabak selbst, den er konsumierte, war gering, denn die Pfeife ging ihm alle halbe Minute aus. Am Abend ließ er sich noch eine extra Tasse Tee verabreichen, „zur Pfeif", und gerne hab' ich eingeschenkt, besonders an Winterabenden, denn da las er mir oft und lange vor, bis ich zuletzt ganz auf ihn angewiesen war. — Noch zu Anfang des Jahrhunderts las Vater mit einem jüngeren Hausgenossen Reisebeschreibungen von Alexander von Humboldt und zwar in spanischer Sprache, in welche dieselben übersetzt waren. Oft sprach er davon, noch einmal eine größere Reise nach Mexiko zu unternehmen, für welches Land er sich sehr interessierte. Dazu ist es nicht mehr gekommen, denn „there is no place like home." — Dagegen lasse ich nun ein Bruchstück unserer Reise durch Deutschland folgen, die Vater selbst beschrieben, und welches sich ganz unerwarteter Weise noch im Besitz unserer Tochter Luise Wenmohs befand und seiner Zeit auch veröffentlicht ist. Gleichzeitig gibt es einen Begriff seines lebhaften Erzählungstalents.

13.
Unsere Reise durch Deutschland.

Berlin! Ja, was ist da alles zu sehen, und wo soll man anfangen, zu erzählen!

Fanden das richtige Quartier im Hotel Hollstein nahe dem Anhalter Bahnhofe. Das Passagepanoptikum mit seinem Wachsfigurenkabinett, größten Kalibers, nebenbei Konzert und allerlei Kunstproduktionen in der Friedrichs-Straße wurde zuerst besucht. In der Königgrätzer-Straße das Museum für Völkerkunde war hochinteressant. Hier hatte ich Gelegenheit, eine mexikanische Visitenkarte mit kunstvoller Federarbeit beizusteuern, die mit Dank angenommen wurde und der Abteilung Mexiko zugeteilt. Dicht dabei ist das Museum für Kunst und Gewerbe, welches ebenfalls besucht und bewundert wurde. Einen Morgen verbrachten wir im Zoologischen Garten, einem der beliebtesten Besuchsorte Berlins, mit schönem Park und Erfrischungslokalen, auch einige Stunden im Aquarium, mit seinen unterirdischen Räumen und zoologischen Einteilungen. Interessant sind besonders die Seequallen, von denen ein Offiziers-Bursche, den sein Herr einmal hingeschickt, nachher erzählte: ‚Ach, Herr Leutnant, solche Tiere gibt es ja gar nicht!'

Aus der Vogelperspektive, oben auf der Siegessäule, haben wir uns Berlin und Umgegend auch angesehen. Zwei Abende waren wir in Krolls Garten, wo Bötel[25] in *Martha* und Elise Heymann in *Lucia* Gastrollen gaben. Im Belle-Alliance-Sommertheater, wo auf der Gartenbühne im Lichte der Scheinwerfer beliebte Spezialisten-Vorstellungen statt fanden, während dessen flinke Kellner die verschiedensten Erfrischungen herum-reichten, erlebten wir ein gutes Bild von Berlin bei Nacht. – Der neue Neptun-Brunnen vor dem königlichen Schloß wird auch von jedem Fremden aufgesucht, und ein Spaziergang ‚Unter den Linden' mit seinen anlockenden Schaufenstern und das Brandenburger Tor durften nicht versäumt werden.

Aber wie großartig die Riesenstadt sich noch ausdehnen will, er-kennt man, wenn man die Vororte besucht. Charlottenburg, Wannsee, Birkenwerder u. s. w. sind schon jetzt Heimstätte vieler Tausender von Berliner Geschäftsleuten, und ist es nur eine Frage der Zeit, bis dem Koloß der Residenz wieder meilenweites Territorium zugefügt sein wird. – Die fünf Tage in Berlin waren wohl ausgenützt und bestiegen wir am 30sten Juli ein Coupé 2. Klasse im Stettiner Bahnhofe, um nach Ranzin, in Pommern, zu reisen, wo ein Herr von Homeyer[26] eines der schönsten Güter Deutschlands besitzt. Ich hatte mit dem Herren schon seit etwa zehn Jahren korrespondiert und von seinen feinen Rambouillet-Schafen[27] importiert.

Unsere jungen Texaner könnten sich solch wohlgeordnete Land-wirtschaft zum Vorbild nehmen, wo jeder Fuß Land rationell benutzt wird. Das Wohnhaus des Gutsherren auf Ranzin ist ein wahrer Palast.[28] Die breiten Treppen im Hause sind von italienischem Marmor mit vergoldetem Geländer. Die Prachträume mit feinen Parkett-Fußböden werden von einer zahlreichen Dienerschaft in Ordnung gehalten. Um das Herrenhaus sind die schönsten Blumen- und Parkanlagen, Treibhäu-ser, und Baumschulen. Im herrlichen Buchenwald, wo allerlei edles Wild gehegt wird, sind alle Wege gut geharkt. Der Viehstand in den verschie-denen Koppeln und Ställen ist im besten Zustand und von gutem Blut. – Wir wurden als texanische Gäste sehr gefeiert und verlebten hier und auf verschiedenen Gütern der Umgegend einige genußreiche Tage. Die echt patriarchalische Einrichtung auf diesen Gütern, wo die Arbeiter gleichsam zur Familie gerechnet, das heißt in jeder Hinsicht für sie gesorgt wird, ein jeder ohne Zwang bleiben oder gehen kann, ermutigt einen gewiß nicht, zum Auswandern zu raten. Auch sind die Löhne, wenigstens in der Erntezeit, beinahe so hoch wie in Texas und ist den Arbeitern ständige Arbeit zugesichert.

Für die Heimat meiner lieben Frau, Mecklenburg, war der ganze August auf dem Programm, und haben wir in Rostock, Schwerin, und auf verschiedenen großen Gütern viele liebe Verwandte kennengelernt.

Wir trafen es glücklich, in der großen Marienkirche zu Rostock das Spielwerk der berühmten Kunstuhr anzusehen, wo um 12 Uhr mittags mit jedem Schlag einer der Apostel herauskommt, bei dem segnenden Jesus vorbeigeht und zur Rechten durch die Himmelstür schreitet. Nur beim letzten, Judas Ischariot, wird rasch die Tür zugeklappt, und er muß bis zum nächsten Mittag draußen bleiben, wann er nur durchgeführt, um zu zeigen, was er alles verscherzt hat. — Ein Spaziergang auf dem Wall, wo die großen schwedischen Kanonen lagen, und den Strand 'lang, wo viele Handelsschiffe auf der Warne ein- und ausladen, ist sehr interessant, besonders für den, der im Binnenlande wohnt. Von Rostock mit seinen sieben Türmen, sieben Kirchen, sieben Toren und sieben Straßen, welche auf den Markt münden, fuhren wir per Dampfer die Warne hinunter nach Warnemünde. Unser Hauptquartier war in Doberan, wo es uns sehr gefiel, aber auch Warnemünde ist einer der gemütlichsten Badeorte Deutschlands, auch noch in so fern günstig gelegen, da es Fluß- und Seeufer hat. Am Strom bis hinauf zum Breitling sind die früheren alten Fischerhäuschen, alle in langer Reihe zu bequemen Sommerwohnungen eingerichtet, die meist an Familien vermietet werden. Menschen aus aller Herren Länder wohnen dort einige Wochen oder Monate gemütlich zusammen. Im Hotel Kralendorf, wo wir auch liebe Verwandte als Gäste trafen, verlebten wir einige Tage und machten viele anregende Bekanntschaften. Einen Exkursions-Dampfer nach dem Heiligen Damm, dem aristokratischen Badeorte Mecklenburgs, benutzten wir, um zuleich eine Ostseefahrt mitzumachen. Dann reisten wir von dort mit der Sekundärbahn wieder nach Doberan, wo wir uns einige Tage ausruhten, denn täglich neue Eindrücke zu empfangen und neue Menschen kennen zu lernen ist auch angreifend.

Kückenshagen bei Damgarten, einem Schwager unseres Leutnants Wenmohs gehörend, war unser nächstes Ziel. Hier, wie in Wolfshagen, Hohenfelde und anderen großen Gütern, lernten wir echte deutsche Landwirtschaft kennen. Es war gerade Erntezeit und alles von früh bis spät in reger Tätigkeit beim Einheimsen des reichen Fruchtstandes. Kückenshagen liegt in der Gegend, wo Spielhagens *Sturmflut* sich abspielt und dürfte die Gegend somit vielen nicht unbekannt sein. – Wie weit die Ostsee sich in alten Zeiten ins Land erstreckte, kann man aus den alten Dünestellen sehen, die weit ins Land noch als Landmarken zu erkennen sind. – Hohenfelde bei Lalendorf gehört mit Wattmanns- und Friedrichshagen einem Vetter meiner Frau, Herrn Wilhelm Wien, entstammend einer der ältesten Mecklenburger Familien. – Auch hier ist es höchst gemütlich. Immer viel Besuch von benachbarten Gutsherren und Jagdliebhabern aus der Stadt. Ein Herr von Standiger war besonders interessant und unterhielt die große Tischgesellschaft bei Champagner, Rheinwein und einer feinen Zigarre. – Herr Wien ließ uns seine prächtigen arabischen Hengste vorführen, die in Berlin und Rostock prämiert worden waren. Auch seine wollreichen Schafherden, die feinen Milchkühe inspizierten wir, auch zeigte er uns seine amerikanische Hickory-Plantage, mitten im Buchenwalde und sorgte in liebenswürdigster Weise für angenehme Unterhaltung."

Soweit mein lieber Mann und seine Eindrucke in meiner engeren Heimat. Nach dem, was wir eben gelesen, scheint es ihm dort gut gefallen zu haben. Nun sollte ich eigentlich das Gegenstück liefern und sein Süd-Deutschland und den Rhein in glühenden Farben malen. Eine Rheinreise hat heute keine Schwierigkeiten, aber die Schilderung derselben desto größere. So muß ich mich ganz kurz fassen und nur erwähnen, daß das Rheinpanorama doch zu den schönsten gehört, was ich je gesehen. Die herrlichen Weinberge, die Burgen der Ritter. Eine derselben bestiegen wir, Burg Rheinstein, die Perle des Rheins, die auch ganz im alten Stil restauriert wurde. Auf dem hohen Turme sahen wir hinab; die herrliche Aussicht, die sich bot, mag Dichter zu Versen begeistern, den Maler zu unvergänglichen Kunstwerken zwingen. Es ist ein Landschaftsrausch, ein Traum, aus welchem es kein Erwachen gibt.

14.

Größere Reisen haben wir seit unserer Deutschland-Tour nicht mehr unternommen. Nicht, als ob es uns an Lust und auch Muße gefehlt, aber das Alter stellte sich doch ein, und da bleibt man lieber zu Hause. Die Enkelkinder kamen, zärtliche Sorgen mit ihnen, das Haus verlangte der Herrin. — Ausflüge nach Austin und San Antonio wurden auch seltener trotz der vielen Einladungen unserer Kinder. Da war's denn ganz artig, sie kamen zu uns. Das bot Abwechslung genug und war immer ein kleines Fest. Wir hatten ja stets unser innigstes Glück in der Familie gefunden, obschon die Außenwelt uns nicht gleichgültig war. War zum Beispiel ein Sängerfest zu erreichen, so besuchten wir es, wie auch das im Jahre 1889 zu Austin, das ich nicht unerwähnt lassen will. Darüber schrieb unsere liebe Tochter, die spätere Ottilie Wenmohs, einen interessanten Brief an den *Texas Vorwärts*, den wir bald gedruckt lasen. Er lautete wie folgt:

„Geehrter Herr Schütze!

Seit ich vom lieben Sängerfeste zurückkehrte, liegt es mir immer im Sinn, für den gebotenen köstlichen Genuß mein von Dank erfülltes Herz auszuschütten. Da Sie nun so freundlich waren, in Ihrem geschätzten und hier so viel gelesenem Blatte des Festbesuches meines Vaters und seiner Töchter zu erwähnen, erlaube ich mir, ihnen mitzuteilen, daß nicht nur wir, sondern alle unsere Nachbarn vom Feste voll befriedigt und entzückt sind: und gleich uns gewiß alle Gäste. Drum, dachte ich, würden auch viele Dankbriefe an Ihr deutsches, überall beliebtes Blatt gerichtet werden, ist es doch eine schöne alte Sitte, wenn die Gäste für freundliche Bewirtung und prächtige Unterhaltung Dank spenden.

Wohl hätte dies gleich geschehen sollen, doch zahlreicher lieber Besuch hier hielt mich davon ab. Überhaupt ist dies auf dem Lande eine geschäftige Zeit, aber wunderbar leicht geht die Arbeit vonstatten, klingt einem das schönste aller Feste noch immer in den Ohren, denn meine Schwester, Frau Luise Wenmohs, spielt, ich singe und die Brüder pfeifen, was von den Melodien des Festorchesters haften blieb, wohl noch lange.

Einen Extragenuß hatten wir noch, das dem Herrn Walter Tips gebrachte Ständchen zu hören – und der köstliche Ball erst, bildet einen der schönsten Lichtpunkte meines jungen Lebens.

Wenn jeder Gast fühlt wie ich, als hätte ihm das Fest gegolten, muß er befriedigt sein, und mit mir allen Austinern, die keine Mühe gescheut, ihr Fest so schön zu gestalten, herzlichen Dank zurufen! Ihre beiden Zeitungen mit Beschreibung und Nachklängen des herrlichen Festes habe ich heute an meine geliebten Tanten in Deutschland geschickt.

Achtungsvoll,

Ottilie Goeth, Jr."

Da seht, ihr lieben Enkel, man lernt auch in Texas, einen deutschen Brief zu schreiben. Als Tante Ottilie ihren kerndeutschen Otto heiratete, brauchte er ihr keinen deutschen Unterricht mehr zu erteilen, selbst, als er sie auf der Hochzeitsreise in seine Offizierskreise einführte, in welchen die junge Frau sehr gefeiert worden. Das war doch fein, nicht?

15.

Waren wir fort von zu Hause, so führte die Witwe von meines Mannes Bruder, Herrn Ernst Goeth, das Regiment. Die gute Tante Christel, bei allen so beliebt, verstand das ausgezeichnet. Aber einmal passierte doch ein kleines Malheur. Wir hatten ein neues Butterfaß, ein rundes, erhalten. Dem Schweden wären dabei die Augen übergelaufen, ganz sicherlich, und der arglosen Tante Christel rann die Milch aus dem Deckel, der nicht ganz fest geschroben. Einige Tage nachher wurde uns nach San Antonio von einem Schelmen von Hausgenossen gemeldet: „Tante Christel buttert, aber im alten Faß!" – Dieser Herr verstand übrigens selber so viel vom Butterfaß, als von den neuen Disk-Pflügen, von denen er einst ganz tiefsinnig behauptete, sie würden die ganze Welt aus den Fugen reißen. – Sein Hamlet-Dilemma fand übrigens nicht viel Sympathie, und der Disk-Pflug tut seine unschuldige Schuldigkeit. Eine Tugend hatte er aber doch. Fuhren Vater und ich schon des morgens nach der Halle, nahm er gewissenhaft das Brot aus dem Ofen, schlag halb zwölf, wie's befohlen. Aber dann wußte er doch wieder mit dem kleinen

Wolfgang Goeth, Eddies Sohne, meine braunen Molasses-Kuchen auszuspüren, die in einem Tongefäß wohl verwahrt und von allen gepriesen wurden. Na, man muß manchem Herrchen ein bißchen durch die Finger sehen, und mit diesem sind wir stets in Korrespondenz geblieben, wo er auch auf seinen Wanderzügen sein mochte, und er ist viel gewandert, ruhelos, und ich befürchte ohne eigentliches Ziel, oder doch ein sehr zweifelhaftes.

Ich habe es schon öfters gesagt und wiederhole es auch hier, daß eine hohe, ideale Erziehung allein nicht ausreicht, der Sinn für das praktische Leben muß frühzeitig geweckt und gestärkt werden, nur dann gewinnt das Leben seinen rechten Inhalt und wird der junge Mensch ein nützliches Mitglied der menschlichen Gesellschaft. Selbst ein Schiller, in die Wildnis verpflanzt, kann keine starken Wurzel schlagen, das Leben stellt andere Ansprüche, und denen muß genügt werden. –

16.

Noch einmal ergriff uns die Reiselust, nämlich, um unsere alten Freunde in Cat Spring zu besuchen. Unser Enkel, der junge Fritz Wenmohs, Sohn des Leutnants und unserer Tochter Ottilie, war mit, da wir ihm gleichzeitig die Gegend zeigen wollten, wo sein Großvater, Herr Carl Wenmohs, in früheren Tagen gewohnt. Ehe wir nach Cat Spring kamen, besuchten wir unsern ältesten Sohn Adolf und Familie, die ein feiner kleiner Enkel kürzlich auf den Großvaterstuhl gesetzt, und wollten die Columbus-Feier in der texanischen Hauptstadt mitmachen. Wie wir es früher gekannt, so war Austin nun auch nicht mehr. Der imposante Bau des Capitols, die breite Congreß-Avenue, die hohen Lichttürme, der ganze elektrische Kranz auf der Avenue, die vielen hübschen Privathäuser, die Universität, und so manches, manches war seit der Zeit emporgewachsen als mein Vater gewettet, daß um die und die Zeit die Eisenbahn Austin erreichen würde. – Ochsenwagen sahen wir nun nicht mehr, wohl aber eine endlose Reihe von Automobilen, die elektrische Straßenbahn, prachtvolle Geschäftshäuser, welche von eleganten Damen frequentiert. Fast kamen wir uns schon überlebt vor, aber etwas Fiduz[29] war uns doch noch geblieben, so gingen wir in dem schon ganz großstädtischen Gewühl einander nicht verloren. Fritz wurde bei der lieben Familie des Herrn Ernst von Rosenberg untergebracht, wo es ihm trefflich gefiel. – Auch dieser treue Freund unserer Familie, so lange eine Autorität in der Land-Office, ist gerade verschieden. Max und seine geliebte Marie haben einen herben Verlust erlitten, den nichts ersetzen kann. Darin liegt der Schmerz des Alters, einen Freund nach dem andern scheiden zu sehen und es nimmt so viel längere Zeit, sich mit dem unerbittlichen Schicksale auszusöhnen.

Aber auf die Reise zurückzukommen. – Am Columbus-Tage regnete es sehr stark, so daß die Parade erst am Abend statt fand. Die ganze Nacht hindurch regnete es wieder, daß ich alte Großmutter vor einer Weiterreise zurückschreckte, auch die Kinder es für das beste hielten, vorläufig nach Hause zurückzukehren. So geschah es denn auch. Fritz ließen wir noch in Austin. Mir war es einesteils ganz Recht, wieder daheim zu sein, um meiner einzigen Schwester Ulla persönlich zum 80sten Geburtstag gratulieren zu können.[30] In der Familie des Herrn Franz Ebeling am Shovel Mount fand die seltene Feier denn auch in Mitte ihrer großen Familie statt, ein Sohn war sogar aus Karnes City gekommen, um die alte Mutter innigst zu erfreuen. – Die Freunde in Cat Spring aber müssen uns verzeihen, nicht gekommen zu sein. Durch Herrn August Kinkler erfuhren wir bald nachher, daß ein liebenswürdiger Empfang vorbereitet gewesen, fast wie vor fünfzig Jahren in Neu Ulm. Dies hat uns beiden Alten doch leid getan.

Von Herrn Kinkler muß ich doch erzählen, wie er zu seinem Namen gekommen. – Als der Storch überm Hause schwebte, sagte seine Mutter, daß das Baby Auguste heißen sollte, wenn's ein Töchterchen wäre. Nun war's ein Junge, und sagte seine Mutter zu mir, einem unerwachsenen Mädchen, daß er nun doch nicht Auguste heißen könne. Rasch versetzte ich: „Aber er kann ja August heißen!" Und diese kluge Auskunft hatte keiner gedacht, August heißt demnach Herr Kinkler, und hoffentlich noch lange so.

Meine liebe Schwester Ulla aber hatte das Unglück, auch zu fallen. Ihr Körper war nicht mehr stark genug, die Krankheit zu überwinden, zu meinem unaussprechlichen Schmerze ist sie im vergangenen Juli, 1915, gestorben. Ruhe sanft, liebe Schwester, viel Leid, aber auch viel Freude haben wir beide im Leben durchgekostet. – So bin ich nun die letzte aus unserer großen Familie. Fast ist es zu viel. So ist es wohl eine kleine pietätvolle List meiner Kinder, mich meine Erinnerungen fortsetzen zu lassen, um nicht im Herzen zu vereinsamen. Denn die Vergangenheit ist ein großes Heilmittel in trüber Gegenwart, oft habe ich Trost darin gefunden. Möge das Mittel denn weiter helfen.

17.

Das schicksalsschwere Jahr in meiner Familie, 1912, ließ sich zu Anfang ganz heiter an. Wohin meine alten Augen blickten, sah ich nur Fortschritt und eine heitere Entwicklung des geistigen und materiellen Lebens. Unsere Schule wurde von zwei Lehrern wohl versorgt, was noch nie vorgekommen. Die Kinder empfingen in höheren Klassen einen vollständigen Hochschulunterricht, daß ich manchmal nicht recht wußte, was meine lieben Enkeln und Enkelinnen da treiben mochten, wenn ich einen ganzen Stapel von Schulbüchern erblickte. Aber keins von ihnen hat jemals die Großmutter merken lassen, daß sie eigentlich „klüger" seien. Keins von ihnen hat zu verstehen gegeben, daß die deutsche Sprache ihm gleichgültig, oder je Englisch zu mir gesprochen, so lange das Deutsche ausreichte. Und das ist mir stets eine große Genugtuung gewesen. – Vater hatte die Ranch an seine Söhne Eddie und Max geteilt, so wußte jeder, wo er in Zukunft sein würde. Das erhöhte ihre Schaffensfreude. Die Ranch ist, wie man zu sagen pflegt, in bester Ordnung, so darf ich beruhigt sein, daß auch meine Söhne dem Wahlspruch Fausts folgen werden:

> „Was du ererbt von deinen Vätern hast,
> Erwirb es, um es zu besitzen."

Das große Feld unseres Schwiegersohnes mit Hunderten von Ackern Landes in Kultur mag der gerechte Stolz unserer Luise sein. Auch Fritz und Charley Wenmohs haben große Korn-, Hafer- und Baumwolle-Plantagen in der nächsten Nähe, die sie musterhaft bestellen. Könnte der alte Urgroßvater auch noch diese Enkel sehen, so müßte er wohl gestehen, daß seine Träume schon weit überflügelt sind. So war's im Frühjahr 1912.

Am Sylvesterabend wurde die neue Halle des Clubs eingeweiht, die näher am Cypreß gelegen und etwas weniger gefahrvoll zu erreichen ist. In früheren Jahren wäre Vater wohl der Festredner gewesen, jetzt überließ er Max die Ehre und das Vergnügen. Ich war nicht mitgefahren und allein zu Hause geblieben und hatte so meine eigenen Gedanken über Hallen und welch' guten Zwecken sie dienen können, wenn sie den echt menschlichen Grundsätzen heiterer Geselligkeit nicht untreu werden. Wenn die Menschen danach sind, sich bemühen, friedlich und wohlwollend miteinander umzugehen, durch Kunst und Literatur das Leben zu veredeln suchen, so könnte die Halle ein Hort deutscher Sitten und deutschen Denkens werden, von dem auch Nichtmitglieder profitieren. Wo es allerdings umschlägt und nun Roheit unedler Sitten einzieht, da sollte man sie aufbrennen, die Asche den Winden preisgeben.

Die Einweihungsrede unseres Sohnes Max war etwa wie folgt. Nachdem der Redner als Einleitung in englischer Sprache sich vor den amerikanischen Gästen entschuldigt, in ihrer Gegenwart deutsch zu sprechen, fuhr er fort:

„Meine Damen und Herren!
Wie oben bemerkt, war einer der Zwecke, die die Gründer dieses Vereins im Auge hatten, die Pflege und Erhaltung der deutschen Sprache, unserer herrlichen, reinen deutschen Sprache, des kostbarsten Gutes, das uns unsere Eltern hinterlassen, und es scheint mir sehr angebracht, daß wir bei Gelegenheit der Einweihung unserer neuen Halle uns noch einmal an diesen sowohl als an viele anderen Zwecke unseres Vereins erinnern.

Vor allen Dingen werden jedenfalls die gesellschaftlichen Vorteile des Vereins berücksichtigt, und ist dies ja auch unbedingt das schönste bei der ganzen Sache, daß wir auf diese Weise alle vier Wochen uns hier so gemütlich treffen. – Es ist wahr, es werden nicht mehr so viele Familienbesuche gemacht wie früher, ehe wir eine Halle hatten. So weiß ich von mir selbst und meinen Freunden, daß hier gut befreundete Familien sind, die sich in Jahr und Tag nicht besuchen. Aber wir wollen nun dies nicht übel nehmen; ich bin nämlich selbst einer von den Faulsten, wenn's an Besuche machen geht.

Ihr, die ihr die Erfahrung habt, könnt es ja gut begreifen, was das heißt, bis man mit Frau und kleinen Kindern im gesellschaftlichen Staat im Wagen sitzt, um auf Besuch zu fahren. Wir wollen aber die Besuche nicht so genau nachzählen.

Ich glaube kaum, daß ein zweiter Verein besteht, in welchem die Mitglieder im allgemeinen so freundlich miteinander verkehren wie in diesem. Und grade diese freundschaftliche, verträgliche Stimmung, die den Verein in der Vergangenheit gekennzeichnet, sollten wir in Zukunft kultivieren. Kommt es einmal zu kleinen Streitigkeiten unter den Mitgliedern, so sollte es sich ein jedes Mitglied zur Pflicht machen, zu tun, was er kann, um die Sache wieder zu regeln, daß wieder Friede herrsche im großen Haushalt. Im übrigen glaube ich, daß die Mitglieder des Cypreß Vereins so ein friedliebender Haufen Menschenkinder sind, als man irgendwo findet. Wißt ihr, ich habe die Zufriedenheit und große Seelenruhe unserer Mitglieder immer dem Umstande zugeschrieben, daß wir Männer von Cypreß Mill die schönsten und besten Frauen der Welt besitzen. Ja, die schönsten und besten Frauen der Welt, sage ich, – und ich möchte den Mann sehen, der heute Abend, wenn er mit seiner lieben Gattin zu Hause ist, behaupten wollte, daß ich da nicht Recht hätte.

Ich möchte erwähnen, daß wir es nur dem uneigennützigen Opfermut der Mitglieder zu verdanken haben, daß es uns vergönnt ist, schon heute dieses Fest in der neuen Halle zu feiern. Wir schulden ein Dankesvotum den Mitgliedern, die geholfen, den Bau zu fördern, ein besonderes Dankesvotum dem Herrn Oberbaumeister, den Oberarchitekten Geo. Hoppe und Theodor Fuchs. Wir wollen hoffen, daß der schöne Bau Zeuge vieler, vieler Versammlungen wie diese sein möge.

So laßt uns denn mit der alten Halle alles, was nicht schön und diesem oder jenem nicht angenehm war, vergessen und in die neue Halle und in das neue Jahr nur das hineinnehmen, was schön und erhebend und harmonisch, vor allen Dingen ein gegenseitiges Wohlwollen."*

→

* [Luise Fuchs:] Später ward auch für Cypreß Mill Bewohner eine Schützenhalle gebaut und zwar bei unserem Hause, was für uns natürlich noch mehr Gesellig-

18.

Wegen der großen Kälte war ich, wie gesagt, zu Hause geblieben, hörte aber so viel von dem schön gelungenen Einweihungsfeste, daß ich den Wunsch äußerte, wenigstens das Schauspiel auch hören und sehen zu können. Die Bitte ging rasch in Erfüllung. Unser alter Freund, Herr August Schröter, brachte seine Schauspielertruppe zusammen ins Haus. Eine kleine Bühne war rasch improvisiert und nach einigen Erfrischungen fand die Aufführung statt. Das war noch einmal eine große, vollzählige Gesellschaft. Fast alle Verwandten, die in Cypreß wohnten, waren zugegen. Die geladenen Gäste setzten sich in bunte Reihe, für einige war nur noch „Stehparterre" zu finden. Das Stück, – – – , fand großen Beifall und die lieben Schauspieler, unser Eddie allen voran, wurden mit Beifall überschüttet. Herr Schröter pflückte, wie es im Theaterleben heißt, neuen Lorbeer als Dirigent. Die junge Welt zeigte, daß gutes Theaterblut in ihnen steckt, und sie gewiß noch manches liebe deutsche Stück aufführen werden. Freilich, unser treuer Freund und Schwiegervater Eddies liegt nun, 1915, auch schon im Grabe neben meines lieben Mannes Schlummerhügel. Er hat in seinem langen Leben – wurde Herr Schröter doch nahe an 80 Jahre alt – viel, sehr viel zur Erheiterung der Gesellschaft beigetragen, – dieses war wohl die letzte „große Tat". An Seite meines Carls an dem Neujahrstage, wie hätte ich in den glücklichen Stunden ahnen können, daß de Bund so rasch sich auflösen sollte. War ja alles Frohsinn und gemütliche Heiterkeit. Im Parlor sang Fräulein

---

keit zur Folge hatte. Bei Shovel Mount hatte der Schützenverein schon länger eine Halle; nun luden sich die zwei Vereine oft gegenseitig ein, und feierten sehr schöne Feste unter verschiedenen Präsidenten, Schröter und Kellersberger z. B. Beide haben viel für die Geselligkeit getan. Auch der alte Lehrer F. G. Schaupp lieferte manchen netten Vortrag, Gedichte sowie Aufführungen schöner Art. – Jeder Verein besaß ein Klavier, und darauf wurden Begleitungen zum Gesang gespielt, und am Abend spielten Fritz Reiner und Ernst Goeth vierhändig zum Tanz. Zwei Tänze, der Schützen- und der Schäferwalzer, die F. Reiner komponierte, waren besondere Lieblingstänze für die Jugend. – Auch in Deutschland sollen die Tänze besonderen Anklang gefunden haben, wohin er sie geschickt, – nicht gedruckt, nur selber aufgeschrieben.

Luise Fuchs ihre herrlichen Lieder, in einem andern Zimmer spielte mein Mann wie gewöhnlich seinen beliebten Skat, die junge Welt huschte hin und her in ausgelassener Heiterkeit, in den Kaminen flackerte helles, wärmendes Feuer, und doch – ehe der Lauf der Monde dahingerollt, was sollte alles dazwischen liegen. Deswegen eben blicke ich auf diesen Tag mit so großer Wehmut zurück. Das Glück der Erde, trüglich wie es ist in der Dichter Warnung, – dürfen wir doch nicht darauf zurückblicken wie etwas Schönes, Gottgegebenes? Gewiß, ihr Kinder, auch ihr dürft es, waren eure Freuden rein und frei von Miß- und Scheelsucht. Ein Herz, das warm mit Herzen und für Herzen schlägt, das hat ein Recht, auch der Freude ein ungetrübtes Blatt zu weihen.

19.

So ist denn nun auch dieses letzte Jahr, das ich an Seite meines unvergleichlichen Mannes, der allerdings oft genug verkannt worden, fast ein heiliges in meiner Erinnerung. Es war, als ob alle Liebe, alle Treue ehelichen Lebens noch einmal in ihm zusammengefaßt werden sollten, seine unerschöpfliche Liebe noch einmal verklärt hervorbrach, bis sie wie im Heiligenschein zu ewigen Sphären entschwand, ein Leben, das sich voll und schön ausgelebt.

Schon habe ich erwähnt, daß meine Augen so schwach geworden, daß ich kaum den größten Druck zu lesen vermochte, während meines Mannes Augenlicht sich wunderbar erhalten. Da saßen wir denn abends in unseren Großvater-Stühlen am Kamin. Eine freundliche Lampe erhellte das Gemach, das wir so lange bewohnt. Über uns hörten wir den leichten Schritt der Jugend, der lieben Kinder in der Familie des jüngsten Sohnes. Gute Zeitungen kamen täglich an und gute Journale, die mit regem Interesse gelesen. Aber auch eine ganze Reihe von Büchern hatte Vater noch gekauft, die er so unvergleichlich vorlas. Da hörte ich zu, mit einer leichten Handarbeit beschäftigt, ja, lacht nur, ihr Enkel, sogar noch mit dem weißen Strickstrumpf. Die zogen die Söhne an, wenn sie im Winter auf die Hirschjagd gingen, die hielten warm, sagten sie, nachts am Campfeuer.– So lasen wir noch *Die Waffen nieder* von der Baronin von Suttner, *Briefe, die ihn nicht erreichten* von Baronin Elisabeth von Heyking. Aber auch zwei dicke Bände über das Deutschtum von Amerika von Prof. Faust[31] wurden vorgenommen. – Professor Faust war ein Bekannter unserer Freunde Giesecke in Denver, und war Herr Giesecke Dr. Ing. Dessen Enkel nun, Albert Giesecke, zurzeit auch Ingenieur im Staate Washington, hatte die Cornell-Universität besucht, wo Prof. Faust als Lehrer der Deutschen Sprache wirkt, und sich bei ihm nach dem Großvater erkundigt. So waren auch wir in Verbindung mit dem hochgeschätzten Manne gekommen und entspann sich eine freundliche Korrespondenz, da der Herr Professor sich auch für Texas interessierte, besonders aus den alten Tagen. Zu den alten Ansiedlern durften auch wir uns rechnen, so habe ich einiges für ihn niedergeschrieben, wofür er mir noch in liebenswürdiger Weise gedankt. – Harnacks „Wesen des Christentum" wollte mir mein guter Mann noch vorlesen, aber sollte dazu nicht mehr kommen. – So ist jetzt eine ganze Bibliothek ungelesener Bücher zu Hause, aber es fehlt meinem Sohne an Zeit, sie der verwaisten Mutter vorzulesen.

20.

Weil wir grade von Harnack gehört, will ich hier ein paar Gedanken über Religion euch mitteilen, da ihr mich oft darum gebeten, ihr Kinder, auch die Enkel, jetzt längst über hundert, einst erfahren mögen, wie Großmutter Goeth darüber gedacht am 17. März 1915.

Also, ich denke, es gibt weder Himmel noch Hölle im mittelalterlichen Sinne. Es gibt nur eine Welt, ohn' Anfang, und ohn' Ende. Und diese einzige Welt ist beseelt vom Geiste des Schöpfers, der alles schafft und schuf, den wir Gott nennen, den lieben Gott, den wir fühlen können, aber auch nur fühlen, d. h., wenn wir nie müde werden, liebevoll zu sein. Oder wie Goethe sagt: „Edel sei der Mensch, hülfreich und gut, denn das allein unterscheidet ihn von allen Wesen, die wir kennen."

Dies war die große Lehre, welche wir Kinder von unseren Eltern übernommen hatten, war doch beiden Eigennutz ganz fremd. Als mein lieber Vater die Augen für immer geschlossen, mußte ich daran denken, kannte doch auch er nur freundliche Gesinnungen gegen die Menschen. Streng gegen sich und milde mit andern, das war seine Hauptmaxime.

Wie dankbar müssen wir Menschen unserem Schöpfer sein, daß er uns die geistige Fähigkeit gegeben, wir mit einem Worte vernünftig denken können, genau wissen, was gut und recht ist. – In uns lebt ein Teil vom Geiste Gottes, den wir aber nur fühlen können, solange wir uns Mühe geben, gut zu sein. Wären wir ganz von selbst gut, so hätte das Gute ja keinen Wert – nur das schätzen wir, um das wir ernsthaft gerungen.

Unser eigener Wille ist das Höchste, was uns Gott gegeben hat. Und was für große Fähigkeiten hat Gott in diesen Willen gelegt. Ganz neues kann dieser Wille zwar nicht schaffen, doch „das Geschaffene, um zu schaffen, ist unsrer Kräfte Hochberuf." Zum Beispiel: Die Früchte des Feldes, haben nicht die Menschen sie veredelt, daß man ihre wildwachsenden Brüder gar nicht mehr in ihnen wiedererkennt? Und erst die Blumen, wie werden sie durch Kultur verschönt. – Immer mehr kommt die Erkenntnis, daß alles in der Welt nach bestimmten Gesetzen hervorgegangen und geordnet werden muß, wenn es bestehen soll. Ohne Regel ist alles Chaos, ohne Regel kann sich nichts entwickeln, kann nichts befriedigen, der Rhythmus in Musik und im Versmaß, die Grazie des Tanzes im edlen Sinne der Griechen, die Symmetrie der schönen Bau- und Gartenkunst, das Ebenmaß in Skulptur und Malerei. Ohne Regel kristallisiert nicht die Schneeflocke, die vom Himmel fällt, ohne bestimmte und bestimmende Gesetze existierst auch du nicht, mein Kind. Und das ist Gott, ist der Gott der Liebe, der weisen, allmächtigen Weltordnung.

Dem denke nach und seltene Wunder des Innen- und Außenlebens werden sich auch deinem erstaunten Blick enthüllen.

21.

Mein Geburtstag am 27. Februar 1912 war in alter Weise gefeiert worden. Wir halten etwas auf Geburtstage in unserer Familie, denn das fühlen wir, daß wir eins sind, so weit sich auch die Familie verstreut haben mag. Mein Vetter Fritz Fuchs war bereits vor einigen Jahren mit einem Teil seiner Familie nach der Panhandle-Region[32] ausgewandert, wo er für seine große Familie größere Ländereien angekauft. Aber er hat doch Heimweh nach den Hügeln von Blanco County, wo er Bienenzucht unter anderem so vorzüglich betrieben. Auch Tante Theodora, seine Gattin, besucht uns öfters, wenn leider auch seltener. Sie sind immer willkommene Gäste bei uns.

Fritz war und ist ein Original geblieben, wohnt oft allein im Walde und erfreut sich an der schönen Natur. Im Camp ist er am interessantesten, denn da ist er zu Hause. Die Naturfreude leuchtet ihm auch jetzt, im hohen Alter, aus den Augen. Ein Maler, dem er sehr gefallen, hat sein Bild gemalt, ein wertvolles Kunstgemälde. — So sind ja auch unsere drei Söhne davongezogen, aber nie haben sie den Geburtstag der Eltern übergangen, stets spricht aus ihren Briefen die innige Liebe zu uns, und das ist unser höchstes Glück gewesen. Aus Austin langten von Frau Goeth die frühesten Blumen an, Frau Carrie Goeth, Konrads Gemahlin, sandte oft einen poetischen Strauß, von denen ich doch einen hersetzen muß, da er für Vater, dessen Geburtstag ja am 7. März, gleich mitberechnet. Dieses folgende Gedicht ist vom Jahre 1901, es lautet:

> Vater, heute kommst du dran,
> Mal seh'n, was ich noch dichten kann,
> Dir zu deinem Namenstag,
> Schick's zurück, wenn's keiner mag.

> Dir auch wünschen wir fürwahr
> Alles Gute nur dies Jahr;
> Daß du lebst noch furchtbar lang,
> Davor ist mir gar nicht bang.

> Mit Schläfchen *vor* und *nach* dem Essen
> Kann man ja Gutes nur erpressen,
> Und gesegnetem Appetit bei Tisch,
> Wirst du bleiben ewig frisch.

Deswegen kannst du noch so schaffen,
So will ich es auch mal machen,
Wenn ich bin so alt wie du;
Hoffentlich kommt's noch dazu.

Dein Humor ist auch das Beste,
Das steht nun einmal ganz feste:
Bei euch hört man niemals klagen,
Das muß ich ganz offen sagen.

Ja, du konntest leicht so werden
Mit der besten Frau auf Erden.
Zum Beispiel will ich nehmen heut'
Euch beide „Muster-Eheleut'".

Und wie ich nun so manches liebe Blatt in die Hände nehme, da wird das Herz groß und weich. Für die Eltern allein sind ja die artigen Verslein geschrieben, als solche nur dürfen sie aufgefaßt werden, dann erst haben sie den rechten Sinn. Wer da mäkeln will, für den sind sie nicht verfaßt, der hat aber auch kein Gefallen an harmlosen Strophen, die einer Mutter gelten, der mag sie übergehen.

So fand ich auch einst, 1900, folgenden Gruß von unserer Tochter Ottilie.

Unserm treuen Mütterchen zum Geburtstag, 1900.

Heut' muß ich es dir sagen,
Wie groß mein Sehnen nach dir ist,
Ich kann es nicht ertragen,
Wenn du so lange fern mir bist.

Kaum bist du fort,
So wünsch' ich dich zurück!
Und bist du dort,
Es ist mein höchstes Glück.

Komm oft in diesem neuen Jahr
Ist mein Geburtswunsch.
Du mit Vater, geliebtes Paar,
Erfüllt mir diesen Wunsch.

Auch unsere liebe Luise beglückt mich mit folgenden Strophen:

O Mutter, was du uns bist
Wir können's dir nicht sein,
Auch sagen dir es nicht,
Am wenigsten im Reim.

Nur Lieb' und Güte hat dein Herz
Für deine Kinderschar,
O, brächten nie wir drum dir Schmerz
Im neuen Lebensjahr.

Max, noch als Knabe, schrieb Folgendes im Jahre 1893:

Zum heutigen Geburtstagsfeste,
Lieb' Mutter wünsch' ich dir das Beste.
Daß du noch dreiunddreißig Jahr',
Inmitten deiner Kinderschar,

In Freud' und Ruhe mögest leben
Und nicht in deinem edlen Streben,
Für sie das Leben leicht zu machen,
Dich kümmerst um zu viele Sachen.

Hätt' ich des Geldes einen Haufen,
Würd' ich dir gar was Schönes kaufen,
Doch nun mußt du zufrieden sein
Mit einem schlechten Verselein.

22.

Damals war ich siebenundfünfzig Jahre alt, sollte also neunzig Jahre alt werden. Nun, wenn eine Mutter so liebe Kinder hat, da mag sie fast den Mut dazu fühlen. – Auch von Freundes- und Bekanntenkreisen langten Grüße an aus allen Himmelsrichtungen, in jedem Jahre mehr. Vater beantwortete alle. Auf dem Flur stand sein Schreibtisch, da hatte er im Sommer die herrliche Texas-Brise vom Golf, da ging es gar flink aus seiner gewandten Feder, stets sehr leserlich und gefällig in den Schriftzügen. Einige mögen einwenden, seine Handschrift sei eher groß als zierlich, eher charakteristisch als schön; dem objektiven Kalligraphen will ich nicht widersprechen, mir aber möge man mein subjektives Empfinden heute verzeihen, wenn ich noch eben die Züge erkenne, ohne sie lesen zu können.

Auch sein Geburtstag war nach alter Weise gefeiert worden. Frisch, heiter, im Humor der alten Tage war alles gewesen wie immer. Freilich, mit der Diät mußte er vorsichtiger sein. Leicht stellte sich bei ihm ein leichtes Fieber ein, in welchem er oft phantasierte. Doch waren es meist heitere Bilder, die ihm dabei vorschwebten, zu ernstlicher Sorge gab es keinen Anlaß. Aber seiner Tasse Kaffee und Tee mit dem Pfeifchen war er treu geblieben wie auch seinem Skat, das er mit Vorliebe spielte. – Das war immer so gewesen, hatte der Norder sich mit den dunklen Wolken angekündigt, so rieb er sich vergnügt die Hände: „Feines Skatwetter!" Da wurde Holz eingelegt, alle Öfen und Kamine wohlversorgt, an Bettdecken war kein Mangel, Schafe hatten warme Stallungen, Pferde und Vieh im Gebüsch und den Pennen ihren Unterschlupf, da mochte das Wetter heranbrausen. Die Schwiegersöhne kamen doch, durch Reif, Schnee, Hagel, Bärenkälte, aber bald waren sie aufgewärmt. Und wer hätte nicht seine Freude dran gehabt? Vater führte dabei die Rechnung und meinte einst jemand, seine Addition müsse der Skat-Spiritus selber erfunden haben, aber die Rechnung stimmte stets. Über das Spiel selber mochte es scharf genug hergeben nach guter Skatsitte, an der Richtigkeit der Summa hat keiner je ein Wort verloren, ich war meistens auch noch froh, wenn er verlor, denn keiner trug den Verlust humorvoller wie Vater.

So war's auch am letzten Geburtstag gewesen, dem letzten! Und warum gerade damals, da ich im nächsten Jahre für so gar vieles zu danken hätte gehabt.

Vorläufig ahnten wir noch nichts, sondern unser Leben nahm seinen ruhigen Gang weiter. – Nun aber muß ich etwas erwähnen, was ich sonst lieber andern überlassen, aber indem ich es tue, fällt ja doch mein Auge in den belebenden Blick meines Mannes, ohne den ich es wohl nie getan, das ist, mit einigen Artikeln meiner schwachen Feder vor die Öffentlichkeit zu treten.

23.

Vor Jahren schon hatte Herr Julius Schütze, der geniale Herausgeber des *Texas Vorwärts* zu Austin, und den ich als besonders hübschen jungen Mann schon 1859 auf dem Sängerfeste zu Fredericksburg kennengelernt, gebeten, für seine wöchentliche Zeitschrift ab und zu etwas aus den alten Tagen in Texas zu erzählen. Dazu kam es aber lange nicht und aus Gründen, die aus dem Vorhergehenden leicht ersichtlich. Erst als ich etwas mehr Zeit zur Verfügung hatte, konnte ich ernstlicher daran denken. So entstanden denn unter Vaters Aufsicht einige Artikel, welche nach Briefen und mündlichen Mitteilungen einem größeren Leserkreise angenehme Lektüre boten als ich mir je verhofft. Aus diesen Artikeln ist hier in diesem Büchelchen vieles wiederholt, da man ja an sich selber kein Plagiat begeht, ich auch vieles, was ich dort gesagt, auch jetzt nicht viel besser zu sagen wüßte, also mir einige Wiederholungen unerläßlich waren. Zudem hatten Herr Schütze und seine Nachfolger die Aufmerksamkeit, mir gleich mehrere Exemplare des *Vorwärts* zu senden, wozu auch der spätere Redakteur, Herr Rumpel, mich zu Dank verpflichtet. – Über den Wert oder Unwert dieser Artikel habe ich nichts zu sagen, sondern hier stehe nur das Historische für meine Enkel, denen die Nummern des *Vorwärts* unbekannt sein müssen. Zudem hat Herr Eduard Schütze sich leider veranlaßt gesehen, die überaus beliebte Zeitung, die sein Vater gegründet, kürzlich eingehen zu lassen, so daß ich meine früheren freundlichen Leser nicht mehr erreichen kann. – Für uns Alten war's nebstbei auch eine Erholung, die alten Erinnerungen wieder auftauchen zu lassen, aber ohne meinen Mann, der mir viele Schreibereien abnahm, wäre es wohl nie gegangen. Jetzt müssen andere meine Schrift entziffern.

24.

Nicht lange nach dem letzten Geburtstage meines lieben Mannes aber sollte ich mir einen argen Hüftenbruch zuziehen, der meine Geduld und die meiner Liebsten auf die höchste Probe stellte. – Wie gewöhnlich war ich am Morgen in der Küche beschäftigt gewesen und über irgend einen Gegenstand gefallen. Ich hielt die Sache für gar nicht so schlimm, ließ mich aber doch ins Bett bringen und einen Arzt aus Marble Falls rufen, der auch nach einigen Stunden eintraf und einen Verband anlegte, der allerdings sehr schmerzhaft war, mich aber doch nicht überzeugte, daß das Übel gefährlich sei.

Es ist hart für eine immer tätige alte Hausmutter, auf einmal viele Wochen da liegen zu müssen und große Schmerzen zu leiden. Mein alter Körper wäre wohl unterlegen, wenn mir nicht die denkbar beste Pflege und endlos viele Liebe von allen Seiten zuteil geworden wäre, vor allem aber von meinen zwei Töchtern, Luise und Ottilie, die alles im Stich ließen, um der Mutter ihre Lage zu erleichtern. – Sowie unser Sohn Richard von meinem Unfall durch das Telefon gehört, ging er per Bahn nach Austin, von da mit Sohn Adolf per Auto die 40 Meilen hierher nach Cypreß Mill. Sie hatten gleich eine Krankenwärterin mitgebracht. Die Wege waren aber durch Regengüsse so schlecht geworden, daß das Auto stecken blieb und die Ärmsten die ganze Nacht draußen bleiben mußten. Als sie denn endlich kamen, legte Doktor Richard einen neuen Verband an, der auch sofort Linderung brachte. Nach einer Woche kam er denn nochmals von San Antonio mit seinem Bruder Konrad. So bekam ich die fernwohnenden lieben Söhne alle an meinem Schmerzenslager zu sehen.

Ich wußte nicht, weshalb mich jeder mahnte, geduldig und ruhig zu bleiben und bildete mir ein, in wenigen Wochen sei alles wieder gut. Sie hatten vom Arzt erfahren, wie lange es dauern würde mit der Heilung, wenn sie überhaupt möglich wäre. Aber sie wurde möglich durch gute Pflege und vielleicht auch einige Willenskraft. Fünf Wochen lang konnte ich mich gar nicht rühren, da kam denn unser großer Sohn Eddie und hob mich ganz sachte aus dem Bett in den Fahrstuhl, damit ich in die frische Frühlingsluft hinauskam. Das ging nun etwas anders als dazumal, wie wir unsere Fahrt auf der Schiebkarre hatten. Es war unendlich rührend. – Auch mein lieber Mann und alle Mitglieder der Familie taten mir so viel Gutes, behandelten mich mit einer Zartheit, als ob sie sich nicht genug tun könnten. So genas ich. Bald konnte ich an Krücken gehen, im Fahrstuhl sogar schreiben, was doch einige Abwechslung bot. Nun erst erfuhr ich, in welcher Gefahr ich in den ersten Wochen geschwebt, und wie viel ich dem Arzte, unserm Sohne Richard, der treuen Krankenpflegerin schuldete. Fast hätte es ein „Ritt über den Bodensee"[33] werden können, in welchem Gedichte ja bekanntlich der Reiter in der Reflexion des grausen, eben bestandenen Abenteuer seinen Tod findet, aber man überließ mich nicht diesen trüben Gedanken und einige fröhliche Ereignisse in der Familie hielten mich am Leben fest.

Am 12. April 1912 wurden uns zwei Urenkel geboren, fast zur selben Stunde. Milton Wenmohs in Cypreß bei Charles, und Marcus Fuchs in New Braunfels, der erste Ankömmling bei Herrn Johannes Fuchs und seiner lieben Frau, Patty, Tochter unserer Luise Wenmohs. – Ein prächtiger Junge erschien auch im Mai bei Dr. Richard Goeth und seiner Frau, Alma, in San Antonio. Um allem die Krone aufzusetzen, erfolgte dann noch die freudig von allen Seiten begrüßte Verlobung von Margarete Wenmohs mit Herrn Kurt Schröter. Zu Weihnachten sollte die Hochzeit sein, Vater hatte zugesagt, wie bei Patty auch bei Gretchen die Traurede zu halten. Auf diese Weise hatte ich auf meinem langweiligen Schmerzenslager immer an etwas Liebes zu denken. Außerdem verkürzte mir mein lieber Mann die Zeit mit Vorlesen. Unter vielem andern las er aus einem prächtigen Buch, welches meine liebe Nichte, Fräulein Luise Fuchs, aus Berlin mitgebracht, *Gabriele von Bülow*. Es sind Briefe aus der interessantesten Zeit der klassischen Dichterperiode, in welcher so viele große Männer Deutschlands gelebt, wie die Gebrüder von Humboldt, Wilhelm und Alexander, Goethe und Schiller, die hier echt menschlich vor die Seele treten im Spiegel der geistreichen Gabriele von Bülow, einer jüngeren Tochter Wilhelms von Humboldt. Das war ein hoher Genuß.

25.

So ging denn der Sommer hin, der Herbst kam, die Weihnachtszeit und mit ihr die Hochzeit kam angerückt. Ich hatte mich schon wunderbar erholt, alle Welt erstaunte, daß ich so gut marschieren konnte, nur wenig auf einen Stock gestützt. – Danksagungstag feierten wir bei Tochter Luise in angenehmer Weise. Mein Mann war ganz der Alte bis zum letzten Tag. Als er mir am 12. Dezember die frische Milch in die Küche brachte, sagte er noch heiter: „Die bringe ich dir noch fünfzehn Jahre." Kaum mehr als so viel Stunden, so ruhte er schon in kühler Erde. – Sein Ende war so sanft, wie es die Euthanasie nur mit sich bringen kann. – Heute, wo die Tränen sanfter fließen, der rasche Wechsel vom Leben zum Tode nicht mehr so furchtbar die Seele beschwert, wo alles ruhiger und stiller geworden, nun erscheint uns alles in einem milderen Lichte. Er war ja im vollsten Sinne des Wortes eingeschlafen, friedlich und sanft, ohne Krämpfe und Zuckungen. Die Ewigkeit hatte ihm freundlich die Tore geöffnet und er war eingegangen in die Ruhe, nach der wir uns schließlich doch alle sehnen. Nun erscheint sein Bild verklärt und ohne Makel, die kleinen Fehler, die jedem Sterblichen anhängen müssen, ein Genius hat sie hinweggestreift. Wenn's wahr ist, daß auch die Seele der Verschiedenen sich noch fortentwickeln, so ist er gewiß ein Wachender unter denen, die da schlummern, hier hat der Tod keine Schrecknisse, das ewige Leben ist die ruhige Entfaltung eines geläuterten Geistes, dem die Himmlischen zusingen:

„Wer immer strebend sich bemüht,
Den können wir erlösen."

Ein großes Trauergeleite hat meinen teuren Carl zu Grabe geleitet. Alle seine Kinder waren zugegen, viele von unsern Neffen und Enkeln. Ein neuer Friedhof war auf unserer Ranch ausgelegt, dort ruht er als erster unter einem Denkmal von Granit. Ein wunderbarer Dezembertag neigte sich zu Ende, als er das Haus verließ, die Natur selbst sandte ihm einen letzten Sonnenstrahl, der im Granit festgehalten für die Kinder und Kindeskinder. – Johannes Fuchs hielt die schöne Grabrede: „Die schöne Zeit der jungen Liebe", betonte er, hier ist sie ewig grün geblieben. – Ja, so war's, mein Carl: „Du warst unser Sonnenschein."

Meine Mutter.

Ein Gedenkblatt an ihrem hundertjährigen
Geburtstage, den 14. Oktober 1909.

Mein innigster Wunsch, heute an ihrem Grabe zu sein, ist nicht in
Erfüllung gegangen, so will ich zu ihrem teuren Andenken meine Gedanken niederschreiben.

Es ist nicht, weil es meine Mutter war, daß sie mir als die liebevoll-
ste, edelste Frau vorschwebt, sie war es in Wirklichkeit. Anderen Freude
zu bereiten war ihr Lebensaufgabe, sich das Beste vom Munde abzuspa-
ren, um andere, besonders Kinder, dadurch zu beglücken und zu erfreuen, war ihr Bedürfnis. Für jeden, und war's der einfachste Mensch,
hatte sie ein mitfühlendes Herz. So geschah es, daß jeder, der mit ihr in
Berührung kam, die besten Saiten seines Lebens bewegt fühlte, und
demgemäß zu ihr sprach. Auf diese Weise idealisierte sie sich die
Menschen, wo's irgend möglich war.

Für das Häßliche und Gemeine in der Welt hatte sie in ihrem
gütigen Herzen keinen Raum. So war eins ihrer Lieblingssprüche:
„Reines Herzens sein ist das Höchste, was wir erreichen können, was
Weise ersannen und Weisere taten."

So ungefähr lautete der Spruch. Einzelne, schöne Sprüche waren ihr
Richtschnur fürs Leben. – Als sie dies einmal zu einer kirchlich frommen
Schwägerin in Deutschland äußerte, meinte dieselbe: „Nein, Luise, man
muß *Glauben* haben, wo man nicht verstehen kann." Aber dazu war mein
holdes Mutting viel zu aufgeklärt durch meinen philosophisch gebildeten, tief denkenden Vater, mit dem sie in geistiger Beziehung eng
verwachsen war. Neben den Kindern füllte er ihr ganzes Herz aus.

So kam es wohl, daß sie in den einfachsten, oft beinahe ärmlichen
Lebensverhältnissen an seiner Seite zufrieden war. Sie verstand es, die
einfachste Umgebung und sich selbst in ihrem Äußern immer mit einer
gewissen Anmut zu umgeben. Dies eben bestärkte unsern guten Vater,
der für seine Person merkwürdig anspruchslos war, in dem Glauben, wir
hätten alles, was nötig sei.

Muttings Zufriedenheit war um so mehr zu bewundern, als sie in sehr wohlhabenden, sorgenfreien Verhältnissen groß geworden, und in denen sie wohl verblieben wäre, hätte sie mit ihren drei Geschwistern die Eltern nicht so früh verloren.

Unvergeßlich ist mir ihr letztes Wort: „Ich bin zufrieden." – In der Meinung, ich hätte es nicht verstanden, wiederholte sie die Worte mit so rührend liebevollem Ausdruck: „Ich bin zufrieden." – Es sollte ein Trost für ihre Kinder sein.

Die Familie Fuchs: Die Söhne Benjamin, Hermann, Wilhelm, Conrad, Tochter Ottilie (Goeth), Luise Fuchs, Adolf Fuchs, Tochter Uta (Varnhagen).

Adolf Fuchs und sein Enkel Hermann Matern

Mein Vater.
Nachträge aus seinem Leben

Mein Vater, Adolf Fuchs, war ein so liebenswürdiger, edler Mensch, daß er das verdient, sein Andenken in hohen Ehren zu halten. Unsere Nachkommen werden es mir gewiß danken, wenn ich seinen Lebensgang schildere, so gut ich es heute, in meinem achtzigsten Jahre, noch vermag. Manches aus seinem Leben ist anderswo berichtet, hier soll nur seine Biographie im großen und ganzen skizziert werden, auf welcher die folgenden Aufzeichnungen noch manches interessante Licht werfen mögen. Für euch, Kinder und Kindeskinder, ist es niedergeschrieben, damit ihr lernen möget, daß ein ernstlicher, freier Wille durch alle Hindernisse zu brechen weiß, daß aus bescheidenen Anfängen ein großes Werk sich entwickeln kann. Der Wunsch eures Ahnherrn war, ein kräftiges Geschlecht heranwachsen zu sehen, das tätig sich im Strom der Zeit bewähren sollte. Wohl hat er es nicht mehr selber ausführen können, aber aus der Familie erwuchsen doch neue Reiser, die in der Entwickelung des Staates Texas mitgewirkt, sei es als Bahnbrecher der landwrtschaftlichen Kultur oder anderweitig.

Zu Güstrow in Mecklenburg ist denn mein lieber Vater am 19. September 1805 als jüngster Sohn des hochgeachteten Superintendenten Fuchs zur Welt gekommen. Als Kind von vier Jahren verlor er leider seine feingebildete Mutter, von welcher er sein großes musikalisches Talent geerbt zu haben scheint. Der Vater war einer jener Gelehrten, welcher sein Glück in Büchern fand. Da nun der Knabe Adolf ja auch für die gelehrte Laufbahn bestimmt, so wurde sein Blick für praktische Lebensverhältnisse nicht geschärft, und das trug später bittere Früchte, wie denn schon oft die rein geistige Erziehung des vorigen Jahrhunderts manchen jungen Menschen in schiefe Lagen gebracht, wovon ich oft genug Zeuge gewesen in meinem langen Leben in Texas.

Anfangs wurde Adolf zu Hause unterrichtet. Das Lernen wurde ihm spielend leicht, um so mehr mußte der Vater ihn auf die Wissenschaft vorbereiten, und in der Tat, schon als achtzehnjähriger bezog der junge Mann die Universität. In Jena, Halle und Göttingen studierte er vorzugsweise Theologie, doch hörte er auch fleißig Vorlesungen über Philosophie, besonders bei Fries in Jena. – Bei seinen Comilitonen scheint er sehr beliebt gewesen zu sein. Begeistert für alles Schöne, für Freiheit und Kameradschaft, hielt er sich doch dem wilden Studentenleben fern. Selbst anspruchslos, hatte er ein warmes Herz für seine Freunde, die sich nie vergebens an ihn wandten, half er doch gern, wo er nur konnte. Diese Uneigennützigkeit ist stets ein hervorragender Charakterzug für ihn geblieben, freilich manchmal auch auf Kosten seiner Familie, die es ihm allerdings keineswegs nachgetragen.

In früherem Knabenalter schon hatte Adolf das Geigenspiel erlernt; lange blieb er ihm treu, bis er durch eine peinvolle Handverrenkung gezwungen war, die Violine aufzugeben. Eine freundliche Naturgabe bot reichen Ersatz, da er gesanglich sich wunderbar entwickelte, und nun pflegte er diese Himmelsgabe, die ihm bis ins späte Alter treu blieb, und womit er so manchen erfreute und entzückte. – Bei der Auswanderung nach Texas wurde übrigens doch die Geige nicht zurückgelassen, und treue Dienste hat sie getan in dem fernen Lande, von welchem damals kaum der Name in Europa bekannt.

Die philosophischen Ideen, welche der junge Theologe warmherzig aufgenommen, brachten ihm anfangs Konflikte mit der Orthodoxie. Als er zum ersten Male predigte, wurde seine Predigt von den geistlichen Herren etwas getadelt; sie sei nicht biblisch genug. – In dem Roman *Robert* finden wir die köstliche Beschreibung einer ähnlichen Szene, der eben auch nicht biblisch, d. h. orthodox predigte. Der Einfluß Fries' mag dabei unverkennbar sein, denn dieser Philosoph war eben kassiert wegen zu großer Freisinnigkeit. Aber die jungen Studenten hielten tapfer zu ihrem Meister, waren ihnen die Hörsäle der Universität verschlossen, nun, so gab es Spaziergänge, und weil, wie Goethe sagt, „man unter des Himmels Angesicht immer besser und freier spricht"[34], so mag denn Fries in ungezwungener Weise mit den jungen Musensöhnen freiere Ansichten entwickelt haben, als er sonst als Professor gewagt. Tatsache ist, daß die Bücher Fries' mit nach Texas gewandert und noch lange gelesen wurden.

Rasch kam nun jene Zeit, welche die Götter selbst als selig preisen, schon mit dreiundzwanzig Jahren. Im hohen Alter hat er die Stunde dichterisch und humorvoll besungen, die ihm ein Glück brachte, das nur die voll würdigen können, die es mit angeschaut.

Das Gedicht folgt:

Ich fragte sie, kannst du mich lieben?
Da sagte sie zwar nichts.
Doch glänzt in ihrem Auge
Ein Funke sel'gen Lichts.

Auch legte sie ihr Köpfchen
So sanft an meine Brust,
Und hörte drin ein Klopfen
Von namenloser Lust.

Da fragt ich sie nicht weiter,
Es war ja offenbar,
Daß sie mich jungen Burschen
Zu lieben willig war.
Und eines noch, das weiß ich,
Daß ich ihr treu verblieb,
Und sie hat mich noch immer,
Noch immer herzlich lieb.

Ja, so war es. Lieb hatten sich die beiden, als sie am 10ten Juli, 1829, den Bund fürs Leben schlossen, er nicht ganz 24, sie nicht ganz 20 Jahre alt, und eben so lieb hatten sie sich noch im hochbetagten Alter nach manchen und ungeahnten Fährten eines reich bewegten Lebens und in einem Lande, wovon die junge Braut gewiß nichts geahnt.

Kurz nachdem die Vermählung vollzogen, erhielt Vater eine Anstellung als Conrector in der Stadt Waren. Das junge Paar war nicht lange einsam, war doch der neue Conrector gar gesellschaftlicher Natur. Sein gemütvolles Wesen, sein sprühender Humor, seine Gesangeskunst, überhaupt sein poetisch-musikalisches Wesen, das verständnisinnig von der jungen Braut geteilt, ließ sein Haus bald den Mittelpunkt verwandter

Seelen werden. – Innige Freundschaft schloß Vater damals mit einem jungen Doktor Kortüm, mit dem er auch viel auf die Jagd ging. Diese Jagdfreude ließ sie wohl auch gemeinsam die Romane Coopers lesen, die großen Eindruck auf die jungen Jäger machten, nannten sie sich doch Hawkeye und Unkas ein ganzes Menschenalter hindurch, auch noch, als längst ein Ozean sie trennte. Schon damals mochte die Idee aufgekeimt sein, nach Amerika auszuwandern in jenem romantischen Freiheitsgefühle, von dem eben damals die ganze junge Welt befangen war. Hatte man bis dahin Cooper in Übersetzung gelesen, so wurde jetzt das Studium des Englischen vorgenommen.

2.

Nachdem Vater als Conrector 6 Jahre in Waren gewirkt hatte, wurde er Prediger in Kölzow. Dort führte er ein sehr tätiges Leben. Seine Predigt für den Sonntag schrieb er am Sonnabend nieder, Mutter mußte ihm dann dieselbe vorlesen, das Memorieren machte ihm keine Schwierigkeiten. Die übrigen Tage der Woche arbeitete er vorzugsweise im Garten, den er wunderschön einzurichten verstand. Hier war im Sommer das Paradies für uns Kinder, gab es doch Obst von allen Sorten, Lauben mit Tischen und Bänken, und gar der große Spielplatz! Daß die Musik im Pfarrhause nicht vergessen, ist ja selbstverständlich. Besonders war es ein Männer-Quartett, das stets die gemütvollen Weisen vortrug, wie deutsche Musik sie so einziglich hat. Ich könnte die Herren noch malen, so lebhaft stehen sie vor meinen Augen. Sie hießen: Rector Ellmann, Doktor Huse, und Kandidat Stüdemann. Letzterer war Vater behilflich im Englischen Studium, da er einige Zeit in England verweilt. Wie üblich hatte Vater natürlich auch Lateinisch, Griechisch, Französisch und Hebräisch gelernt. Wir Kinder erhielten neben dem deutschen Unterricht auch gleich Englisch zu Hause, so daß wir schon einige Kenntnisse der Sprache hatten, als wir nach Texas kamen.

Von 1835 bis 1845 war Vater als Prediger in Kölzow. Der Patron der Pfarre, ein Justizrat von Prolius, hatte so großes Wohlgefallen an Vater gefunden, daß er ihn ins Amt gesetzt, ohne erst die üblichen drei Kandidaten-Predigten auszusetzen. – Hier in Kölzow wurde ich geboren und wurde nach dem Justizrat Otto von Prolius Ottilie genannt. Von diesem meinen Paten habe ich noch an anderer Stelle zu berichten. Hier nur so viel, daß er uns oft besuchte, da er, wie gesagt ein großer Freund Vaters war. Dieser hatte nun auch mehrere Lieder komponiert, besonders auch Worte des Faust in Musik gesetzt, und zwar aus dem Zweiten Teile:

> „Nur der verdient sich Freiheit wie das Leben,
> Der täglich sie erobert muß," u. s. w.

Überhaupt war er ein großer Goethe-Verehrer, doch nahm er die Worte:

> „Ständ' ich, Natur! vor dir ein Mann allein,
> Dann wär's der Mühe wert, ein Mensch zu sein,"

zu wörtlich. Als ob alles Lernen überflüssig sei! Bei seinen Söhnen dachte er, wenn sie nur moralisch gute Menschen seien, so wäre das alles, was nötig zum Leben. Später sah er doch, was die Kinder entbehren, die so wenig Schule gehabt. Als die Enkel heranwuchsen, sagte er öfter: „Laßt sie nur tüchtig lernen."

Hier will ich einschalten, daß in der Stadt Waren vier Geschwister geboren, nämlich die liebliche Lulu und Ulla, Konrad und Adolf, der aber früh verstorben. – In Kölzow kamen außer mir noch Bruder Wilhelm, Schwester Ino und der jüngste Bruder Hermann, so daß wir sieben waren, als wir auswanderten.[35] Dankbar erinnerte sich meine liebe Mutter bei der Abreise, daß auf dem Kirchhofe zu Kölzow keins ihrer Kinder geblieben.

Als in den vierziger Jahren die große Auswanderung nach Texas begann, da hielt es meinen Vater nicht länger in der alten Heimat. Es ist hier nicht der Ort, auf die Gründe einzugehen, welche ihn zu dem schweren Entschlusse bewogen, mit der zarten Gattin und unmündigen Kindern in die Wildnis zu ziehen. In ruhiger, klarer Weise hat er sie in der letzten Predigt dargelegt. Diese liegt jetzt gedruckt vor, dorthin also verweise ich. – So lange die Kinder alle klein waren, durfte er kaum an Auswanderung denken, als aber die Ältesten bereits das Alter von 16 und

14 Jahren erreicht, wurde der lang gehegte Wunsch in Erfüllung gebracht. Zu seiner großen Freude wurde sein Freund Rector Ellmann zu seinem Nachfolger gewählt. Rührend war der Abschied von der Gemeinde. Von weit und fern war man hergeeilt, den beliebten Seelsorger noch einmal zu sehen, ihm Glück zu wünschen auf den fernen, unsicheren Lebensweg. — Aber so ganz ins blaue Ziel ging der Vater doch nicht, vielmehr hatte er sich dem Braunfelser Adelsverein angeschlossen, dem bekanntlich Prinz Solms als Präsident vorstand. Dies mochte den lieben Freunden in der Heimat als vorläufige Beruhigung dienen.

Frühzeitig jedoch sollten wir erfahren, daß in einem fremden Lande man sich auf plötzlich Veränderungen gefaßt zu machen hat. Als wir nach zehnwöchentlicher, recht beschwerlicher Reise, — worüber mehr an anderer Stelle — in Galveston landeten, war die Weiterreise nach Braunfels mit solchen Schwierigkeiten verbunden, daß wir ganz von dem Verein abkamen, und allein über Houston an Land gingen. Dies stand übrigens jedem frei, von einem Kontraktbruche war dabei nicht die Rede. So denn waren wir in Texas; gewaltig dehnten sich die Prärien aus vor dem erstaunten Blick, was in den Herzen der Eltern zu der Zeit vorging, weiß ich nicht, doch von den Kindern zweifelte keins, daß sie uns in ein Land gebracht, wo es uns wohl gehen konnte, wollten wir nur, daß wir vorwärts kämen. Und wir wurden nicht betrogen.

3.

Durch das freundliche Entgegenkommen der werten Familien von Roeder und Kleberg bewogen, kaufte sich Vater eine kleine Farm in Cat Spring. Hier nun dachte er daran, seine glühenden Ideale zu verwirklichen, die Freiheit zu erringen, die, wie Faust sagt, täglich errungen werden muß. Aber, ach, Poesie und Prosa sind oft feindliche Schwestern, das Leben verlangt materielle Güter, um weiter zu kommen, und trotz allen guten Willens und Enthusiasmus, die praktische Seite der idealen Begeisterung, die fehlte dem guten Vater eben. So mußte er sich entschließen, Musikunterricht zu erteilen, wozu ihn in Deutschland wohl nichts hätte bewegen können. Freilich uns Kindern hatte er zwar

Gesangs- und Klavierunterricht gegeben, aber dabei hatte es auch sein Bewenden gehabt. Nun aber hieß es, aus Not eine Tugend zu machen, und er hat es getan aus Liebe zu seiner Familie.

Anfangs waren es Plantagenbesitzer am Brazos, die Vater als Musiklehrer beschäftigten. Damals war ja noch der ganze südliche Zauber einer Plantagenherrlichkeit über die weiten Güter ausgebreitet. Die reichen Pflanzer schwelgten im üppigen Reichtum, in einer Naturpracht, die eben zum süßen Nichtstun einlud. Hunderte von Sklaven standen jedem Wink bereit, und da kam denn der Sänger mit der goldenen Kehle just recht, die Gesellschaft zu amüsieren. Und sie haben ihn nicht vergessen, selbst nicht in späteren Jahren, wenn er sie aufsuchte.

Lange aber hielt Vater es nicht aus, sondern nahm eine ehrenvolle Stellung in dem Young Ladies' Institute zu Independence[36] ein. Dort erhielt er ein Gehalt von tausend Dollars und konnte mit Violinunterricht noch nebenher gut verdienen. Daß er von dem Gehalt wenig für sich brauchte, ist kaum nötig zu sagen.

Die Mutter und wir Kinder wohnten unterdessen in Cat Spring, wo die Brüder Konrad und Wilhelm das Feld bestellten. Eigentlich hätten auch wir nach Independence gehen sollen, um dort noch zu lernen, aber gerade zu der Zeit hatte Vater das Lüdersche Land vermessen erhalten, so kam es, daß wir nach Burnet County an den Colorado zogen. (Über dieses Land habe ich früher berichtet). Mochte uns der Abschied von Cat Spring auch schwer fallen, für unsere Gesundheit war es besser, litten doch die Kinder alle an Bleichsucht. Am Colorado erholten wir uns rasch.

Aber man kann sich denken, schwere Arbeit gab es in der Wildnis, um einen wohnlichen Platz einzurichten, jedoch taten meine jungen Brüder das Möglichste. Bald stand das Haus gezimmert und gefügt, und die liebe Mutter wußte auch in dieser Armut eine holde Anmut auszuschütten, daß wir uns alle heimisch fühlten, schon nach kurzer Zeit. Schlimmer stand es zwar für Vater, der ja schwere Arbeit nicht kannte; er bekam furchtbare Knochenschmerzen, so daß er lange nicht liegen und schlafen konnte. Langsamer als wir gehofft, erholte er sich.

Gemütlich wie es schon zu Hause war, die rechte Freude kam aber doch erst, als wir ein neues Klavier erhielten. Eigentlich war es ein altes, ausgebrauchtes, das der Vater billig erstanden, aber er verstand es, alte Instrumente zu reparieren, daß sie wie neue klangen. So kam es, daß er das Klavier-Stimmen zum Geschäfte machte. Wenn es zu Hause an Geld fehlte – und leider, das kam damals öfters vor, – so machte er sich auf eine Stimmreise, um der Börsenleere etwas zu steuern. Aber er ließ sich doch nur mäßig bezahlen, wies wohl gar den unwirsch zurück, der mehr tun wollte. Dafür war er aber auch ein gern gesehener Gast, in welchem Hause er einkehren mochte. War das Klavier gestimmt, mit anderen Worten, hatte der Handwerker seine Arbeit vollendet, so setzte sich nun der Künstler, „Mr. Fox", ans Klavier und sang jene belebenden Weisen von Texas-Liedern, welche Hoffmann von Fallersleben gedichtet, und Vater und Robert Kleberg so getreu ins Englische übertragen.

Der Lohn, der ihm dafür ward, war ihm lieber als aller Gelderwerb, kam er nach Hause, so langte die kleine Summe, die er mitbrachte, nicht lange. Unser Mütterchen, hold und gut wie immer, ließ es ihn aber niemals fühlen, wir behalfen uns mit dem Wenigen so gut es ging, und so wurde die Harmonie des Hauses nie ernstlich gestört. Wie wäre dies auch möglich gewesen bei ihm, der Güte und Selbstlosigkeit selber war.

Selbst in der wildesten Zeit des furchtbaren Bürgerkrieges, als die Wogen drohend über jeden Unionisten zusammenschlugen, da selbst ging Vater ruhig seinen Weg, und Pastor Fox blieb unbehelligt, trotzdem er aus seiner Unionsfreundlichkeit wenig Hehl machte. Die Sklaverei betrachtete er äußerlich als ein notwendiges Übel, aber keiner wird den Tag froher begrüßt haben als er, als nun endlich die Sklavenketten in der Union für immer gefallen. Der freiheitliche Sinn seiner Jugend hatte nicht gelitten; selbst mit freiem Geiste begabt, wie konnte er da Knecht-schaft um sich sehen.

Und so ging noch ein Traum seiner Jugend in Erfüllung, die Gründung des neuen Deutschen Reichs unter Wilhelm dem Ersten und seinem großen Kanzler, Otto von Bismarck. Den Kaiser Wilhelm hatte er als jungen Prinzen in Berlin oft gesehen. Deutlich erinnerte er sich der ritterlichen Gestalt unter den Linden oder im Tiergarten auf schwarzem Rosse dahergesprengt kommend. Ich glaube fast, die Erneuerung des Deutschen Reiches hat nicht wenig zur Verlängerung seines Lebens beigetragen. Man braucht sich nur an die Träume der deutschen Studenten erinnern, um zu begreifen, wie der schon im Greisenalter stehende Mann den ganzen stürmischen Traum der Jugend wiederträumte, und nun alles groß, gewaltig aufprangte.

So war denn die Goldene Hochzeit der lieben Eltern im Jahre 1879 eigentlich ein doppeltes Fest. Sie hatten es erlebt, wie die politischen Wolken hüben und drüben sich gelichtet, ein einiges Deutschland, eine einige Union hier zu Lande. Das gab die rechte Verheißung für eine segensreiche Zukunft des jungen Geschlechtes, das die lieben Eltern aufblühen sahen. Da mochte sie die frohe Ahnung grüßen, daß die Opfer, die sie einst gebracht, nicht vergebens gewesen, daß sie das Rechte erwählt, daß die Verheißung Jehovahs an Abraham auch an ihnen in Erfüllung gegangen. Das mußte eine gehobene Stimmung hervorrufen und tat es. Die Erinnerung an das schöne Fest hat noch nichts eingebüßt, lebt noch heute fort, feierlich und schön wie der Ton der Glocke, der in Sabbath-Stille einst im Dorfe dort drüben in Mecklenburg geklungen.

Seinen 80sten Geburtstag hat Vater bei mir und meiner Familie gefeiert und Mütterchens 76sten Geburtstag, an welchem mein Vater noch die letzten Verse dichtete, die mein Mann aufschreiben mußte, da er selbst Geschriebenes nicht mehr lesen konnte. Nur wenige Monate überlebte mein teurer Vater diesen Geburtstag, am 9ten Dezember 1885 nahm er für immer Abschied, und wenige Monate später folgte ihm das Mütterlein, als hätte es nicht anders sein dürfen. Am Colorado-Fluß, wo sie einst die Heimat gegründet, dort ruhen sie fern vom Getriebe der Welt, im tiefen idyllischen Frieden, aber unvergessen von allen, die je mit ihnen zusammengekommen. Auch mein Herz ist oft da, dankbar empfinde ich es jetzt, daß ich die teuren Eltern vor Schluß ihres Lebens bei mir haben konnte.

Nun, wo ich selbst im 80sten Lebensjahre stehe und die Letzte meiner Familie, jetzt, wo auch meine Augen so schwach, daß ich selbst nicht lesen kann, was ich geschrieben, nun ist auch mein innerer Sinn klarer, nun darf ich wohl sagen, daß auch auf ihn Goethes Worte passen, die Worte, die er so oft gesungen:

„Zum Augenblicke dürft ich sagen,
Verweile doch, du bist so schön!

Es kann die Spur von meinen Erdentagen
Nicht in Aeonen untergehn!"

Er selbst war natürlich zu bescheiden, solche hohen Worte auf sich zu
beziehen, aber die Lebensfreudigkeit eines hohen Willens, in den Dienst
der Menschlichkeit gestellt, die beseelte ihn ganz und gar. War es ihm
nicht vergönnt, ein praktischer Welteroberer, eine Industrie-Größe, ein
politischer Führer ringender Volksparteien zu werden, so hat er doch
seine ideale Weltauffassung in die Wildnis zu verpflanzen gewußt, wo er
noch heute schöne und reife Blüten treibt.

Von einer Verflachung besserer Anschauungen konnte nicht die
Rede sein, wo Vater weilte, und das zu einer Zeit, wo der Kampf um reale
Güter in beiden Hemisphären entbrannt war. Seine Nachkommenschaft
zählt heute nach hunderten, auch ihnen gilt sein Wort: „Edel sei der
Mensch, hülfreich und gut" (Goethe), und zu meiner Freude sehe ich in
der jüngeren Generation auch diese seltene Tugend geübt. Und vor allen
Dingen, seine Liebe für Musik tritt immer wieder und wieder hervor.
Selbst da, wo strenge Hauspflichten wenig Zeit zum üben lassen, selbst da
noch klingt es und singt es zu Lust und Freude. Wie könnte es auch
anders sein, Vaters Lieder sind für die Nachkommen unsterblich.

„Die Liebe ist ein Edelstein,
Sie brennt Jahraus, sie brennt Jahrein
Und kann sich nicht verzehren."

Dieses Lied möchte ich an meinem Grabe gesungen haben.*

→

* [Louise Fuchs:] Nun sind meine Gedanken, nach Großmutterart, durch Zeit
und Raum gezogen: von 1861 bis 1927, da Menschen sich fanden und Menschen voneinander Abschied nehmen mußten. Was liegt nicht alles in der
Spanne Zeit von 66 Jahren! Wie viel Glück und wie viel Leid ist in ihr dem
Einzelnen und den Nationen geworden. Mir fallen die Worte des Liedes ein,
welches Euer Großvater Adolf Fuchs komponierte:

4.

Ja, wenn ich heute in meinem hohen Alter, wenn die Hand ausruhen möchte selbst von einer einfachen Handarbeit, — wenn ich mich heute in Erinnerungen vertiefe, bleiben meine Gedanken immer am liebsten bei den teuren Eltern haften. Es war einzig, wie friedlich und rücksichtsvoll sie miteinander umgingen. Wie besonders Vater bestrebt war, Mutting Freude zu bereiten, die sich ihm zu Liebe in die einfachsten texanischen Verhältnisse schickte und nie klagte, daß sie es besser haben möchte, oder ihm gar Vorwürfe gemacht, daß er das Leben nicht ein bißchen praktischer auffasse. An keinem ihrer Geburtstage hat er verfehlt, ihr Verse zu dichten, in heiterer, ernster, oder auch spaßiger Auffassung. Oftmals waren es auch Lieder, die er ihr am Klavier vorsang, als wir nach 11 Jahren unserer Ankunft in Galveston so glücklich waren, wieder ein Klavier zu besitzen.

Wo er ging und stand, da war die Muse in seiner reinen Nähe, sogar hinter dem Pfluge hergehend, dichtete und komponierte Vater, oder ersann neue Worte zu alten Melodien.

Die Liebe ist ein Edelstein

Die Liebe ist ein Edelstein,
Sie brennt jahraus, sie brennt jahrein
Und kann sich nicht verzehren;
Sie brennt so lang noch Himmelslicht,
In eines Menschen Aug' sich bricht.
Um d'rin sich zu verklären.

Und Liebe hat der Sterne Macht,
Kreist siegend über Tod und Nacht,
Kein Sturm, der sie vertriebe —
Und blitzt der Haß die Welt entlang,
Sie wandert sicher ihren Gang:
Hoch über den Wolken, die Liebe!

Bei so mancher Hochzeit ist dieses Lied den Kindern und Enkeln von Großvater selber, seinen Kindern und Enkeln, gesungen worden.

Einst war er mit den ältesten Söhnen und einem Neffen, Fritz Fuchs, oben nach der Clear Fork des Brazos gereist, um dort ein Stück Land zu besichtigen. Das war zu der Zeit, als wegen der Indianergefahr stets einer des Nachts wachen mußte. Auch er entzog sich dieser Nachtwache nicht, und während die Jungen sich der süßen Ruhe hingaben, dichtete er diese Verse:

„Steh ich in finstrer Mitternacht
Einsam auf Indianerwacht,
Und träf' ein Pfeil ins Herz hinein,
Ich trüg's geduldig, trüg' es still,
Und dächt', es wär' wohl Gottes Will';
Doch eh' ich schlöß' die Augen zu,
Mein letztes Denken wärest du."

So freisinnig und liberal gesinnt Vater in religiösen Sachen war, ein wunderbares Gottvertrauen hat ihn stets beseelt. Zwar hatte ihn Religionsfreiheit besonders bewogen, Deutschland zu verlassen, aber das hieß nicht, daß er Atheist geworden. Gerne gebrauchte er den Ausdruck „mein Schöpfer" statt des Namens „Gott", aber wo menschliche Hilfe nicht ausreichte, da sagte er doch: „Mit Gottes Hülfe." – Die Zeile: „Und dächt', es wär' wohl Gottes Will'", ist daher keine leere Phrase, sondern drückt vielmehr das innerste Gefühl der Mannesseele aus, der die Jugend zu seinen Füßen schlafen sieht, während er, der getreue Eckard, über sie wacht.

Zu jener Zeit gab es noch Büffelherden und Antilopen in der Gegend. Da hatten meine Brüder es so eingerichtet, daß der Vater einen Büffel zu Schuß bekam, was ihm viel Spaß machte. Wie schon erwähnt, ehe er Pastor wurde, war er ja leidenschaftlicher Jäger gewesen, damals als Hawkeye und Unkas durch die Wälder, durch die Auen „geschwärmt", in den Jagdgründen der Güter im Mecklenburger Land. Mochte er an jene Zeit der Cooperschen Romane denken, als der gestreckte Büffel als Jagdbeute vor ihm lag? – Auf dem Lande, das sie damals besichtigten, ist jetzt eine Eisenbahnbrücke über den Brazos gebaut und eine kleine Stadt angelegt namens Lüders.[37]

Auf einer seiner Reisen entstand folgendes neckisches Gedicht, welches wiederum nur Zeugnis dafür ablegt, daß selbst auf seinen Klavierstimmer-Zügen die Muse ihren Liebling nicht verließ, ihn gelegentlich in schelmische Illusionen wiegte, aus denen er rasch geläutert nur desto heiterer hervortauchte.

O, wie schön ist's zu wandern
Von einem Land zum andern!
Da weichet aller Gram und Schmerz,
Da schlägt so frei, so leicht das Herz!
Daheim in den vier Pfählen
Pflegt manches mich zu quälen.

Doch so schön, o so schön ist´s zu wandern,
Von einem Land zum andern.
Was meinem Herzen wohlgefällt
Liegt in der weiten, weiten Welt!
Daheim saß ich gefangen
In sehnlichem Verlangen.

Als Vater diese Verse seinen Freunden vorsang, meinten dieselben: „Aber was wird Mutting Fuchs dazu sagen?" Rasch erwiderte er: „O, dann sing ich noch einen Vers!" Und improvisierte die folgende Strophe:

Ach freilich in der Fremde hier,
Da lächelt niemand freundlich mir,
Wen kümmert hier mein Sehnen?
Wer fragt nach meinen Tränen?
Drum schön vor allem andern
Ist's heimwärts doch zu wandern.

Als er dieses gesungen, sagte mein liebes Mütterlein: „Jetzt ist es zu spät, du hast dich in den ersten Versen verraten." — Aber sie nahm es dem guten Vater doch nicht übel.

5.

Noch ein Gedicht möchte ich hier einschalten, welches gleichzeitig gesungen und gedichtet wurde, als wir noch nicht lange in Texas gewesen. Deutlich sehe ich ihn noch, wie er unter einem Baume saß und schrieb und summte:

„Wenn der Sänger ziehet durch den wilden Wald,
Und sein Lied durch Blüten, Laub und Zweige schallt,
Nun wie leises Weh'n und nun mit Sturmes Gewalt,
Dann neigt alles, was da lebt, ihm sein Ohr,
Selbst der Blumen Auge schaut zu ihm empor,
Und die Vöglein alle stimmen ein im Chor:
    Alles, alles freut sich seiner Lieder,
    Gar der kahle Felsen hallt sie wieder.

Wenn des Sängers Lied ans Ohr der Menschen dringt,
Wenn es im Palast und in der Hütt' erklingt,
Wenn es Lieb' und Lust und Kampf und Freiheit singt,
Ha, wie hebt sich da so mächtig manches Herz,
Ha, wie klopft so manches dann in Lust and Schmerz
Manches heit're Auge blicket niederwärts –
    Denn der Sänger weckte tiefes Sehnen,
    Und ins heit're Auge dringen Tränen.

Heil, o Heil dem Sänger, welchem das gelingt,
Der dem Menschenherzen heil'ges Feuer bringt,
Wenn es Lieb' und Lust und Kampf und Freiheit singt!
Schön ist's singen wohl im wilden Wald,
Wo sein Lied durch Blüten Laub und Zweige schallt,
Aber dreimal schöner, wenn es wiederhallt
    In dem Dome gleichgestimmter Herzen,
    Unter gleicher Lust and gleichen Schmerzen."

Dieses Lied ist oft in unserer Familie gesungen worden und ist wohl auch jetzt noch das beliebteste von allen Kompositionen, die der Vater nach

vielen Bitten endlich in ein Heft niedergeschrieben.* Über den künstleri-
schen Wert dieser Gesänge maße ich mir kein Urteil an, aber erfrischend
wirkten sie stets, wenn der Dichter-Komponist sie in der Gesellschaft
vortrug.

6.

Den stolzen Namen eines Dichters und Komponisten lehnte Vater
übrigens stets bescheiden ab, gedruckt ist von seinen Sachen nichts. Ihm
war es genug, seine nächsten Freunde zu beglücken; so war er denn der
unwiderstehliche Improvisator, der alles überraschte und bezauberte
durch seine spontanen Eingebungen.

Von Figur stattlich, aber nicht korpulent, mit hoher Stirn und
reichem gelockten Haar, das wie Seide glänzte und sich anfühlte, mit
natürlichen, feinen gesellschaftlichen Tornüren, so war er trotz seiner
schlichten Kleidung eine elegante Gestalt, der man sofort den hohen
idealen Gedankenflug ansah. Da war nichts affektiertes und geziertes, ein
Gentleman im wahren Sinne des Wortes. Seine Sprache war schlicht und
einfach, und eben dadurch herzlich. Niemals kehrte er den deutschen
Gelehrten aus, obschon jeder unwillkürlich merken mußte, daß er in den
höheren Regionen der Philosophie und realen Wissenschaften ganz zu
Hause, ihre Diktion ihm ganz geläufig. Lieb und ritterlich war er vor
allem gegen seine zarte Frau. Kamen sie zu Wagen an, so hob er sie
heraus und ließ sie nicht aus den Armen, bis er sie auf der Veranda
abgesetzt, trotz ihres Sträubens: „Adölfchen, laß mich!" – Da war schon
gleich die rechte Stimmung mit dem Gast gekommen, die anhielt, so
lange er zugegen.

---

* [Louise Fuchs:] Sie (Tochter Louise) erzählte, in der Aareschlucht sei es so
wunderschön gewesen und sie habe an ihren Großvater Fuchs denken müssen
(dessen Gesang sie sich noch so genau erinnert, auch daß er sie singen ließ und
auch mit ihr zusammen gesungen) und an dessen Lied, Gedicht wie Melodie:
„Wen der Sänger zieht durch den wilden Wald!" – und hat es gesungen, daß es
von den Felsen widerhallte:

Manchmal stellte sich sogar ein reiner Übermut bei ihm ein. So setzte er sich einst unerwartet ans Klavier und spielte und sang:

Was reimt sich wohl auf Frauenzimmer?
Nimmer, schlimmer, immer.
Denn besser werden sie doch nimmer,
Im Gegenteile schlimmer.

Das war denn doch selbst meiner sanften Mutter zu viel. „Vater, Vater, was singst du?" rief sie unwillig. Aber unbekümmert um die Warnung fuhr er mit unendlich zarter Melodie fort:

Und dennoch lieben wir sie immer,
Und keiner bleibt von Liebe frei.

Als er nun geendet, standen der lieben Mutter die hellen Tränen in den Augen. Lächelnd wandte sich Vater an seine Enkelin Luise (Frau Wenmohs): „Das schreibe ich nimmer auf, behalt es aber im Gedächtnis, Luising." — Sie hat es auch heute, 1915, noch nicht vergessen und singt es in lebendiger Erinnerung an ihren lieben Großvater.

War es da zu verwundern, wenn alle Enkel sich um die Großeltern versammelten, die ihnen erzählen mußten ohne Ende, wozu die Mutter das köstlichste Geschick hatte?

7.

So folge denn nun auch noch das letzte Gedicht, das der gute Vater aus dem Stegreife diktieren mußte, da seine Augen es ihm nicht gestatteten, selbst zu schreiben, ihm, dem achtzigjährigen.

Meinem lieben Weibe
Zum 76sten Geburtstage

Ist's denn wirklich so? Du bist heute 76 Jahr'?
76? Seit dein Mütterchen dich einst gebar?

Ja, so ist es, was sich macht, das macht sich,
Bin ich selbst doch schon seit wenig Wochen achtzig.

Es sind wirklich wahrhaftig sieben Jahr',
Seit einst unsre Goldne Hochzeit war.
Und nun fragst du, war's auch gewiß ein glücklich' Paar?

Nun, bisweilen gab's ein bißchen Zank,
Aber meistens, Gott sei Dank,
War das Zanken bald vorüber,
Und dann hatten wir uns desto lieber."

Nun, wenn ein Mann durch's ganze Leben seiner Frau so freundliche Verse zum Geburtstag gedichtet hat, so hat er sie gewiß lieb gehabt.*

---

* [Louise Fuchs:] Hier will ich eines der vielen Gedichte folgen lassen, die Großvater [Romberg] für sein „Mudding" dichtete:

Meiner lieben Frau
zum 43sten Geburtstage.

(also aus dem Jahr 1852, dem letzten in Cat Spring verlebten.)

Ja, freilich bist Du heut' schon 43!
Doch Deine Lippen glüh'n noch frisch und würzig;
Und wärst Du auch im Tanz nicht mehr gar schnelle;
Wie Blitze leuchtet Deiner Augen Helle!

Und wärst Du auch bisweilen wohl verdrießlich;
Bald bist Du wieder hold und küßlich.
Drum sei nur ruhig, sei nur still und heiter:
So fließet unser Ehebächlein lustig weiter! —

Schluß.

Somit bin ich denn ans Ende meiner Darstellung gekommen, meine lieben Kinder und Enkel. Ob es mir gelungen ist, ein klares Bild unseres Familienlebens vor euch aufzurollen, das Urteil muß ich euch überlassen. — Jetzt, wo ein Waffenwald das deutsche Vaterland umstarrt, die Feinde ihre Millionen von Kriegern gesandt, das neue Kaiserreich zu vernichten, jetzt kommt der Zweifel und fragt, ob denn diese einfache Erzählung nicht ganz und gar verfehlt, ganz aus dem Rahmen der furchtbaren Weltereignisse tritt, denn wenn das Ganze in Gefahr, da verschwindet der Einzelne. Der Feldherr kann nicht jeden Soldaten kennen, aber, liebe Kinder, wäre nicht der Einzelne, so gäbe es auch kein Ganzes. Und die Familie ist im Staate das Einzelne. Nur da, wo diese fest und unerschütterlich zusammenhält, da wird die Nation sich immer neu erzeugen und höheren Zielen zugeführt werden. Was nun auch diese Ziele sein mögen, eines weiß ich, ohne ein inniges Familienleben, ohne wohlwollende Nachbarn und Freunde kann sich eine Nation nicht erhalten, da muß sie über kurz oder lang zugrunde gehen. Das deutsche Familienleben ist aber der Erhalter einer idealen Kultur, die nur segensreich von Geschlecht zu Geschlechtern fortwirken kann. Dieses möchte ich in bescheidener Weise euch gezeigt haben, davon mögen einige profitieren. Wie komplex auch das soziale Leben sich gestalten möge, wie verworren die Politik ihre krausen Wege gehen mag, die Wissenschaft ungeahnte Bahnen findet, ja, und wäre selbst die Geisterwelt dem menschlichen Auge enthüllt, alles dieses sollte eins nicht anfechten, und das ist ein Familienleben wie wir es zu verwirklichen gesucht haben. Aber auch euch Kindern und Enkeln rufe ich zu, was mein Vater in seiner Traurede zu mir und meinem Verlobten am Hochzeitsaltare gesagt: „Ihr sollt uns nicht zum Vorbilde nehmen, Ihr sollt es besser machen als wir."

Ottilie Fuchs Goeth (1835-1926)

Louise Romberg Fuchs (1840-1931)
und Hans A. Fuchs

Was Grossmutter erzaehlt

von

Ottilie Goeth, geb. Fuchs.

Erinnerungen

von

Louise Fuchs,
Geb. Romberg

Niedergeschrieben im 84ten Jahr

Privatdruck

Anmerkungen

1 Gräfin Voß: Sophie Marie von Pannwitz, geb. 11.3.1729, gest. n. 1810. Tochter von General von Pannwitz; ihre Mutter war ab 1744 eine Hofdame und Freundin von Königin Sophie Dorothea (Quelle: www.marquise.de/ en/1700/pics/1746_1.shtml).

2 Heinrich Friedrich Francke (Pseud.: J. H. Rausse), geb. 18.8.1805 Güstrow; gest. 12.7.1848 Alexandersbad, Vater: Superintendent Peter Heinrich Francke. 1824 Studium der Theologie in Halle, Jena, Rostock, Berlin; ab 1828 an der Forstakademie Aschaffenburg; 1830 Rückkehr nach Mecklenburg; machte eine Reise nach Amerika, die er in seinem Buch „Reisescenen aus zwei Welten" schildert. (Grewolls, Grete: „Wer war wer in Mecklenburg-Vorpommern?" Bremen 1995, S. 135.)

3 Dr. August Kortüm, Arzt, geb. 13.10.1810 Penzlin, gest. 25.6.1884 Doberan, Vater: Theodor Kortüm, Arzt, promovierte 1831 in Würzburg; 1832 praktischer Arzt in Waren; 1846 Medizinalrat; ging 1848 nach Rostock; 1849 Privatdozent in Rostock; zugleich Großherzoglicher Badearzt in Doberan; 1853 Übersiedlung nach Doberan; 1881 Obermedizinalrat. (Grewolls, S. 239.)

4 Adolf Friedrich Fuchs, Lehrer, geb. 27.12.1753 Neuenkirchen; gest. 13.4.1828 Güstrow; Vater: Johann Konrad Fuchs, Pastor in Woldegk. 1779 Conrector in Prenzlau; 1781 Rektor der Domschule Ratzeburg; 1789 Rektor in Güstrow; 1792 zum Professor ernannt; 1811-1828 Superintendent in Güstrow; unternahm den „Versuch einer Geschichte des Güstrower Gymasiums." (Grewolls, S. 143; Willgeroth, Gustav: „Die Mecklenburg-Schwerinischen Pfarren seit dem dreißigjährigen Kriege" Wismar 1924, S. 253.)

5 Ernst Johann Konrad Fuchs, Pastor, geb. 17.2.1781 Prenzlau; gest. 7.12.1849 Kittendorf; Vater: Adolf Friedrich Fuchs, Lehrer und späterer Superintendent in Güstrow. Älterer Halbbruder von Adolf Fuchs; Pastor in Kittendorf 1809-1849. (Willgeroth, S. 695.)

6 *Silas Marner*, märchenhafter Roman von Mary Ann Evans (alias George Eliot) ist die Geschichte eines verhärmten und eigenbrötlerischen Webers, der eines Tages ein Findelkind aufnimmt und dadurch wieder zu den Menschen zurückfindet.

7 Adelbert von Chamisso (1781-1838), „Die alte Waschfrau."

8 Der Braunfelser Adelsverein, auch bekannt als Mainzer Verein, Texas-Verein oder Deutsche Auswanderungsgesellschaft, hieß offiziell „Verein zum Schutze deutscher Einwanderer in Texas." Am 20. April 1842 vorläu-

fig von 21 Adligen in Biebrich am Rhein gegründet, gehörte der Verein zu den treibenden Kräften hinter dem Versuch, durch organisierte Massenauswanderung in Texas ein zweites Deutschland zu gründen. Publikationen wie Charles Sealsfields *Das Kajütenbuch, oder Schilderungen aus dem Leben in Texas* (1841), Detlef Dunts *Reise nach Texas nebst Nachrichten von diesem Lande* (1834) und G. A. Scherpfs *Entstehungsgeschichte und gegenwärtiger Zustand des neuen, unabhängigen Staates Texas* (1841), in denen die große persönliche Freiheit und das weite und fruchtbare Land in Texas in glühenden Farben beschrieben wurden, veranlaßten die Adligen, Texas als bestes Ziel der wachsenden deutschen Auswanderung zu wählen (*Handbook of Texas Online*). Allerdings dürfte auch der Wunsch eine Rolle gespielt haben, in der Zeit der wachsenden politischen Spannungen im Vormärz einen Teil der potentiellen Unruhestifter auf bequeme Art loszuwerden.

9   Heinrich Fuchs, geb. 1810 zu Kittendorf, Mecklenburg-Schwerin; gest. ca. 1873 in Texas. Älterer Sohn von Ernst Johann Conrad Fuchs (vergl. Nr. 5, oben); Lehrer im Mason County in Texas; sein Bruder Otto Fuchs (1815-1902) wanderte auch nach Texas aus, wo er ebenfalls Lehrer war.

10   Heinrich Heine, „Es fiel ein Reif in der Frühlingsnacht."

11   Johann Wolfgang von Goethe, „Parabolisch", 1827

12   Ein County entspricht in der Funktion etwa einem deutschen Landkreis.

13   Vermutlich der heutige Caleto Creek in De Witt County.

14   Die Bernarde, auch „Little San Bernard" oder „German Branch" genannt, ein Nebenfluß des San Bernard Flusses, der die Grenze zwischen Colorado County und Austin County bildet.

15   cap = Zündhütchen; nub = Zündkegel, Piston.

16   Fenzmachen: Bau eines Zaunes (Fenz = Fence = Zaun).

17   Johannes Christlieb Nathanael Romberg, Sohn des des Pfarrers Bernhard Friedrich Christlieb Romberg und der Konradine Sophie Friederike Romberg, geb. Hast, wurde am 10. November 1808 in Alt-Buckow im Großherzogtum Mecklenburg-Schwerin geboren. Er sollte seinem Vater, einem Pastor, in der gelehrten Laufbahn folgen, aber die Masern und eine Infektion schwächten seine Augen. Er wollte dann Zimmermann werden, aber dieser Beruf galt für jemanden seiner Herkunft als nicht schicklich, und so wurde er bei einem Kaufmann in die Lehre gegeben, Johannes Dietrich Bauch in Schwerin. Nach zehn Jahren ließ er sich als Kaufmann in Boizenburg nieder. Am 8. Oktober 1933 heiratete er Friederike Amalie Elise Bauch, mit der er zehn Jahre lang verlobt gewesen war. Sie hatten neun Kinder, von denen eines im Kindbett und ein weiteres auf der Überfahrt nach Amerika starb. Eines der Kinder wurde am Tag vor der

Landung in Galveston geboren, das letzte in Texas. 1847 war die Familie Romberg praktisch ohne Mittel in Galveston eingetroffen. Sie siedelten zunächst am San Bernard River und später am Black Jack Creek in Fayette County, wo Romberg ein Führer seiner Gemeinde wurde. 1857 gründete er die Prairieblume, einen literarischen Klub, der zu den ersten seiner Art in Texas gehörte und dem deutsche Siedler aus der Umgebung von Black Jack Springs und La Grange angehörten. Dort lasen und diskutierte sie ihre Geschichten, Artikel und Gedichte nach Art der texanischen „Lateiner-Siedlungen", in denen die Farmer oft Universitätsbildung hatten. Romberg gilt als der herausragendste deutsch-texanische Dichter und gehört zu den bekanntesten deutsch-amerikanischen Dichtern überhaupt. Viele seiner Gedichte, wie z.B. „Auf dem Colorado River", „Winter in Texas" und „Die Eichen" reflektieren den Geist der deutschen Pioniere in Texas. Eine von Alfred Wagner herausgegebene Sammlung seiner Gedichte erschien nach seinem Tod im Jahr 1900 in Dresden und Leipzig. Romberg starb am 5. Februar 1891 in der Gemeinde Black Jack Springs und wurde neben seiner Ehefrau auf dem kleinen Friedhof der (auch als Black Jack Lutheran Church bekannten) Trinity Lutheran Church neben der Fernstraße von La Grange nach Flatonia begraben.

18   Luise Helene Elise Romberg (1840-1931), die Verfasserin der für diesem Band ausführlich herangezogenen „Erinnerungen", heiratete am 8. Oktober 1861 Wilhelm Georg Fuchs (1838-1903). Caroline Julie Romberg (1846-1942) heiratete am 10. Juli 1868 Hermann Theodor Fuchs (1842-1907).

19   Etienne Henri Mehul, 1763-1817, französischer Opernkomponist.

20   Devil's Well, auch Dead Man's Hole genannt. – Auf einem Hinweisschild vor dieser kleinen Höhle ist zu lesen: „Der Entomologe Ferdinand Lüders machte 1821 die erste überlieferte Entdeckung dieser Höhle. In der Ära des Bürgerkrieges war sie berüchtigt, weil man annimmt, daß hier bis zu 17 Leichen hineingeworfen wurden, u.a. die des unionsfreundlichen Richters John R. Scott und des Siedlers Adolph Hoppe, mehrerer Kreisbeamter aus der Rekonstruktionsära sowie Ben McKeevers, der einen Konflikt mit lokalen Freigelassenen hatte. Eine Eiche, die einst über der Höhle stand, soll Spuren von Stricken gehabt haben, die durch Erhängungen verursacht wurden. Bis 1951 verhinderten mächtige Gase eine gründliche Untersuchung der Stelle. Das Loch wurde 1968 von der Speleologischen Gesellschaft von Texas aufgenommen und erwies sich als 155 Fuß (46,5 m) tief und 50 Fuß (15 m) lang."

21   Parlor = Wohnzimmer, Salon.

22 Bock, Karl Ernst: *Das Buch vom gesunden und kranken Menschen . . . Führer zur Erhaltung und Pflege der Gesundheit, sowie zur Heilung des kranken Körpers.* Milwaukee, Wis.: Geo Brumder, ca. 1880. Im Vorwort betonen die Herausgeber die wissenschaftliche Grundlage des Buches und warnen vor der Scharlatanerie vieler pseudo-medizinischer Bücher und Doktoren. Zweck des Buches ist es vor allem, über den menschlichen Körper und darüber zu unterrichten, wie man ihn pflegt, und wissenschaftliche Tips und einfache Kuren für Krankheiten zu empfehlen, die mit Hilfe eines Arztes behandelt werden können. Durch die Anleitung zur Selbsthilfe hoffen die Verfasser, der „Quacksalberei" entgegen zu wirken. Das Buch wurde im gleichen Jahr vom gleichen Verlag auch unter dem Titel *Der Familien-Arzt* veröffentlicht. (Quelle: mki.wisc.edu/virtualex/ve-pia.html)

23 Der Pedernales River (geborene Texaner sagen „Pe-der-NA-les") fließt von seiner Quelle im Südwesten des Kimble County 106 Meilen nach Nordosten und durchquert dabei die Counties Gillespie, Blanco und Hays, bis er im Westen des Travis County in den Travis-See mündet. Das Gelände am Fluß ist flach bis hügelig, mit örtlichen Böschungen, und auf seinen sandigen Lehmen wachsen Wacholder, Zypressen, Mimosensträucher und Gräser, die das hügelige Land charakterisieren. Der Name Pedernales stammt von der spanischen Bezeichnung für die Kiesel, die das Flußbett charakterisieren und wurde erstmals im 18. Jahrhundert von Forschern und Missionaren verwendet. Die Stadt Fredericksburg, die 1846 von deutschen Auswanderern gegründet wurde, war die erste dauerhafte Siedlung am Pedernales. (Quelle: *The Handbook of Texas Online.*)

24 Nachspiel nach dem Gottesdienst.

25 Bötel, Heinrich, Tenor, *6. 3. 1854 Hamburg, † 6. 1. 1938 ebd.

26 Baron Friedrich von Homeyer, † 1898.

27 Die Rambouillet-Schafe stammten von Spaniens berühmten Merino-Schafen ab, die von alters her als die Produzenten der feinsten Wolle der Welt berühmt waren. 1786 kam der König von Spanien einer Bitte der französischen Regierung nach und sandte 359 sorgfältig ausgewählte Böcke und Mutterschafe sandte zur Verbesserung der einheimischen Schafzucht nach Rambouillet in der Nähe von Paris geschickt, wo sie seit 1801 gezüchtet wurden. Andere Merino-Schafe wurden gegen Ende des 18. Jahrhunderts nach Deutschland exportiert, und deutsche Züchter nutzten mit Vorliebe Rambouillet-Zuchtschafe, als die Rasse in Europa berühmt wurde. Bis heute können viele Rambouillet-Herden in Amerika ihre Herkunft entweder auf von Homeyers Herden oder direkt auf Rambouillet zurückführen. (www.ansi.okstate.edu/breeds/sheep/rambouillet/)

28 Heute Hotel Schloß Ranzin (www.schloss-ranzin.de).

29 Zuversicht, Selbstvertrauen.

30 Am 16. Oktober 1912.

31 Faust, A. B. *Das Deutschtum in den Vereinigten Staaten in seiner Bedeutung für die amerikanische Kultur.* Leipzig: 1912 und *Das Deutschtum in den Vereinigten Staaten in seiner geschichtlichen Entwickelung.* Leipzig: 1912.

32 Die Panhandle-Region ist der nördlichste Teil von Texas. Fritz Fuchs mit seiner Familie und viele Verwandte zogen von der Cypreß Mill-Gegend in die Counties Hale und Lubbock.

33 Gustav Schwab, „Der Reiter und der Bodensee."

34 Johann Wolfgang von Goethe, „Legende" (1797).

35 In Waren geboren wurden Adolf (1830, starb noch im gleichen Jahr), Luise (Lulu, 1830), Ulrika Maria Julie (Ulla, 16. Okt. 1832); Konrad L. (1834), in Kölzow Ottilie (27. Feb. 1836), Wilhelm Georg (28. Feb. 1838), Adolphine (Ino, 1840), Hermann Theodor (7. Jan. 1842), und in Texas Benjamin Franklin (Benno, 21. Jan. 1848).

36 Das Young Ladies' Institute zu Independence, gegründet 1835 von den Baptisten als Mädchen-Internat. 1846 zur Baylor University umgewandelt, in der 24 Schüler und Schülerinnen gemeinsam unterrichtet wurden. 1851 wurde die Schule in Abteilungen für Knaben und Mädchen aufgeteilt, die 1866 in Baylor Female College und Baylor University umbenannt wurden. Da die Schule in Independence verkehrsmäßig schwer zu erreichen war, wurde 1885 beschlossen, Baylor Female College als Belton and Baylor University nach Waco zu verlegen, wo sie heute unter der Bezeichnung University of Mary Hardin-Baylor noch heute besteht. (Quelle: Handbook of Texas Online.)

37 Die Stadt Lüders, heute Lueders geschrieben, im Norden von Texas, steht auf einem Teil des Lüdersschen Landes, das Adolf Fuchs ursprünglich von Major Carl Friedrich Wilhelm Lüders in Marlow erworben hatte, bevor er 1845 aus Mecklenburg auswanderte. Major Lüders Bruder Friedrich Lüders hatte 1836 in der texanischen Revolution mitgekämpft und war in der Schlacht von San Jacinto gefallen. Die Republik Texas entlohnte ihre Veteranen mit Land, das ihren Erben zuviel. 1853 wurde Adolf Fuchs' Anspruch auf das Lüderssche Land vom Staat Texas anerkannt, woraufhin er mit seiner Familie auf einen Teil des Landes am Colorado River im Burnet County zog.

Nachwort

„Ihr sollt uns nicht zum Vorbild nehmen, ihr sollt es besser machen" –
mit diesem Zitat aus dem Munde ihres Vaters enden die Erinnerungen
der Ottilie Fuchs Goeth, die wir hier als zweiten Band des *Abschieds von
der alten Welt* dem im ersten Band abgedruckten Roman *Robert* von Adolf
Fuchs folgen lassen. Während in diesem Roman die Beweggründe
deutlich werden, die Adolf Fuchs zur Auswanderung aus Mecklenburg
bewogen, zum Abschied von der alten Welt, so beschreibt seine Tochter
Ottilie siebzig Jahre später – in den Jahren 1909-1915 –, was sich von den
Träumen ihres Vaters in den folgenden Jahrzehnten realisierte. Sie
beschreiben auch ihren eigenen Abschied von einer anderen alten Welt
– dem Abschied von der Pionierzeit und dem Einzug der Moderne in
Texas und den übrigen Bundesstaaten der USA, wo die Kinder von
Adolf Fuchs – heute leben dort mehr als 400 Nachkommen – als Farmer
und Rancher, Lehrer, Musiker, Geschäftsleute oder gar Abgeordnete
dem Gemeinwesen dienten, um für sich und andere bessere Lebensbedingungen zu schaffen.

Wir haben das, „was Großmutter erzählt", in Fußnoten durch
Ausschnitte aus den Erinnerungen ihrer Schwägerin Luise Romberg
Fuchs ergänzt. So, wie man aus zwei Photographien, die von dicht
nebeneinander gelegenen Standorten aus aufgenommen wurden, mit der
geeigneten Brille ein dreidimensionales, räumliches Bild erzeugen kann,
ergeben diese Zusammenstellungen ein besonders plastisches Bild des
alten und neuer werdenden Texas.

Beide Autorinnen beschreiben die gleiche Zeit im gleichen Land, oft
die gleichen Personen und ähnliche Probleme, und manchmal die
gleichen Ereignisse, aber natürlich aus unterschiedlicher Sicht, die sich
zum Teil im Charakter der beiden Autorinnen, im vorherrschenden
Geist der Familien, in denen sie aufwuchsen, aber zum Teil vielleicht
auch aus dem erklären mögen, was man heutzutage als Zielgruppe
bezeichnen würde: Ottilies Memoiren folgen einem wohldurchdachten
und -geordneten Konzept, man spürt, daß in der Familie des Pastors
Fuchs ein hohes intellektuelles Niveau vorherrschte, und man hat den

Eindruck, daß sie als Leser wohl vor allem an ihre erwachsenen Nachkommen dachte. Den Erinnerungen der Luise Fuchs hingegen glaubt man abzulesen, daß sie eher für ein jüngeres Publikum schrieb, der Gedankengang ist sprunghaft, weniger „philosophisch" und eher anekdotisch; man hat den Eindruck, daß in der Familie des ehemaligen Kaufmanns Johannes Romberg – der in Texas eine gewisse Berühmtheit als Dichter erlangte – ein lustiger Ton vorherrschte. Möglicherweise spielt aber auch die Zeit eine Rolle, in der die beiden Bücher verfaßt wurden: Ottilies Memoiren entstanden im Wesentlichen vor dem Ersten Weltkrieg, Luises Erinnerungen mitten in den „goldenen Zwanzigern".

Damit soll nicht gesagt sein, daß in Ottilies Memoiren ein trüber Ton in der Erinnerung an die unvermeidlichen Leiden der Einwanderer überwiegt. Der Unterschied könnte vielleicht so charakterisiert werden: Luises Erinnerungen sind fröhlich in der Erinnerung an viele schöne oder lustige Begebenheiten, obwohl auch sie die Schwierigkeiten mit Indianern, Konföderierten, die harten Lebensbedingungen in der Anfangszeit, Krankheiten und Todesfälle nicht verschweigt, Ottilies Memoiren sind froh über das Erreichte, das Schöne und das glücklich Überstandene in ihrem Leben. Wir haben uns dafür entschieden, Ottilies Text vollständig abzudrucken, und ihn durch geeignete Passagen aus Luises Erinnerungen zu ergänzen, da unserer Zeit, für die wir dieses Buch neu auflegen, ein gewisser philosophischer Tiefgang, eine Reflektion über das, was man mit seinem Leben anfängt und erreicht, wohl eher fehlt als die eine oder andere witzige Anekdote. Außerdem sind Ottilies Erinnerungen vor allem in den frühen Jahren bis zu ihrer Hochzeit immer sehr nahe an dem, was ihr Vater erlebt hat und bilden so eine natürliche Fortsetzung, ja fast einen geheimen Kommentar zum wenig verschlüsselten *Robert*-Roman – ähnlich wie der zweite Band einer weit ausholenden Familienchronik.

Es war ein weiter Weg von den ersten Anfängen, als die Pioniere ihre Hütten auf dem ihnen zugewiesenen Land sozusagen aus dem Boden stampfen mußten, bis zur Ankunft der Eisenbahn, des Telefons und des Automobils. Manche Szenen erinnern an die Darstellungen, die wir aus den Wildwest-Filmen kennen – etwa die Beschreibung einer Jagd des Fuchs-Sohnes Hermann auf einen Panther, oder der Gefahren, die während und nach dem Bürgerkrieg von umherstreifenden Indianern ausgingen. Daß das Leben im „Wilden Westen" zunächst keineswegs luxuriös zu nennen war, und es dem Gelehrten schwer fiel, mit dem Pflug umzugehen, war kaum anders zu erwarten. Angesichts des pflugziehenden Musikers lohnt es sich, einmal auf S. 173 des *Robert* zurückzublikken, um den Abstand zwischen der ironischen Diskussion zweier gutbürgerlicher Intellektueller über die Gefahr des „Verbauerns" zu ermessen.

Interessant für unsere heutige handwerkferne Zeit ist ebenfalls, mit was für Mitteln man sich behelfen mußte, wenn man z.B. Seife haben wollte. Aber es gibt auch andere Aspekte, die uns heute überraschen. Wem etwa ist bewußt, daß es zur Zeit des Bürgerkrieges in Texas Todesschwadronen gab, die eine regelrechte Jagd auf erklärte oder vermeintliche Anhänger Lincolns machten, und denen insbesondere die Deutschen in Texas ein Dorn im Auge waren, da sie in der Regel keine Sklaven besaßen und tatsächlich zu den treuesten Unterstützern Lincolns gehörten? Ottilie und Luise beschreiben, wie ihre Männer und Brüder gezwungen waren, sich zwischen dem Militärdienst bei den Konföderierten und dem Desertieren zu entscheiden. Die damals entstandene Feindseligkeit der erklärten Südstaatler gegenüber den Deutschen mag ein Grund gewesen sein, warum sich die Beziehungen zwischen Amerika und Deutschland unter der Präsidentschaft der Südstaatler „Teddy" Roosevelt und Woodrow Wilson dramatisch verschlechterten, mit der welthistorischen Folge, daß die Vereinigten Staaten 1917 nicht auf Seiten Deutschlands, sondern auf Seiten ihres traditionellen Feindes England, gegen den die Vereinigten Staaten ihre Unabhängigkeit erst erkämpfen und 1812 verteidigen mußten und der noch im Bürgerkrieg eindeutig auf Seiten der Konföderierten stand, in den Ersten Weltkrieg eingriffen.

Nach dem von Lincoln gewonnenen Bürgerkrieg durften sich die Deutschen in Texas nicht nur über den Sieg Lincolns freuen, sondern wenige Jahre darauf auch über die Einigung Deutschlands durch Bismarck. Die Tatsache, daß er dies noch erleben durfte, habe sicherlich dazu beigetragen, das Leben ihres Vaters zu verlängern, der erst 1885, mit 80 Jahren und 40 Jahre nach der Auswanderung starb, heißt es bei Ottilie Fuchs. Sie selbst besuchte gegen Ende des Jahrhunderts noch einmal die alte Welt – die moderne Stadt Berlin, aber auch die alte Heimat Mecklenburg, in der sich, ihrem Bericht zufolge, nicht gar so viel geändert hatte.

Überhaupt herrschte eine starke Verbundenheit der deutschen Auswanderer zur alten Heimat. In den deutschen Familien in Texas dominierte nicht etwa Saloon-Musik, es wurden vielmehr Lieder von Haydn, Mozart oder Schubert gesungen, und man las nicht nur die Bibel, sondern auch und mit Vorliebe Schiller und Goethe, Jean Paul und – als alte Mecklenburger – Fritz Reuter, um nur einige Beispiele zu nennen. Adolf Fuchs vertonte eine ganze Reihe von Gedichten seiner deutschen Zeitgenossen, von Goethe über Hoffmann von Fallersleben bis Georg Herwegh. Und wer würde beim heute vorherrschenden Texas-Bild erwarten, daß unter den Deutschen in Texas auch das – oft nicht einmal dilettantische – Dichten in deutscher Sprache und sogar das Komponieren durchaus üblich war? Wer hätte gedacht, daß man im „Wilden" Westen seine Familie ausgerechnet als Musiklehrer und – man höre und staune – als Klavierstimmer durchbringen konnte?

Die deutschen Texaner kannten ihre Klassiker mindestens ebenso gut wie ihre deutschen Zeitgenossen, vielleicht sogar noch besser, da sie ihnen halfen, ihre kulturelle Identität und ihr Kulturniveau auch unter schwierigen Bedingungen zu erhalten – nicht nur unter den Auswanderern selbst, sondern auch noch unter den folgenden Generationen. Noch um die Jahrhundertwende wurde bei der Eröffnung der Halle ihres Schützenklubs in Cypress Mill (und sicher auch bei ähnlichen Anlässen in den deutsch besiedelten Gebieten Amerikas) fast ausschließlich deutsch gesprochen, und noch mehr als 100 Jahre nach der Auswanderung der Familie aus Deutschland sprachen die Enkelkinder am Frühstückstische lieber deutsch als englisch – was u.a. dazu führte, daß deren Enkel Ken Fuchs, also ein Ur-Ur-Enkel von Adolf Fuchs, sich als Jugendlicher in den fünfziger Jahren entschloß, die deutsche Sprache zu erlernen, später Deutschlehrer wurde und schließlich dafür sorgte, daß diese interessanten alten Texte, die sonst wohl zumindestens für uns Deutsche verschollen wären, heute wieder zugänglich sind.

Somit wäre denn hoffentlich der Faden zumindest zum Teil wieder angeknüpft an eine lebendige Tradition, die 1915, inmitten einer „Welt von Feinden" (wie es Ottilie empfunden, aber in ihrer Konsequenz nicht ausgesprochen hat) unterzugehen drohte. Was 1842 noch eine Utopie war, die *vereinte, deutsche Republik*, erwachsen aus den Idealen des „Jungen Deutschland" der Vormärzzeit, die Adolf Fuchs seinen *Robert* wenigsten in Texas erhoffen ließ, wenn sie schon in Deutschland nicht zu verwirklichen war, war trotz Bismarcks Leistungen, über die sich die Auswanderer freuten, noch nicht erreicht. Erst als Ergebnis jenes Krieges, während dessen Ottilie ihre Erinnerungen verfaßte, wurde aus Deutschland eine Republik; aber in einer „Welt von Feinden" im innern und außen war sie nicht zu halten, und so gingen erst die Republik und dann die Einheit wieder verloren. Erst in jüngster Zeit haben sich die Deutschen wieder ihre vereinte Republik geschaffen, aber wieviel von den Idealen, der Identität, der Kultur, mit denen Adolf Fuchs nach Amerika ging, haben wir auf dem langen Weg dahin verloren?

Zumindest ein Nachdenken über deutsche und amerikanische Identität und was es heißt, auszuwandern, sollte dieses Buch anregen – gerade in der heutigen Zeit, in der die Tendenz zur Auswanderung gerade der gut ausgebildeten Fachkräfte wieder einmal stark zunimmt. Und dies aus Motiven, die denen von Adolf Fuchs und seinen Zeitgenossen nicht unähnlich sind.

Ken Fuchs gilt an dieser Stelle mein besonderer Dank für seine Beharrlichkeit, mit der er das Projekt inspirierte und begleitete, ebenso wie unserem Verleger Uwe Laugwitz, der das Projekt mit Rat und Tat begleitete und die Idee, den Roman und die Erinnerungen wieder zu veröffentlichen, schließlich realisiert hat.

Wiesbaden, im September 2006

Alexander Hartmann

Inhalt

im selben Verlag erschienen:

TEXANISCHE LIEDER.

Aus
mündlicher und schriftlicher Mittheilung
deutscher Texaner.

Von

Heinrich Hoffmann von Fallersleben

originalgetreuer Nachdruck gemäß der anonymen Ausgabe
San Felipe de Austin [tatsächlich Wandsbeck] o. J. [1846]
61 S., ISBN 3-933077-08-7

Pastor Fuchs ... hat seine Stellung als Pastor von Kölzow aufgegeben und wandert nach Texas aus. ... Wir unterhalten uns lebhaft über Texas. Fuchs singt mit seiner lieblichen Stimme mehrere meiner Lieder, die alle auf seine Auswanderung Bezug haben. Uns kommen die Thränen in die Augen.
Den folgenden Tag unterhalten wir uns fast nur über Auswanderung und Deutschlands Gegenwart und Zukunft.
Auch ich in meiner Lage müßte auswandern ... Und doch konnte ich dem Drange nicht widerstehen, Wünsche und Hoffnungen auszusprechen, deren Verwirklichung Anderen eine Rechtfertigung und ein Trost sein konnte. Und so dichtete ich denn meinem lieben Fuchs ein Abschiedslied —

[...] Ich hatte meinem ausgewanderten Freunde versprochen, ich wollte ihm diese Lieder gedruckt nachsenden, zugleich auch die Melodien dazu, damit er dann beides in der neuen Welt später einmal nachdrucken lassen könnte. Die Lieder waren schon Ende Aprils druckfertig. Ich hatte mich bei meinen wenigen Hülfsmitteln doch so in Texas hineingelebt, daß ich ganz heimisch darin war und dafür und daraus dichten konnte.

[H.v.F., *Mein Leben*]